새로운 대구를 열기 위한 제언

대구,
박정희 패러다임을
넘다

새로운 대구를 열기 위한 제언

대구,
박정희 패러다임을
넘다

초판 1쇄 인쇄 2018년 3월 23일
초판 1쇄 발행 2018년 3월 29일

엮은이 새대열
펴낸이 김승희
펴낸곳 도서출판 살림터

기획 정광일
편집 조현주
북디자인 꼬리별

인쇄·제본 (주)현문
종이 월드페이퍼(주)

주소 서울시 양천구 목동동로 293, 22층 2215-1호
전화 02-3141-6553
팩스 02-3141-6555
출판등록 2008년 3월 18일 제313-1990-12호
이메일 gwang80@hanmail.net
블로그 http://blog.naver.com/dkffk1020

ISBN 979-11-5930-063-9 03300

새로운 대구를 열기 위한 제언

대구,
박정희 패러다임을
넘다

새대열 엮음

살림터

새로운 대구를 열기 위해

이 책은 '대구가 바뀌어야 대한민국이 바뀐다'는 생각을 가지고 대구 지역에서 살고 활동해온 각계 인사 27인의 목소리를 담았다. 박근혜 전 대통령의 탄핵, 파면, 구속은 그를 압도적으로 지지하여 대통령으로 만든 대구지역에 엄청난 충격을 주었다. 이러한 사태에 직면하여 이제 대구도 대오각성하고 크게 변해야 한다, 새로운 대구를 만들어야 한다는 목소리들이 곳곳에서 터져 나왔다. 이 책에 담은 글들도 그러한 목소리의 일부다.

국회에서 박근혜 대통령 탄핵이 의결되기 사흘 전 2016년 12월 6일 대구지역 각계 인사 1,386명이 〈대구가 쓰는 반성문〉을 내는 기자회견을 했다. 최순실-박근혜 게이트 앞에서 "한국도 부끄럽고 대구도 부끄럽고 나도 부끄럽다"는 반성문을 내고 박정희 패러다임을 넘어 새로운 대구를 열겠다는 다짐을 했다. 이 반성문에 서명한 사람 중에는 18대 대선 때 박근혜 후보를 찍은 보수 인사들도 상당수 포함되어 있었다.

〈대구가 쓰는 반성문〉에 대한 언론의 반응은 뜨거웠다. 경향 각지의 신문과 방송들이 이 사실을 보도했다. 좀 뒤의 일이지만 영국의 세계적 주간 경제지 *The Economist* 서울 지국장이 인터뷰하러 내 연구실까지 왔고 관련 기사가 그 잡지에 실렸다. 세간에서 이른바 수구 보수의 심장으로 지칭되는 대구에서 보수와 진보 인사들이 함께 참여하는 이런 반성문이 나온 사건에 언론들은 큰 의미를 부여하였다.

반성문 발표 사흘 후 국회에서 박 대통령 탄핵이 의결되었다. 그 후 한국 사회는 격동하기 시작했다. 촛불시위가 계속되는 다른 한편에서 태극기집회가 열리기 시작했다. 한국 사회는 한마디로 들끓는 용광로였다. 이런 소용돌이의 흐름 가운에 마침 살림터출판사에서 책 출판 제의가 왔다. 박정희 정권 성립 이후 박근혜 정부에 이르는 지난 50여 년간 굴절된 TK의 정치, 경제, 문화에 대해, 대구에 살면서 경험하고 느낀 점을 중심으로 독자들에게 울림이 있는 글을 담아 책을 내고 싶다는 꽤 의미심장한 제안이었다.

흔쾌히 그 뜻을 수용한 후 곧바로 작업에 들어갔다. 반성문에 서명한 인사를 포함해서 대구의 학계, 법조계, 언론계, 교육계, 문화계, 의료계, 예술계, 자치계 등 각계 인사 27명에게 요청하여 글을 받았다. 여기에는 '박정희 신화의 동굴'인 대구에 살고 활동하면서 체험하고 느낀 점을 자전적으로 쓴 글들도 있고 객관적 논평의 글도 있다. 공통적인 점은 대구의 정치, 경제, 사회, 교육, 문화에 대해 다각도로 성찰하고 새로운 대구를 열자는 메시지를 담고 있다는 것이다.

이 책에 실린 거의 대부분의 글들은 19대 대선이 있기 이전에 쓰인 것이다. 따라서 문재인 정부가 수립된 이후 대구의 상황을 반영하지 못했다. 대선에서 대구시민의 선택은 자유한국당, 더불어민주당, 국민의당, 바른정당 후보 순으로 나타났다. 박근혜 정부가 붕괴하고 문재인 정부가 등장한 이후의 대구의 향배는 아직 불확실하다. 대구가 수구 보수의 왜소한 둥지로 계속 남을지 아니면 집권 여당의 새로운 교두보가 될지, 그도 아니면 어떤 제3의 정치세력의 새로운 근거지가 될지 아직은 불투명하다.

아무튼, 이 책의 필자들은 비록 지지하는 정당은 다르더라도 이제 대구가 박정희 패러다임의 족쇄를 넘어 '새로운 대구'를 열자는 데 공감하고 있다. 지방선거에서 지방분권 개헌이 이루어지면 이제 지역의 각계 주체들이 확대 강화된 자치권을 기초로 대구를 중흥시키는 데 적극 나서야 한다.

이 책이 새로운 대구를 열고 나아가 새로운 대한민국을 만드는 데 조금이라도 보탬이 되기를 희망한다.

2018년 3월
필자를 대신하여 김형기 씀

차례

| 제1부 |

새로운 대구·경북으로 태어나야 한다

홍종흠

(새대열 고문, 전 매일신문 논설주간)

　최순실 게이트로 빚어진 박근혜·대통령 탄핵사태는 5공화국 이후 대구·경북민에게 가장 큰 충격과 혼란을 준 역사적 사건이다. 18대 대통령 선거에서 새누리당의 박근혜 후보에게 80% 투표율에 80% 지지율로 전국 최고의 압도적 지지를 보내 대통령 당선에 결정적 기여를 했기 때문에 그만큼 심리적 영향이 클 수밖에 없다.

　대구·경북은 건국 이후 우리나라 정통 보수세력의 본거지로서 산업화와 민주화, 그리고 국가안보에 가장 중요한 역할을 해왔다는 자부심을 가지고 있었다. 그것이 탄핵사태를 계기로 한꺼번에 무너지는 느낌을 받게 된 것이다. 국정농단의 실체가 언론보도와 검찰수사, 특검 등으로 한 꺼풀씩 벗겨지고 드러날 때마다 지역민의 심정은 부끄럽고 참담했던 것이다. 초근목피草根木皮로 연명했던 세계 최빈국에서 세계 10위권의 경제대국으로 부상하였고, 지구촌에서 몇 안 되는 민주화된 이 나라가 다시 후진국으로 주저앉을 것 같은 걱정이 앞을 가로막는다. 국가의 위기이며 동시에 정통 보수의 위기이고 대구·경북의 위기인 것이다. 그것은 국가 정체성의 위기이며 지역 정체성의 위기이기도 하다. 특히 대구·경북민은 일찍이 겪어본 적이 없는 엄청난 정치적 혼란에 빠진 것이다.

위기에서 먼저 되돌아보게 되는 것은 나를 포함한 지역민들이 지난번 대통령선거에서 왜 박근혜 후보에게 몰표를 주었을까 하는 것이다. 지지 이유는 여러 가지일 수 있다. 그 가운데 첫손가락을 꼽을 수 있는 것은 박 후보가 새누리당 후보라는 점이다.

새누리당은 건국 이후 영호남 정치인들이 주축이 된 정통 보수정당인 한민당과 민주당의 적통을 이은 정당이기 때문이다. 그러나 5·16 이후 민주당의 주류는 대구·경북이 중심이 된 산업화세력의 정당인 공화당의 탄생으로 경쟁 정당이 되었다. 5공화국의 출범 이후에도 군부세력이 만든 민정당이 공화당의 한 축을 이어오면서 민주당의 주류는 역시 비판 세력으로 존재했다. 그러던 것이 6월 항쟁 이후 민주화 세력의 분열과 함께 민정당과 구공화당계 세력이 민주당의 한 축인 김영삼계 세력과 통합을 이룬 것이다. 이른바 3당합당으로 인해 새누리당으로 이어지는 보수 적통의 정당이 탄생되었다. 3당합당은 동시에 구성 세력 면에서 보면 대구·경북에 뿌리를 둔 지역 연고 정당을 만든 것이라 할 수 있다. 새누리당은 이 같은 과정에서 영남권을 기반으로 하는 보수 적통 정당의 후계 정당이 되었고, 이 나라 민주화와 산업화를 이끈 중심 정당이 되었다. 대구·경북민들은 이 같은 정치의식 속에서 새누리당 후보를 선호하게 된 것이다.

특히 박 후보는 새누리당 후보인 데다 보릿고개를 극복하고 산업화의 기반을 이룬 박정희 대통령의 딸이란 점에서 지역민들에게 호감도가 높았다. 박 후보에 대한 박정희 후광은 연령층이 높을수록, 그에 대한 향수와 함께 기대감이 컸던 것이다. 더욱이 2008년 세계금융위기 이후 계속되는 국가경제의 침체는 과거 산업화를 성공시킨 박정희 대통령의 딸에 대해서도 기대 심리를 갖게 했다. 미혼의 몸으로 국가와 결혼했다는 순수한 애국 열정을 국민 감성에 호소한 것도 상당한 감동을 주었다고 할 수 있다.

그러나 이승만 독재에 저항했던 2·28민주운동에 참여했고 박정희 정권 시대에도 3선개헌 반대와 유신 반대에 참여했던 나로서는 단순히 아버지 후광만으로 박 후보에 대해 맹목적 지지를 보낼 수는 없었다. 당시 박 후보는 유신 문제에 대해 비판적 입장을 밝혔고 국내 경제 공약에서도 경제 민주화를 표방한 것이 일단 나에게 잔존해 있던 박 후보에 대한 거부감을 완화시켰던 것이다.

경제 민주화 정책은 비록 새누리당이 보수정당이지만 1997년 모라토리엄 이후 심화되고 있는 부의 양극화를 극복하기 위해 필요한 정책이라고 본 것이다. 보수정당이든 진보정당이든 남북이 대치하고 있는 우리의 현실에서는 안보정책만 확실한 신뢰를 줄 수 있다면 내정은 시대 상황에 따라 진보 정책이든 보수 정책이든 융통성 있게 채택할 수 있는 것이다. 미국의 경우도 보수 양당 체제에서 당면한 국정 상황에 따라 이같이 진보와 보수 양쪽의 정책수단을 유연하게 선택해왔다. 당시 박근혜 후보는 경제 민주화 공약으로 많은 지지를 받았었다.

내가 새누리당과 박 후보에 대해 지지 입장을 가진 것은 이 같은 민주적 가치에 대한 입장과 경제정책에 못지않게 안보관에 대한 공감도 작용한 것이다. 평화적 통일을 전제로 한 남북 공존 정책을 펴야겠지만 3대 세습의 왕조적 전제국가인 북한은 지배층과 피지배층을 분리해서 피지배층과 적정한 지원 교류를 하는 것이 정당하다고 생각해왔다. 지배층은 북한 주민의 진정한 대표성이 없기 때문에 전략적 차원에서만 대응하고 이들과 민족의 운명을 논의하는 것은 옳지 못하다고 보았다. 중국은 북한핵을 암묵적으로 방조하고 김정은 체제를 엄호하면서 동북공정 등 과거 왕조시대의 대국적 패권정책을 답습하고 있어, 전통적 한미동맹을 바탕으로 이에 대응할 수밖에 없는 현실이다. 미국도 과거 일본의 제국주의 침략과정에서 우리에게 어려움을 주는 등 문제점들이 있었지만 중국의 패권적 전략에 대응하기 위해서는 한미동맹의 강화는 현실적으로 불가피한 선택이다. 미국이 일본을 동북아 정책의 중심 파트너로 삼는 이상 비록 일본이 전후 처리와 과거 청산에 문제가 있다 해도 대북, 대중 관계에서 필요한 일정 부분의 협력은 불가피한 것이다. 1970년 대통령선거에서 내가 4대국보장론을 공약한 김대중 후보에게 지지표를 던진 것도 이 같은 인식에 근거한 것이었다. 새누리당과 박근혜 후보의 안보관에 대한 긍정적 평가를 가진 것도 이 같은 인식에서 비롯되었다.

선거과정에서 보인 새누리당과 박 대통령의 정치적 노선은 민주주의와 시장경제, 이를 기반으로 한 안보정책으로 요약할 수 있고 지지자들은 이러한 정책노선에 지지를 보낸 것이라 할 수 있다. 물론 경제 민주화의 경우 시장경제를 부정하는 시각으로 볼 수도 있으나 독과점체제가 굳어지고 있는 자본주의하에서는 시장 왜곡을 바로잡고 공정한 시장질서를 회복하는 방법이 될 수도 있다고 보았다. 경제 민주화 공약에 기대를 건 것도 그래서이다.

이제 박 대통령의 탄핵사태를 계기로 정부 여당에 대한 정치적 기대가 허물어지면서 그동안 집권세력에 대한 성찰과 새로운 정치적 선택에 깊은 고민을 하지 않을 수 없다. 이 같은 과제는 내 개인의 문제인 동시에 압도적 지지를 보냈던 대구·경북민의 과제가 아닐 수 없다.

박 대통령이 연루된 최순실 게이트는 비록 법리적 쟁점이 남아 있지만 대의민주주의와 법치국가의 기본질서에 비추어 정치적으로는 용납될 수 없는 일이다. 이번 사건 이전에도 4·13총선의 친박패권적 공천과 의원총회가 선출한 원내대표의 축출 등에 대통령이 개입한 정황은 정당민주주의를 후퇴시킨 것이었다. 이 같은 일련의 사태는 비록 박 대통령이 후보 시절 유신에 대한 비판적 입장을 밝히고 민주주의에 대한 확고한 신념을 천명했다지만 사실상 민주적 가치와 시스템을 훼손한 것으로 볼 수밖에 없다. 박정희 시대의 한국은 세계 최하위의 빈곤국으로 민주주의를 할 수 있는 경제적 바탕이 취약했기 때문에 개발연대의 권위주의적 정치체제가 일부에서는 용인된다는 평가도 있었지만 지금은 시대착오적 인식이라 하겠다.

특히 재벌들과의 유착관계를 보여준 이번 최순실 게이트는 시장경제를 불완전 경쟁구조로 왜곡시키는 이른바 기울어진 운동장을 만든다는 점에서 우리의 시장경제체제를 훼손한 것이다. 일부에서는 과거 정부도 말기에 부정부패가 있었는데 왜 박근혜 대통령만 탄핵하느냐는 반론도 있지만, 민주주의와 시장경제가 훼손되는 사태가 되풀이된다면 우리의 미래는 없다. 이제라도 이를 바로잡지 못하면 나라는 몰락할 수밖에 없다. 보수 정부가 무너지면 안보가 위험해진다는 주장들도 있지만 보수세력이 부패하고 타락하면 민주적 시스템과 시장경제체제를 지킬 수가 없다. 이것은 보수가 보수의 가치를 짓밟는 것이기 때문이다. 이 때문에 자본주의와 민주주의가 가장 발달한 미국에서는 대기업의 부패비리를 체제 위협적 범죄로 보는 것이다. 특히 박 대통령이 대선 때 공약한 경제 민주화를 국민들에 대한 설명도 없이 슬그머니 없었던 것으로 포기한 것은 국민 불신의 실마리가 될 수밖에 없었다.

나라를 살리고 지역민의 자존심을 되찾으려면 대구·경북의 정치적 선택에 획기적 전기를 마련하지 않을 수 없다. 먼저 정치적 선택에서 지나치게 지역 연고에 매달리는 성향은 고쳐야 한다. 탄핵사태를 계기로 대구·경북민들은 새누리당의 분리해체 상황에 직면해 이 같은 지역 연고 지향을 벗어던지고 지역과 나라를 위한 정책을 개발하고 부패하지 않은 정치세력을 선택하는 기회로 삼아야 한다. 이제는 민생과 국민의 여론을 외면하고 패권적 정치세력을 만들고 국민 위에 군림하여 부패와 부정을 일삼는 불의·불공정·부도덕한 정치인들이 발붙일 수 없게 해야 한다. 보수를 표방하든 진보를 표방하든 이 같은 건강성을 가지지 못한 정당과 정치인은 철저히 배제해야 한다.

우리나라 주요 정당들은 모두 집권 경험이 있고 집권 시에 부정부패 문제로 국민의 지탄을 받지 않은 정당은 하나도 없다. 박 대통령과 새누리당이 최순실 게이트로 국민의 아픈 질책을 받고 있지만 여기서 한발 비켜선 다른 정당들이 과거의 부패와 비리에 대한 면죄부를 받은 것은 아니다. 지역민들은 박근혜 정부 탄생에 기여한 정당과 정치인에 대해선 날카로운 비판을 하는 한편 건강한 보수세력이 새로 거듭나는 모습에도 관심을 가져야 한다. 동시에 탄핵사태에서 반사이익을 얻고 있는 야당들에 대해서도 건강한 정당의 모습을 갖추었는지 꼼꼼히 살펴보는 것이 여당발 정치세력 건강성 회복의 기회가 될 것이다.

사실 이번 탄핵사태는 지난 대선에서 후보 검증이 제대로 이루어지지 않은 데서 시작된 것이다. 특히 대구·경북민에게는 지역 연고 정당에 지역 출신 박근혜 후보가 출마했기 때문에 후보 검증에 더욱 너그러웠던 사실도 부인할 수 없다. 19대 대선에서는 또다시 이 같은 어리석음을 되풀이하지 말아야 한다. 그중에서도 후보의 자질 검증에 각별한 노력을 기울여야 할 것이다. 도덕성과 공정성, 선공후사先公後私의 자세, 지도자로서의 상식과 지적 능력 들을 기초적으로 검증하고 정책과 공약, 국가 비전 등을 세밀하게 따져야 한다. 지역 연고 정당이라 해서 묻지 마 선택을 한다든지 지역 연고가 약한 정당이라 해서 외면하는 일은 또다시 지역민을 참담하게 만들 수 있다.

대구·경북이 보수 적통의 근거지라는 점에서 대선 후보의 안보관을 치밀하게 검증하는 것을 금지로 여길 수도 있다. 그러나 급변하는 세계정세와 남북관계의 정세 변화는 기존의 안보관만으로 위기 상황을 헤쳐나가기엔 한계가 있다. 자신과 다른 안보관을 무조건 위험시하는 점도 다시 생각하면서 튼튼한 안보정책을 가진 후보를 선택하는 지혜가 필요하다.

대구·경북의 정치부터 바꿔야 한다

배한동

(경북대학교 명예교수, 정치학, 평화통일대구시민연대 상임대표)

대구·경북이 전국에서 가장 낙후된 지역이라는 말이 회자된 지 오래다. 대구·경북은 지자체의 재정자립도마저 전국 최하위에 머물러 있다. 이곳이 살기 싫다고 떠나는 사람이 많아 인구마저 줄어들고 있다. 청년들은 대학을 졸업해도 일자리를 찾지 못해 외지로 빠져나가고 있다. 생산경제는 활력을 잃고, 소비경제도 위축되어 일자리가 날로 줄어들고 있기 때문이다. 모두가 이 지역의 폐쇄적인 독점적 정치 구도가 초래한 비극이다.

이 지역으로 이주한 사람들도 대구가 적응해 살기 어려운 도시라고 불만을 토로한다. 지역 주민들이 타지 사람에 대하여 문을 열지 않고 보수성과 배타성이 강하기 때문이다. 대구·경북은 다른 지역 사람들로부터 정치적으로 '고립된 섬'이라는 비아냥도 듣고 있다. 이 글은 대구·경북이 새롭게 도약하기 위해서는 이 지역 정치의 일당 독점적 구도부터 바꿔야 한다는 취지에서 쓴 글이다. 아직도 이 나라의 정치가 경제, 사회, 심지어 문화까지 지배하고 있기 때문이다.

야도(野道) 대구의 역사를 되돌아본다

대구·경북지역은 과거 일제강점기 항일 독립운동의 본산이다. 일제 치하 경북 북부지역 안동은 만주로 망명하여 항일 독립운동을 이어간 이상룡, 김동삼 선생의 본거지이다. 대구의 서상돈은 1907년 대한제국을 경제 속국으로 삼으려던 일제에 맞서 국채보상운동을 전개하였다. 차관 1,300만 원을 공제하기 위한 이 운동이 나라의 자립 자강의 독립 정신을 고취하였던 곳이 바로 대구의 중앙로이다. 경북 성주의 김창숙 선생은 조선 선비의 불굴의 항일 의지를 유감없이 보였으며, 대구의 시인 이상화는 「빼앗긴 들에도 봄은 오는가」를 통해 민족의식을 고취시켰다.

해방 공간에서도 대구는 반외세 반독재 구국 투쟁의 '항쟁의 도시' 역할을 충실히 하였다. 미군정의 수탈에 맞선 1946년 10월 항쟁도 대구에서 비롯되었다. 그해 9월 노동자 파업에 이은 10월 1일 시위에 대구시민 1만여 명이 항거하자 경찰은 시위대를 총구로 진압하였다. 소위 '10·1 폭동'으로 경찰에 의해 목숨을 잃은 희생자가 많았으며, 이들 중 일부는 '산사람'이 되어 빨치산 활동에 적극 가담하였다. 대구 팔공산의 '야산대'는 한국전쟁 전 좌익 빨치산 활동의 시초가 되었다는 증언도 있다. 대구의 10월 항쟁은 한국전쟁을 전후한 좌·우익 대립과 보도연맹 민간인 학살 사건으로 연결되었다는 증언도 있다.

과거 자유당 이승만 정권 시절의 대구는 '야당 도시'라는 명성이 자자하였다. 1956년 대통령선거에서 진보당의 조봉암 후보가 자유당 이승만을 누른 곳도 이곳 대구이다. 대구는 강화도 출신의 무소속 진보 인사 조봉암에게 무려 72.3%의 압도적인 지지를 보냈던 곳이다. 유석 조병옥이 국회의원에 당선되고, 서상일이 '사회대중당'을 통해 혁신 운동을 전개한 곳도 바로 이곳 대구이다. 자유당 치하에서 전라도 출신 민주당 조재천이 대구에서 당선된 것도 결코 우연이 아니다. 4·19 직후 대구는 교원노조 설립과 혁신정당인 경북사회당 건립 등 본격적인 진보 운동의 근거지가 된 적도 있다.

1960년 2월 28일 자유당 부정선거에 맞선 대구시내 고등학생들의 2·28대구학생의거는 4·19혁명의 도화선이 됐다. 1960년 2월 28일은 일요일이었다. 그날 중학교 2학년인 나도 학교의 지시에 의해 강제로 등교하였다. 당시 비열한 자유당 정권은 민주당의 선거 유세에 학부모들이 참여할 수 없도록 학생들을 일요일에 강제 등교시킨 것이다. 수업도 없이 교실에 감금된 학생들은 이곳저곳에서 '배고파라' 하는 항의를 계속하였다. 나도 학교 뒷문을 빠져나와 수성천변의 박순천 야당 당수의 연설을 들었던 기억이 아직도 뚜렷하다. 당시 대구의 고등학생들은 교문을 박차고 나와 경북도청(현 대구 중앙공원)까지 항의 시위를 벌였다. 그것이 4·19의 도화선이 된 대구의 2·28 거사이다.

일제강점기부터 해방 후까지 대구가 진보세력의 온상이 된 배경은 어디에 있을까. 대구가 4·19혁명 등 진보 운동의 중심이 될 수 있었던 요인은 다음과 같다.

첫째, 대구는 협소한 농경지 탓에 대지주 계층이 형성되지 않아 일찌감치 자영농 등 자립적 경제 주체들이 형성된 점이다. 일제는 대지주·양반 계층을 식민지배의 하위 파트너로 삼았는데, 대구지역은 이런 흐름에서 한발 비켜날 수 있었기 때문이다.

둘째, 일제 때 신교육기관이 경성, 평양, 대구에 생기면서 남쪽 지역에서 신문물의 흡수와 젊은 지식인 계층의 성장이 대구를 중심으로 이뤄졌다는 점이다. 대구에서 자유당 독재와 박정희 유신정권에 저항한 것도 진보 좌파 지식계층의 토대가 잘 마련되었기 때문이다.

셋째, 대구는 한국전쟁 당시 인민군 점령지가 아니어서 전쟁 후 정부의 대대적 좌익 숙청을 피할 수 있었다. 대구는 한국전쟁 전후 부역자의 대대적 학살에서 비교적 자유로울 수 있었으며 그로 인해 진보적 역량과 기풍이 보존될 수 있었기 때문이다.

대구·경북의 일당 독점 구조

위에서 본 것처럼 대구는 과거 '야당 도시'의 명성이 높았다. 그러던 대구·경북이 오늘날 특정 정당의 독점적 정치 구도에 편입되고 말았으니 안타까운 일이 아닐 수 없다. 이 지역은 1987년 민중 항쟁 이후 지난해 2016년 20대 총선 전까지 야당 국회의원 한 명 없는 도시로 전락하였다. 혹자는 광주 전남도 마찬가지라고 하지만 야당의 텃밭인 그곳에서는 19대부터 새누리당 의원이 당선되었고, 20대 총선에서는 더불어민주당과 국민의당의 경쟁적인 구도로 변화되었다. 이 지역의 지식인들과 언론계의 뜻있는 분들이 총선 때 대구의 일당 독주를 막아야 한다고 호소하였으나 번번이 실패로 끝나고 말았다.

과거 30년간 이 지역 선거는 여당 공천은 무조건 당선이라는 단순 등식이 성립되었다. 철저히 일당 독점적 정치 구도가 고착된 결과이다. 김대중·노무현 정부로 정권이 교체되어도 이러한 독점 구도는 깨어지지 않았다. 같은 영남이지만 부산·경남은 오래전부터 낙동강 벨트를 중심으로 여러 명의 야당 의원이 탄생하였다. 그러나 대구·경북에서는 이에 아랑곳하지 않고 1988년 13대 총선 이후 여당 의원만 당선되는 특이한 일당 독점 구도가 형성된 것이다. 지방자치단체장 선거에서도 야당 한 명 없는 여당의 독점 구도가 강화되었다.

대구·경북의 이러한 일당 독점 구도는 지역민들이 각종 선거에서 오로지 특정 정당만을 줄곧 지지해온 결과이다. 막대기만 꽂아도 당선되는 대구·경북의 '묻지 마 선거'에서 승리한 정치인들은 무사안일에 빠졌고, 대구 경제는 더욱 침체되어 민생은 파탄지경에 이르게 되었다. 이러한 독점적 정치 구도는 지방 경제뿐만 아니라 사회, 언론, 교육, 종교에 이르기까지 보수화의 길을 재촉케 하였다. 상호 견제와 경쟁이 없는 정치 풍토 아래에서 지역 발전은 더욱 피폐하게 되었다.

그러한데도 지역민을 대변해야 할 지역 정치인들은 아무런 반성 없이 무사안일의 정치 행태를 보여왔다. 이 지역 정치인들은 명확한 지역 발전의 대안도 제시하지 못하고, 선거 때만 되면 나타났다가 당선만 되면 서울로 가버리는 정치 관행을 계속하였다. 이러한 정치적 일당 독점 구도는 필연적으로 정책의 경쟁력마저 잃게 하여 지역은 더욱 퇴보하였다. 그러다 보니 이 지역 진보적 지식인들의 정치에 관한 불신과 무관심은 더욱 증폭되었다.

대구·경북이 어쩌다 이렇게 되었나?

대구의 야성이 사라진 계기는 무엇보다도 5·16 군사 쿠데타이다. 박정희 군부 정권은 민간 정부로 이관되는 첫 대선에서 영호남 지역감정을 교묘히 조장 이용하였다. 1963년 9월 19일 대구 수성천변 유세에서 박정희 후보 찬조 연사였던 이효상(훗날 국회의장 역임)은 "박정희 후보는 신라 임금의 자랑스러운 후손이며 이제 그를 대통령으로 뽑아 이 고장 사람으로 천년만년 임금님을 모시자"고 역설했다. 연고의식이 강한 영남지역에서 '신라 대통령론'은 상당히 주효했던 것이다. 박정희 후보는 전국에서 15만 표라는 근소한 차이로 윤보선 후보를 누르고 대통령에 당선되었다. 그러나 박정희 후보는 영남에서만 66만 표 차이라는 압도적 우세를 보여 대통령에 무난히 당선되는 계기가 되었다. 1956년 야당 후보 조봉암에게 압도적인 지지를 보냈던 대구 선거 분위기가 불과 7년 만에 극적으로 변한 것이다.

그 후 박정희 정권은 '조국 근대화'의 신화를 창출하는데, 그것이 대구·경북에서 정치적 독점 구도가 형성되는 토대가 되었다. 물론 5·16을 보는 시각도 다르고 그 평가도 다르지만 5·16 이후 선거에서 '박정희 신화'는 지역 연고주의의 토대로 작용하였다. 공화당 말기 1971년 박정희와 김대중의 대결은 다시 영호남 지역감정의 포로가 되게 하였다. 당시 이효상 당의장은 대구의 선거연설에서 또다시 지역감정을 유발하는 발언을 서슴지 않았다. 이 대선에서 박빙으로 승리한 박정희 대통령은 영구 집권을 위해 10월 유신을 선포하였다. 대통령 직선제마저 사라진 상황에서 영호남 지역감정은 더욱 심화될 수밖에 없었다.

대구·경북은 박정희 대통령의 정치적 고향이다. 박정희 정권은 대통령 자신의 과거의 좌익 경력을 희석시키기 위해 대대적인 좌익 척결 방책을 펼친다. 대구지역에 남아 있는 혁신세력에 대한 '뿌리 뽑기' 작업은 계속되었는데, 인혁당 재건위 사건이 대표적이다. 1975년 4월 8일 대법원은 이 사건으로 기소된 여정남 등 8명에게 사형을 선고하였다. 그 이튿날인 4월 9일 '판결문의 잉크도 마르기 전에' 이들은 사형이 집행되었다. 박정희 대통령의 레드 콤플렉스를 극복하는 과정에서 파생된 엄청난 비극이다. 후일 사필귀정의 역사는 이들에게 무죄를 선언하였다. 나의 동지 여정남의 기개가 나의 뇌리에 여전히 남아 있다.

그 후 전두환 신군부 정권의 후계자 노태우 후보는 1987년 대선에서 또다시 '우리가 남이가'라는 지역감정 유발책을 강구하였다. TK 정서를 더욱 자극하기 위한 유치한 술책이다. 이러한 독점적 정치 구도에서 지역민들의 정치의식은 더욱 보수화되었다. 지난 2012년 18대 대선에서도 대구·경북은 박근혜 대통령을 80% 이상 지지하였다. 그에 대한 절대적 지지는 1971년 아버지 박정희 후보가 얻은 67.0%를 능가하였다(당시 김대중 후보 32.3%). 엄밀히 말하여 박근혜 대통령의 탄핵에 TK 지역민들은 그 책임에서 결코 자유로울 수 없다.

대구·경북의 정치판이 바뀌고 있다

대구·경북의 일당 독점적인 선거 구도에도 봄은 찾아오고 있다. 지난 지방선거나 총선에서 고질적인 일당 독점 구도를 깰 수 있는 조짐을 보여주었기 때문이다. 부산시장 선거에서 야권의 오거돈 후보가 49.8%의 지지를 얻었고, 대구시장 선거에서는 김부겸 후보가 40.3%의 지지를 얻었다. 이는 대구시장 선거에서 야권 후보가 얻은 지지표 중 최고의 득표율이다. 더구나 기초와 광역의원 선거에서도 야권이 17석을 차지했다는 것은 대구 정치판의 '변화 가능성'을 보여준 징조이다.

2016년 4·13 20대 총선에서 김부겸의 국회의원 당선은 대구·경북 정치 지형 변화의 상징이다. 야당 불모지 대구에서 30여 년 만에 유일한 야당 의원의 탄생이었기 때문이다. 그의 당선은 TK의 변화일 뿐 아니라 전국적으로 그에 대한 관심을 불러일으키는 계기가 되었다. 그는 대구에서

세 번째 도전하여 와신상담臥薪嘗膽 끝에 대선 후보 김문수를 30% 이상 표차로 누르고 승리하였다. 여기에 홍의락 의원의 당선도 주목할 가치가 있다. 그는 경북도지사 선거에서 패하였고 총선에서는 민주당 후보로 출마하려 했지만 민주당 공천에서 탈락하였다. 이에 그는 무소속으로 나가 당당히 당선된 야권 국회의원이다. 그가 민주당에 복당할지 그대로 있을지는 모르지만 대구의 선거판이 과거와는 달라지고 있음을 분명히 보여주는 증거이다.

최근 박 대통령 탄핵으로 5월 9일 치르는 대선의 향방은 대구·경북의 정치 판도를 바꾸는 계기가 될 수도 있을 것이다. 19대 대선에서 정당 간의 정권 교체가 이루어진다면 대구의 정치 판도도 많이 달라질 것이다. 그 결과에 따라 야권은 힘을 받아 내년 지방선거나 다음 총선에서 특정 정당의 독점 구도를 끝낼 수도 있을 것이다. 이러한 정황이 대구·경북에서도 일당 독점의 두터운 얼음을 깨는 계기가 되기를 희망한다.

무엇부터 어떻게 할 것인가?

대구·경북의 정치가 변화하려면 지역민들의 정치의식 변화부터 선행되어야 한다. 이 지역의 민심이 하루아침에 변하지는 않는다. 각종 여론조사를 보면 지역민들의 민주시민 의식은 상당히 낙후되어 있다. 스스로를 보수적이라고 생각하고 보수만이 애국이라고 생각하는 사람이 많기 때문이다. 아직도 이 지역에서는 야당을 지지하면 좌익이나 친북으로 의심받기도 한다. 지역민의 이러한 배타적인 TK 정서는 아직도 지연이나 학연에 따라 '묻지 마 투표' 행태가 노출되는 온상이 되고 있다. 이러한 대구·경북인들의 과잉동조형의 정치 참여 행태는 지역 정치를 부정적으로 활성화시키고 있다. 정치의식 수준은 낮으면서도 이해관계에 따라 맹목적으로 특정 후보나 정당을 지지하는 투표 행태는 정치 발전에 전혀 도움이 되지 않기 때문이다. 이를 바꾸기 위해서는 언론과 시민사회의 다각적인 노력이 필요할 것이다.

첫째, 대구·경북의 지역 언론이 언론의 견제 비판이라는 정상적인 역할과 기능을 회복해야 한다. 이 지역의 언론이 독점적 폐쇄적 정치 구도를 비판하지 못할 때 지역의 정치 스펙트럼은 좁아질 수밖에 없다. 결국 이 지역의 언론은 그동안 이 지역의 일당 독점 구도를 고착시키는 데 기여했다는 비판도 있다. 그동안 이 지역 대표 언론은 기사뿐 아니라 논설이나 칼럼을 보수적 논객을 중심으로 편성하여 지역 보수 기득권층의 이익에만 충실했다는 비판을 받아 마땅하고 이에 철저한 자기반성이 따라야 한다.

둘째, 이 지역의 시민운동은 활동 영역과 범주를 넓혀야 한다. 오늘날 비정부기구NGO인 시민단체는 지역 정치담론 형성의 주요 매개체가 될 수 있다. 이 지역의 정치 감시 및 견제 단체, 환경운동 단체, 통일운동 단체 등 많은 시민단체들은 시민의 참여를 확대시켜야 한다. 그러나 타 지역과 달리 이 지역은 보수 단체나 관변 단체의 활동은 활발하지만 중도 진보적 단체는 활동이 위축되어 있다. 그러다 보니 이 지역의 진보 성향의 시민단체는 이념 면에서 더욱 강성을 띠게 되고 시민 참여가 제한되어버렸다. 이 지역의 시민단체가 제 역할에 충실할 때 시장과 지방정부를 견제하면서 개방적 정치 풍토를 조성하는 데 기여할 것이다.

셋째, 야당은 빈약한 지방 정당의 체질부터 강화하여 경쟁력을 키워야 한다. 여야 없이 이 지역은 중앙당의 보스에 의해 후보 공천을 받고 당선자는 '지명-수혜'에서 '명령-복종'이라는 계파 정치의 온상이 되어버렸다. 이 지역의 지방 정치는 아직도 파당적이고 패권주의 패거리 정치의 잔재를 그대로 유지하고 있다. 과거 일당 독점의 구도하에서 이 지역에서 여권의 후보는 넘쳐났지만 야권은 인물 부족으로 후보 공천마저 못 하는 경우가 많았다. 따라서 지역의 야당도 유능하고 경쟁력 있는 인재를 발굴 공천하여야 한다. 그것이 지역의 독점적 패권적 정치 구도를 깨는 길이다.

박정희 신화 지우기

우호성
(수필가, 전 매일신문 기자)

"나는 사단장으로서 여러분에게 명령한다. 백 빠센트 찬성표를 찍어라. 아니 천 빠센트, 만 빠센트 찬성표를 찍어라. 알겠나!"

"예에!"

1972년 11월, 대구 50사단 연병장에서 벌어졌던 실제 상황이다. 사단장이 백 빠센트 찬성표를 찍으라고 명령한 사안은 유신헌법 찬반투표(국민투표)였고, '예에'라고 우렁찬 목소리로 일사불란하게 대답한 사람들은 훈련병들이었다. 그 훈련병들 속에 내가 있었다. 이 무렵 훈련병들에게 유신헌법의 장점을 주입하는 교육은 매일 실시됐고, 중대장은 "앞으로 군대생활 잘하려면 알아서 찍어"라는 겁박을 반복했다. 드디어 투표하는 날, 나는 반대표를 찍겠다는 결심으로 투표장에 갔지만 헛된 결심이었다. 입구에 어깨총을 한 채 서 있는 기간병의 모습, 훈련병들의 투표봉투를 받아 햇볕에 비춰 일일이 확인하는 소령의 모습, 백 빠센트를 찍으라는 사단장의 목소리, 앞으로 군대생활 잘하려면 알아서 찍으라는 중대장의 목소리는 내 결심을 무너뜨렸다. 눈 찔끔 감고 찬성표를 찍고 난 뒤 내 마음은 어땠으랴? 창녀에게 동정을 빼앗긴 느낌 그대로였다. 그때 생애 처음으로 투표권을 얻은 내가, 저 창녀 같은 유신헌법에 찬성표를 던져 첫 투표권를 행사하다니!

이렇게 유신헌법은 91.5%의 찬성으로 확정되고, 이도 모자라 잇따른 긴급조치가 9호까지 나오고, 군부독재자 박정희 대통령은 장기집권과 유신독재의 길로 치달았다. 창녀에게 몸과 영혼을 판 우리는 어떠했는가? 국민의 기본권을 빼앗겨버리자 인간의 존엄과 가치가 무엇인지, 행복을 추구하는 권리가 무엇인지도 모른 채 살았다. 언론·출판·집회·결사의 자유는 본래 없는 것인 양 받아들였고, 그런 자유를 말하는 자를 빨갱이나 간첩으로 취급했다.

대구·경북에서 나고 자란 내가 그 시절 대구·경북 사람들(어른들)을 보고 느낀 바를 떠올려보자. 그들은 유신헌법과 긴급조치를 기반으로 한 박정희의 장기집권이 우리를 더 잘 먹고 더 잘 살게 해주는 길이요, 나라를 잘 살리는 길이라고 굳게 믿고 있었다. 이에 반대하는 자들이 있으면 박정희가 독재를 좀 하면 어떠냐, 좀 더 해 먹으면 어떠냐, 잘 먹고 잘 살게 해주면 최고지 하고 들고일어났다. 박정희가 나와서 어지러운 나라를 바로잡았고, 보릿고개를 해결해주었고, 공장을 많이 지었고, 수출도 많이 했고, 우리 아들과 딸들이 도회지로 나가 취직하도록 해주었으니 얼마나 고마운가. 박정희가 우리 지역 출신인 게 얼마나 자랑스러운가. 오로지 박정희를 향한 일편단심뿐이었다.

그렇게 박정희 치하의 동굴에서 누구보다 열심히 박정희의 말만 듣고, '대한늬우스'만 보고 '새마을 노래'만 부르며 18년을 살아온 대구·경북 어른들은 어느새 집단최면에 걸린다. 박정희를 영웅으로 받들어 맹종하고, 박정희를 신으로 모시어 맹신하는 지경에 이른다. 무슨 일이든 앞뒤 볼 것 없이 밀어붙이면 되고, 안 되면 되게 하고, 상명하복은 당연한 도리이고, 나라가 하라는 대로 하면 되고, 대통령이 시키는 대로 하면 되고, 민주니 자유니 하는 건 미치광이의 소리일 뿐이고, 잘 먹고 잘 살면 최고이고, 반공과 안보가 나라를 살리고 국민을 지키는 일이고, 나라가 하는 일에 반대하면 간첩이고, 대통령이 하는 일에 반대하면 빨갱이이고…. 이렇게 대구·경북 어른들은 남보다 앞장서 박정희 스타일을 따르고, 박정희 틀로 생각하고, 박정희 방식으로 행동하려 했다. 박정희 우상화의 탄생, 박정희 신화의 탄생이다. 가장 무서운 건, 박정희에 반대하는 자들에겐 무조건 빨갱이라는 낙인을 찍는 일이었다.

김재규 중앙정보부장이 유신의 심장에 총을 쏘면서 박정희 신화는 끝나는가 싶었다. 그런데 아니었다. 겉으론 안 보여도 대구·경북 사람들의 가슴속엔 그 신화가 살아 있었다. 전두환-노태우 정권 때도 누군가 민주주의나 자유를 외쳐서 나라가 좀 시끄러우면 그들은 "박정희 덕분에 먹고살 만하니까 배부른 소리 하고 있네"라고 박정희를 추억했다.

세월이 흘러 김대중-노무현 정권에 이르자, 물경 18년 동안 박정희 동굴에 갇혀 살면서 박정희 사상에 물든 대구·경북 사람들의 빨갱이몰이는 극에 달한다. 어느 모임 어느 자리에서든 정치 이야기나 시국 이야기가 나오면 그들은 흥분을 감추지 못한 채 '김대중=빨갱이'란 틀로 김대중 대통령을, '노무현=빨갱이'란 틀로 노무현 대통령을 재단했다. 이런 모임과 자리에 함께 있는 나는 외톨이가 된 채 "그런 게 아니고…"한마디 말조차 꺼내지 못한다.

대구·경북에서 빨갱이로 몰린 김대중과 노무현은 입 밖에도 내지 못한 채 정치에 관한 한 침묵으로 일관해온 세월이 10년을 넘어 이명박-박근혜 정권에 이르기까지 20년에 가깝다. 박정희를 우상화해온 대구·경북 사람들은, 박정희에 뿌리를 둔 여당은 내 편이고 야당은 빨갱이당이며, 김대중이나 노무현과 관계되는 당은 빨갱이당이라고 여긴다. 그래서 일당 독무대가 대구·경북에서 만들어진다. 반공과 안보를 내세워 '내 편이 아니면 빨갱이다'라는 박정희 방식을 부지불식간에 배워서 따라 한 모양새다. 18년 동안에 알게 모르게 이뤄진 세뇌교육의 결과다. 무서운 일이다.

사그라진 듯하던 박정희 신화는 살아난다. IMF 구제금융 사태로 우리나라 경제가 최대 위기를 맞고, 그의 딸 박근혜가 정계에 입문하던 무렵이었다. 대구·경북 사람들은, 나라 경제가 어려워지자 '우리를 잘 먹고 잘 살게 해준' 박정희를 다시금 떠올렸고, 그의 딸 박근혜가 등장하자 박정희의 환생을 보는 듯이 환호작약했다.

박정희 신화가 부활하자 대통령 김대중은 박정희 기념관 건립을 약속하고, 박근혜는 5선 국회의원으로 승승장구한다. 국회의원 박근혜는 여세를 몰아 18대 대통령선거 후보로 나서고, 대구·경북 사람들은 80% 이상의 절대적 지지로 그를 대통령으로 만든다. '우리를 이만큼 잘 살게 해준 박정희의 딸이다', '부모도 없는 불쌍한 사람이다'라는 정서로 그에게 몰표를 던졌다.

그러나 대통령 박근혜는 아버지한테 배운 대로 유신의 길을 따라가다 끝내 대한민국을 배신하고 만다. 박근혜-최순실 게이트의 주범이 된다. 이게 터지자 주변 사람들은 말했다. "다음 대통령은 누굴 뽑노? 문재인은 빨갱이라서 안 되고…" 박정희 방식의 틀에 박힌 말을 또 듣는 게 소름 끼치지만 정말 듣고 싶은 건, 이 게이트 앞에서 진정으로 반성하는 대구·경북 사람들의 목소리였다. 하지만 들리지 않아 나는 소설가란 이름으로 영남일보에 다음의 글을 투고한다.

TK 아재의 참회록

지난 10월 29일부터 지난 3일까지 '박근혜는 하야하라'는 촛불을 밝힌 연인원은 641만 명에 이르렀습니다. 그런데 한 달이 넘도록 '대구·경북은 반성한다'란 목소리는 좀체 들리지 않았습니다. 이 나라 이 국민을 이 모양 이 꼴로 만든 분은 박근혜 대통령이고, 그분을 대통령으로 만든 핵심은 대구·경북이라는 건 천지가 다 아는데 말입니다. 그래서 제가 대구·경북의 한 사람으로서 '소설 같은' 참회록을 대신 쓰겠습니다. 이 참회록의 주체는 우리 아재들입니다. 그들은 오랜 세월 그분을 열렬히 지지했고, 그분의 아버지인 박정희 대통령을 신처럼 떠받들었습니다. 그랬던 우리 아재들의 성찰을 이 참회록에 담습니다.

박근혜-최순실 사태를 지켜보는 우리 마음은 한없이 무겁습니다. 우리 대구·경북의 실망과 분노, 허탈감과 배신감, 후회와 통탄은 어느 지역의 것보다 높고 크고 깊습니다. 제 발이 저리고, 낯이 뜨거워 몸 둘 바를 모르겠습니다. "내 탓이오. 내 탓이오. 내 탓이로다." 가슴을 치면서 스스로를 되돌아봅니다.

참회하건대 우리는 '박정희 신화'로 도배된 동굴에서 나고 자란 그분을 금이야 옥이야 떠받들어왔고, 후광으로 빛나는 '박정희 신화'에 눈멀어 그 신화의 딸을 대통령으로 만들었습니다. 선거 때마다 박근혜 후보보다 박정희 대통령을 더 먼저 보고 더 크게 보는 어리석음에 빠졌고, 눈이 오나 비가 오나 30% 콘크리트 지지층의 중심에 서서 보란 듯이 당당했습니다. 뿐만 아니라 우리는 '박근혜 환상'에 빠져 친박이라면 누구든 국회의원으로 뽑고 시장·군수로 뽑는 외골수 선택을 해왔습니다.

고백하건대 우리는 우리 국민을 이만큼 잘 먹고 잘 살게 해준 산업화의 주역 박정희 대통령의 한쪽 얼굴만 바라보며 존경했을 뿐, 민주와 자유와 인권을 억압한 유신독재의 주군 박정희 대통령의 다른 쪽 얼굴은 애써 모른 체하거나 부정해왔습니다. 우리는 오직 경제부흥의 아버지로만 휘황찬란하게 빛나는 박정희 대통령의 한쪽 모습만을 떠올려 '박정희 신화'를 창조했습니다. 그리고 50여 년 동안 우리는 '박정희 신화'로 도배한 동굴 속에 스스로 갇혀 살았고, '박정희 신화'를 쫓던 우리는 이윽고 그 딸을 대통령으로 옹립했고, 급기야는 돌이킬 수 없는 역사의 죄인이 되고 말았습니다.

아! 그런데, 우리가 신주처럼 모셨던 '박정희 신화'는 끝났습니다. 아버지의 나쁜 길을 따라가던 그분이 그 끝을 보여주었습니다. 우리가 쫓았던 '박근혜 환상'도 깨어졌습니다. 그분이 스스로 그 환상을 지워주었습니다. 그분을 향한 우리의 짝사랑도 끝났습니다. 그분이 우리의 사랑을 끝끝내 받아들이지 않았습니다. 비로소 우리는 새로운 임, 새로운 꿈, 새로운 패러다임을 찾을 수 있는 새 희망을 맞이했습니다. 새 기회를 만났습니다.

새 희망 앞에서 우리는 다짐합니다. '박정희 신화'로 도배된 동굴에서 하루빨리 벗어나겠습니다. 근대화·산업화를 달성한 박정희 대통령은 긍정하고 존중하되, 민주·자유·인권·평등·환경의 가치가 보이지 않는 '박정희 신화'는 지워나겠습니다. 박정희 대통령의 두 얼굴을 살펴보겠습니다. 외눈이 아닌 두 눈으로 세상을 보겠습니다. 박정희 대통령의 길이 아니면 종북, 좌파, 빨갱이로 모는 시각을 바꾸겠습니다. 감성과 감정이 아닌 이성과 합리로 투표하겠습니다. 그리하여 우리의 선택이 실망과 좌절로 끝나지 않고 성공과 영광으로 빛나는 세상을 만들겠습니다. 우리의 아들과 딸들이 행복하게 사는 대구·경북, 우리의 손자와 손녀들이 행복하게 사는 대한민국을 만들겠습니다.

위의 참회록이 소설 같지만 대구·경북 사람이라면 그분을 지지했든 안 했든 어떤 방법으로든 성찰의 빛을 보여야 할 때요, 그래야 할 의무와 책임이 있다고 생각해서 썼습니다. 이렇게라도 성찰의 빛을 보이는 게 역사와 나라를 위한 최소한의 도리요 양심이라고 생각합니다. 이런 참회록이 많이 나와 갈등을 넘어 화합으로, 절망을 넘어 희망으로, 현재를 넘어 미래로 가는 징검다리가 되길 바랍니다. 아무쪼록 이 '소설 같은' 참회록이 현실이 되길 바랍니다.

대구에서 열린 '박근혜 퇴진' 촛불집회에 참석해 사회를 본 MC 김제동도 빨갱이로 보는 어른들이 사는 대구·경북, 어버이연합에 가입했노라고 좋아하고 어버이연합에 후원금을 낸다고 자랑하는 내 또래들이 사는 대구·경북, 3선개헌을 하든 유신을 하든 잘 먹고 잘 살게 해준 박정희가 최고라는 생각에 젖어 있는 대구·경북이 박정희 신화에서 하루빨리 벗어나길 진정으로 소망한다. 박정희 방식, 박정희 스타일, 박정희 사고, 박정희 틀에서 한시바삐 헤어나길 진실로 기원한다.

대구·경북뿐 아니라 대한민국이 박정희 신화 내지 향수에서 벗어나기 위한 각계의 노력이 일어나길 바란다. 다른 곳은 몰라도 나와 관련이 있는 언론계와 예술계의 노력을 기대한다. 신문과 방송은 그동안 세뇌시키듯 떠들어온 그의 치적은 말고, 그 이면에 감춰진 진실과 왜곡된 사실을 밝힘은 물론 그를 다각도에서 관찰한 내용을 다뤄주었으면 좋겠다. 종합편성채널이 그런 프로그램을 틀고 또 틀어주었으면 좋겠다. 그리고 예술계는 그를 찬양하는 작품은 말고, 가령 인혁당 사건·장준하 의문사·김재규 등 그와 관련된 각종 사건과 사태 등을 다룬 소설·연극·영화·드라마·뮤지컬·만화 작품을 많이 발표해주면 좋겠다.

유신헌법 찬반투표 때 찬성표를 던진 사람들은 너나없이 반성해야 한다. 그 '마음속의 박정희'를 죽여야 너와 내가 살고 대구·경북이 살고 대한민국이 산다. '마음속의 박정희' 중 하나만 말하면 그건 '박정희 대통령의 길이 아니면 종북, 좌파, 빨갱이로 모는 시각'이다.

'꼴통' 소리 그만 듣자

김상태
(전 영남일보 사장, 신노인운동 활동가)

"스마트폰을 안 쓰시네요."

"전화나 하면 되는데, 그거 꼭 쓸 필요 있나. 내 친구 중에도 그걸 쓰는 사람들이 있지만 대체로 전화 말고는 다른 건 못해."

"1주일 만에 관객 5백만 명을 돌파한 영화가 있어요. 재미있던데 한 번 보시지요."

"그런 것 사람들 선동하려고 만든 것 아닌가. 영화관에 가면 답답해서 근방에도 가기 싫어."

"4차 산업혁명이라는 말이 유행하고, 서점에도 책이 쏟아지는데 혹시 한 권 읽어보셨나요?"

"눈이 안 좋아서 책 못 읽어. 더욱이 딱딱하고 어려운 책은 질색이야."

"신문은 어떤 걸 보시나요?"

"이젠 신문도 끊었어. TV 보면 뉴스 쏟아지는데 구태여 신문 볼 필요 있나."

"혹시 뭐 배우고 하는 것은 있습니까?"

"이 나이에 배우긴 뭘 배워. 하루하루 즐겁게 살면 그만이지."

이 대화는 어느 중년과 70대 후반의 어르신이 나눈 것이다. 필자가 평소의 경험을 바탕으로 꾸민 이야기다.

한국은 빠르게 늙어가고 있다. 지하철을 공짜로 타는 65세 이상 고령인구가 700만 명을 넘어섰다. 여론조사 기관들이 즐겨 노년으로 규정하는 60세 이상 인구는 900만이 훌쩍 넘는다. 인구의 5분의 1에 가깝다.

이런 거대한 고령집단의 특징은 대체로 비생산적이고, 복지혜택을 상대적으로 많이 받으며, 꼴통의 비율이 상당히 높다는 것 아닐까 한다. 여기서 꼴통이란 말은 멍청하고 쓸데없는 고집이 세다는 의미다. 사람이 나이 들어가면서 점점 꼴통이 되는 것은 정보의 부족이 주요한 원인이다. 눈과 귀가 제대로 작동하지 않기 때문이다. 정보가 부족하다 보니, 세상 돌아가는 추세를 제대로 인식하지 못하고 옛날 사고에 갇히게 된다. 60세 이상 고령자들뿐 아니라, 정보의 창구를 일찍 닫아버려 40·50대에 벌써 늙은이 행세를 하는 사람도 없지 않다.

보수의 좋은 이미지 먹칠 말아야

보수의 본령으로 일컬어지는 대구·경북의 고령자들 가운데 상대적으로 꼴통이 많은 것으로 소문나 있다. 보수라는 선善개념이 '보수꼴통' 또는 '꼴통보수'같은 말로 조합이 되면 당장 나쁜 의미로 둔갑한다. 사람들은 '꼴통' 이란 말의 앞뒤에 '보수'라는 말을 즐겨 붙인다. 그래서 자칫 보수는 나쁜 이미지로 덧칠되고, 대구·경북 사람들은 영락없이 꼴통이 되고 만다. 한 지역에 꼴통들이 많다는 것은 지역민 전체의 이미지를 격하시키는 결과를 빚을 수도 있는 것이다.

외지인들이 대구·경북에 오면 어딘지 답답하다는 느낌을 토로하는 건 어제오늘의 이야기가 아니다. 정치적으로, 정서적으로, 언어로, 행동으로 우리 생활 주변에서 꼴통적인 모습을 찾기가 어렵지 않다. 우선 길거리에서 한번 찾아보자.

대구 신천둔치에는 산책객들이 이용할 수 있는 수도시설이 있다. 거기 표지판에 쓰인 글이 '음수대'다. 한자로 한참 풀어봐야 그 뜻을 알 수 있을 정도다. '먹는 물' 정도면 충분할 텐데도 구태여 어색한 표현을 내걸었다. 또 도시철도 화장실에 가면 '소화용 물'이라고 쓰인 작은 물병을 볼 수 있다. 불이 났을 때 사용하라는 말인데, '불 끄는 물'이라고 쓰지 않고 어려운 한자 투의 말을 써놓았다. 한글을 조금 익힌 외국인들이 소화제인 줄 잘못 알고 마실까 봐 염려스럽다. 기안을 한 젊은 공무원이 제대로 아이디어를 내어 갔는데도 한문 공부깨나 한 윗분이 '유식함'을 자랑한답시고 그렇게 고쳐 쓴 것이 아닐까. 꼴통 기질의 사례다.

대구 남구지역에 가면 '灑掃應待'라는 매우 어려운 한자 슬로건이 곳곳에 걸려 있다. 무슨 뜻인지 몰라 스마트폰 사전에서 '쇄소응대'를 찾아봤더니, 손님을 맞을 때 쓸고 닦고 친절히 맞이한다는 뜻이란다. 『소학』에 나오는 말이다. '남구에 오심을 환영합니다' 정도로 썼더라면 훨씬 좋지 않았을까. 여기에도 꼴통 끼가 있는 윗분의 흔적이 보인다.

늙은이와 젊은이들 간에 대화가 안 된다는 소리는 어제오늘의 이야기가 아닌데도 어른들은 그 이유를 제대로 진단하려 들지 않는다. 오히려 젊은이들을 향해 철없고 경망하다고 책망한다. "인생의 온갖 풍파를 다

이겨낸 우리가 옳지, 니들이 알긴 뭘 알아." 하고 한심스러워한다. 그들은 요즘 세상에서 옛날의 지식이 거의 쓸모없어졌다는 사실을 인정하지 않는다.

변화 이해하려는 노력 아쉬워

뉴욕타임스 칼럼니스트인 토마스 프리드먼은 신간 『늦어서 고마워』란 책에서 말했다. "대학에서 4년 동안 공부하며 앞으로 30년간 일하는 데 필요한 지식을 배운다는 생각은 이제 낡은 것이 되었다. 이제 일자리는 찾는 것이 아니라 발명하는 것이 되어야 한다고 생각한다. 운 좋게 일자리를 찾았다고 해도 그 자리를 지키고, 성장하고 소득을 늘려가기 위해서는 변화의 속도에 맞춰 그 일을 계속해서 재발명해야 한다." 이런 주장은 변화에 무심한 어르신들에게는 매우 생소할 것이다.

우리는 지금 4차 산업혁명이란 말의 홍수 속에 살고 있다. 2년 전 다보스 포럼에서 의제가 된, 개념조차 분명하지 않은 이 표현이 전염병처럼 전 세계로 빠르게 번져나가고 있다. 앞으로 4차 산업혁명이 진행될수록 의사나 약사, 변호사, 회계사 같은 인기 직업들이 차츰 시들해지고, 대신 기계의 정확함과 사람의 감성이 팀워크를 이룰 수 있는 직업이 뜰 것이란 전망이 대세다. 세계적으로 투자의 귀재로 불리는 짐 로저스는 KBS TV의 〈명견만리〉(2017. 8. 11)에 출연해 "미래에 가장 유망한 직종 중 하나는 농업일 것 같다"고 진단하기도 했다. 따라서 이런 정보에 문외한인 어르신들은 자녀나 손주들의 진로에 대해 조언할 자격이 없다. 장님 코끼리 만지는 식의 충고가 될 것이기 때문이다.

인공지능, 빅데이터, 사물 인터넷, 블록체인과 암호화폐 같은 낯선 용어들이 회자되는 세상이다. 젊은이들이나 산업체만의 언어가 아니라 바로 우리들의 일상생활에 통용되는 실체라는 점에서 소홀히 듣고 흘려버릴 일이 아니다. 변화를 이해하려는 태도가 절실한 시대에 산다는 현실을 우리는 직시해야 한다. 그리고 지속적인 호기심으로 세상의 변화에 대응하는 자세를 잃지 말아야 한다. 아인슈타인은 "나는 천재가 아니라, 다만 호기심이 많을 뿐이다"라고 말했다. 박사가 두세 개가 되는 사람이라도 세상 변화에 무심해지면 머리에 녹이 슬게 되고, 자칫 꼴통으로 전락한다.

디지털로 무장한 요즘 젊은이들을 흔히 '신인류'라고 부른다. 이들과 소통하자면 나이 든 사람들도 '신노인'이 되어야 한다. 신노인은 배우는 노인이다. 배움은 아무리 찬양을 해도 모자라는 미덕이다. 중국의 살아 있는 대문호로 알려진 왕멍王蒙은 『나는 학생이다』란 책에서 배움을 간단명료하게 예찬한다.

"인생에서 가장 중요한 것은 생존과 배움이다. 여기서 생존이란 단순히 산다는 의미가 아니다. 당신이 어떤 일을 하느냐가 생존의 가치를 결정하게 되고, 이때 가장 중요한 것이 배움이다. 사람은 그 어떤 시기에도 할 일이 있어야 하고, 적어도 배울 것이라도 있어야 한다."

고령자 정보화 교육 기회 넓혀야

4차 산업혁명의 중심에 스마트폰이 있다. 우리 생활 속에 들어온 지 10년 정도에 불과한 스마트폰은 변하는 세상과 소통하는 가장 좋은 수단이다. 그런데도 스마트폰조차 활용할 줄 모르는 어르신들이 우리 주변에 많은 게 현실이다. 나이 든 어르신들에게 책을 열심히 읽고 컴퓨터를 하라고 권유하는 것은 무리일 수 있다. 그러나 스마트폰을 배우고 활용하라는 주문은 별로 큰 부담이 아닐 것이다. 노인은 투표권을 행사하는 우리 사회의 엄연한 시민이다. 1인 1표 민주주의 선거제도 아래서 그들이 세상 흐름을 익히려는 노력을 게을리하지 말아야 할 이유다.

우리 사회는 고령자들에게 변화를 수용할 수 있도록 더 많은 기회를 제공해야 한다. 평생교육기관과 노인복지관, 공공도서관 같은 데서는 더욱 활발하게 고령자의 정보교육 기회를 넓혀야 한다. 엄청난 수의 노년 집단이 디지털 문맹으로 남는다면 그것은 개인의 불행일 뿐 아니라, 국가·사회적으로 해롭다. 사회 발전을 방해하는 집단으로 자리매김할 수밖에 없을 것이기 때문이다.

듣고 보고, 그리고 생각하는 데서 의식이 형성되고 바뀐다. 듣고 보는 것이 온통 낡은 것뿐인데 새로운 생각이 솟아날 리 없다. 정보화 교육을 통해 어르신들이 '퇴행의 감옥'에 갇히지 않도록 우리 사회가 발 벗고 도와야 한다.

아직은 체념할 수 없는 까닭

허노목
(변호사, 대구사회연구소 이사장)

우리는 '2·28민주운동'을 기억한다. 1960년 2월 28일 대구지역 8개 고등학교 남녀 학생들이 이승만 정부의 독재와 불의를 보고 교정을 나서 길거리 횃불을 들었다. 정치인을 포함한 기성세대가 누적된 국민의 불만을 해소하지 못하자 고등학교 학생들이 나선 것이다. 그 길로 3·15 마산의거, 4·19혁명으로 이어져 대한민국 민주 역사의 출발점으로 평가되고 있다.

이날의 젊은, 끓는 피를 보고 서지西芝 김윤식金潤植 선생은 찬가를 토해냈다. '아직은 체념할 수 없는 까닭'이란 제하에 "설령 우리들의 머리 위에서 먹장 같은 구름이 해를 가리고 있다 처도 아직은 체념할 수 없는 까닭은 앓고 있는 하늘 구름장 위에서 우리들의 태양이 작열하고 있기 때문"으로 머리말을 꺼내었다.

우리는 나라를 향한 정신을 이렇게 담아내었다. 예지력叡智力은 무엇인가. 바른 마음이 미래를 읽어내는 힘 아닌가. 우리 지역은 영남 선비 정신의 맥을 이어오며 세상을 바르게 이끌어가는 힘을 가지고 있었다.

2·28민주운동뿐 아니라, 1907년 2월 21일 시작한 김광제, 서상돈 주도의 국채보상운동이 전국적으로 번져나가 일본의 경제 침탈에 맞선 애국 시민운동도 그러하다.

또 최근에는 김형기, 최백영 등을 중심으로 지방분권 운동도 중앙과 지방의 상생을 주장하며 국가 통치체제의 변혁을 외치고 있다. 1894년 사회 변혁을 요구하며 외세에 맞섰던 동학혁명도 우리 대구·경북의 개혁정신에서 비롯되었다. 이렇게 대구·경북에는 정신운동, 실천운동의 효시가 된 예들이 다수 있었고 그런 가치를 유지해오고 있다. 이를 우리는 근·현대의 4대 변혁운동으로 일컫는다.

그런 개혁의 힘이 무너지고 있다. 1962년 5월 16일부터 1979년 10월 26일까지 정권을 이끈 박정희 전 대통령의 영향인가. 우리 지역의 일부 세력이 정권을 잡자 이를 맹목적으로 지지한 세력 때문인가. '이만큼 잘 살게 해준 것이 누구인데' 하는 심증(?)이 생겨서인가. 대구·경북의 특징적 현상으로 자리 잡았다.

박근혜 대통령은 그런 탄생의 근거를 가지고 있다. 다양성이 창의력의 바탕이 된다는 사실을 인정하지 못한다. 박정희 대통령 통치 아래 청와대에서의 경험은 권력을 휘두르는 것만 보아왔지 국정철학을 제대로 공부한 바가 없기에 더욱 그러하다. 아버지 대통령의 환상에서 벗어나지 못한 박근혜를 대통령으로 만들어서는 아니 되었던 것이다.

'누가 박근혜를 대통령으로 만들었는가? 누가 박근혜를 이 지경으로 만들었는가?' 반문해본다. 이 지역의 비판 없는 선택이 한몫을 한 결과이다. '박근혜·최순실의 국정농단 사태'는 어찌 보면 예상되었는지도 모른다. 책임정치를 기피하면서 무능함이 드러났고, 사욕이 그 속에서 독버섯

같이 생겨났다. 경제는 무능한 권력 앞에 고개 숙이며 왜곡되었고, 약속한 탕평, 화합은 김정은 집단을 들먹이면서 무너졌다. 통일을 향한 변화를 요구하면 빨갱이, 좌빨, 친북좌파로 매도되어 한쪽 구석으로 밀려나야 하는 현상이 안타깝다. 북한 인민에게 힘이 있어야 김정은 집단을 몰아낼수 있는데, 북한 인민 돕는 것을 외면하는 한 우리에겐 희망이 없다.

사드 국방 안보가 외교, 경제 안보를 해칠 것이고 만병통치약은 아니라고 지적하면 몰매를 맞아야 하고, 위안부 문제를 외교적으로 해결하기 전에 먼저 피해자를 만나 논의를 하여 달라는 요구를 거절하고 불가역적 타결을 하여 한·일 외교 갈등을 키우는 사태를 불러오고 말았다. '친박'도 모자라 '진박'을 자임하자 이런 왜곡된 정책 결정이 나온 것이다. 다른 사람은 다 아는데 자기중심 부류만 모르고 고집 부린다. 그러면서 편협된 지역 정치세력인 자유민주연합自由民主聯合을 만들려 한다.

대체로 지금 민심은 촛불 광장에 있다. 태극기 논리는 여전히 대북안보에 시계가 맞추어져 있다. 이렇게 갈라져 있는 민심을 이제는 반전동력으로 모아가야 한다. 태극기 민심은 촛불 광장 논리에 밀려 법치제도가 변형되는 것은 아닌지 부담스러워한다. 그들은 박근혜 대통령이 잘한 것은 아니라고 하면서도.

이런 현상을 전환의 기회로 삼아야 하겠다. 국가권력이 정상 작동할수 있도록 패러다임을 새로 구축할 기회다. 이제는 끝내야 한다. 어찌 보면 우리 내부의 가장 큰 적은 경제 불평등일 것이다. 지금과 같은 개인 경제력의 편차를 두고는 아무래도 국민 마음을 하나로 엮어내기 어렵다. 우리 대구·경북은 이런 문제에 대하여 새로운 고민을 해야 할 때다. 진정한 보수의 가치가 무엇인지 자문해보아야 한다. 보수의 가치를 측은지

심에서 비롯되는 평등성, 사회 각종 현상을 합리적으로 해결하는 데서 찾아보자.

대구·경북지역에도 보수, 진보가 상존한다. 진보의 숫자가 비록 적다고 할지라도 보수, 진보의 가치를 제대로 인식하고 실천하는 사람들의 교류가 잘 이루어졌으면 하는 바람을 가져본다.

조해녕 전 대구시장은 보수 진영에서 일정 역할을 하며 대구·경북의 발전을 돕고, 지역민에게 필요한 노블레스 봉사를 아끼지 않고 있다. 진보 진영에서는 박찬석 전 경북대학교 총장이 지역민에게 신선한 공기를 제공하는 토론과 세계지리 산책 강연을 무상으로 실천하고 있다. 간혹 두 분이 만나서 국가, 지역의 현안에 대하여 의견을 나누기도 한다. 좀 더 자주, 많은 분이 함께 허심탄회한 대화의 기회를 가질 수 있다면 좋겠다. 그런 가운데 이 지역 내에서 서로를 이해하는 여린 마음이 자생하는 기적 같은 일이 일어나기를 고대한다.

쇄소응대灑掃應對의 자세, 즉 이 지역 새로운 보수가 정치 지형을 깨끗이 정리하여 국민을 맞이하는 품을 가져보자. '외로운 고담도시' 대구·경북을 탈피하자. 꽃이 지고서야 봄이 있었음을 알아서야 되겠는가?

보수의 심장, TK 정치의 대분화

박재일
(영남일보 편집부국장, 정치부문 에디터)

프롤로그

대한민국 어느 지역도 해방 이후 달려온 숨가쁜 정치적 소용돌이에서 자유로울 수는 없다. 그 정도를 달리할 뿐, 정치적 체험과 사건을 공유하고 있다. 그렇기에 대한민국은 여전히 하나의 공동체, 하나의 사회계약적 국가로 지탱되고 있다. 물론 그렇다고 다 똑같은 지역이 대한민국에 산재해 있는 것은 아니다. 서울은 서울대로, 광주는 광주대로, 또 대구는 대구대로 미세하다면 미세한 대로, 크다면 큰 차별을 갖고 각각의 특성을 보유한다. 정치적 성향에서는 확연히 뚜렷한 전통과 지향점이 있다. 모든 것이 혼재된 용광로 같은 서울은 그런 점에서 오히려 정치적 개성이 떨어진다. 예를 들면 서울은 대통령선거에서 모든 주자가 사활을 걸지만, 이른바 결정적 표 차이는 기대하기 어렵다. 지난 2012년 대선만 해도 박근혜와 문재인 후보의 표차는 박근혜 우세로 20만 3,000표에 불과했다. 1천만 도시에 630만 명이 투표한 것을 감안하면 서울은 큰 변수가 되지 못했다. 반면 지난 대선에서만 대구·경북은 80%, 광주·전남북은 근 90%

한쪽으로 쏠렸다. 확실히 정치적 개성이 강하고, 성향이 뚜렷하다. 혹자들은 이걸 지역 간 감정 대결로 일종의 정치적 악惡에 가까운 것으로 보고 있지만, 정치의 속성이 어디까지나 권력을 둘러싼 냉혹한 현실이라는 점을 상기한다면 마냥 그런 잣대로 보기도 어렵다. 종종 개성 강한 지역의 정치 성향은 오히려 더 매력적으로 비치기도 한다. 세계 도시들을 둘러봐도 그렇다.

보수 적통의 TK와 27 대 0

정치권에서는 대구·경북을 TK로 칭한다. YS(김영삼), DJ(김대중), MB(이명박)처럼 유력 정치인을 놓고 영어 이니셜을 따온 경우는 흔하지만, 특정 지역을 놓고 이렇게 부른 것은 TK가 아마 처음일 것이다. 그만큼 TK란 용어에는 독특한 정치적 함의含意가 들어 있다. 멀리는 박정희 전 대통령부터 전두환·노태우에 이어 근년 들어 이명박·박근혜 전 대통령까지 TK는 대한민국 보수, 흔히 말하는 '산업화 세력'의 핵심 기지였다. TK의 중심, 대구는 해방 전후 한때 동양의 모스크바로 불린 적도 있다. 좌파 공산주의 운동의 근거지였다. 광복 직후 1946년 대구의 10·1사건은 그런 연장선상이다. 물론 지금은 아득한 옛일이 됐다. 한참 뒤 1960년, 대구에서 분출한 2·28학생운동은 4·19혁명의 도화선이 됐다. 대구의 역동성과 정치적 저력을 알리는 사건으로 기록된다.

대구는 또 2000년대 들어 '대한민국 서울공화국'에 대항해 일어난 '지방자치분권分權 운동'의 시발지였다. 그럼에도 불구하고 최근 30여 년의 정치적 성향을 놓고 보면 TK는 확실히 보수의 핵이었다. 1987년 6·10 항쟁, 민주화 시대 이후 역대 대통령선거에서도 그렇고, 또 국회의원 총선에서도 TK는 줄기차게 정통 보수의 성향을 보여왔다.

2012년 12월 대선에서 박근혜 후보는 TK(대구·경북)에서 기록적인 득표에 성공한다. 이른바 '8080 프로젝트'였다. 80% 투표율에 80% 득표율을 이뤄냈다. 대선 승리의 큰 밑천이었다. 박근혜와 문재인 후보의 TK에서의 격차는 무려 201만 표였다. 두 후보의 전국 격차 108만 표를 생각하면 그 위력을 짐작할 만하다. 대구는 지난 1992년 대통령선거에서 김영삼(59.6% + 정주영 19.4%)을 필두로, 1997년 이회창(72.7%), 2002년 이회창(77.8%), 2007년 이명박(69.4% + 이회창 18%) 그리고 2012년 박근혜에 이르기까지 보수 후보를 압도적으로 지지했다. 상대적으로 호남의 몰표에는 미치지 못했지만, 보수의 심장이라 할 만했다.

총선도 예외는 아니었다. 한때는 '27 대 0'이었다. 이명박 정권하의 2012년 총선에서 여당이던 한나라당은 대구·경북 27개 선거구 전 의석을 휩쓸었다. TK 내에서도 '일당 독점'의 폐해가 우려된다는 말들이 나올 정도였다. 대구·경북 500만 인구라면 조그만 한 국가의 규모다. 그래서 비판하는 한쪽에서는 골수 보수 TK라고 폄훼한다. 물론 대구의 보수 인사들은 굉장히 부당하고 근거가 없는 것이라고 반박한다. 묵묵히 대한민국을 지탱하고, 오늘의 번영을 누린 기관차 역할을 한 근대화 세력의 기지, 대구에 대한 예의가 아니라는 응수다. 그런 TK가 뿌리째 흔들리고 있다. 박근혜 대통령 탄핵사태 여파다. 종착점이 어디일지는 너무나 가변적이다. TK는 정치적 아노미에 빠졌다.

근대화 세력의 맏형, 대구

IMF 외환위기 직후 1998년, 근 18년 동안 칩거하던 '박근혜'가 대구

달성군 보궐선거에 출마했을 때만 해도 나는 그가 대통령이 될 것이라고는 상상하지 못했다. 물론 당시 한 학교에서 열린 박 후보의 '데뷔 연설'에서 엄습해온 정치적 기류의 조짐은 있었다. 박 후보가 '아버지(박정희 전 대통령), 어머니(육영수)'를 거명하자 장내는 이내 중장년 여성을 필두로 흐느낌에 휩싸였다. '문재인'에게는 다소 미안하지만, 지난 대선에서 개인적으로 나는 '박근혜'가 당선되는 것이 낫다고 여겼다. 좀 어렵게 말하면 역사 흐름이 그를 필요로 한다고 판단했다. '박정희의 딸'을 거부하기에는 한국 사회가 정리해야 할 것들이 너무 많았다. 그것은 마치 1980년 '광주의 부채'로 김대중 대통령을 탄생시킬 수밖에 없었던 시대적 소명과 같은 맥락이다. 박근혜의 등장은 한국 사회의 흐름을 잇는 동시에 새 출발을 위한 '역사적 정리정돈'이었다고 할까.

지난 2012년 대선에서 박근혜·문재인 두 후보의 팽팽한 접전 이면에는 대한민국 근대사를 둘러싼 역사적 물음이 자리한다. 그 정치적 후면에는 확실히 박정희·노무현이란 두 전직 대통령이 버티고 있었다. 박근혜는 1960년대와 1970년대 대한민국을 통치한 박정희의 딸이고, 문재인은 극적으로 당선됐지만 비극적으로 삶을 마감한 노무현의 비서실장이었다. 정치를 떠나 인간적 연관성으로도 끊을 수 없는 연장선상에 있다. 선거 구도가 '박정희 대對 노무현의 대결'이란 분석이 나오기도 했다. 박근혜 전 대통령의 권력의지는 아버지 박정희 전 대통령에 대한 명예회복에 바탕을 둔다는 것은 정설이다. 스스로도 데뷔 당시 그런 취지로 발언했다. 박정희의 18년 권위주의 통치는 대한민국의 압축적 경제성장과 궤를 같이한다. 부인하기 어렵다. 보편적 민주주의적 장치들을 상당히 유보한 대가이기도 했다. 대구·경북은 박 전 대통령에 대한 평가에서 확실히 긍정의

편에 서 왔다.

대구·경북은 거슬러 올라가면 6·25전쟁의 낙동강 전선을 지킨 마지막 보루였다. 보수가 지킨다는 의미가 강하다면 국가 안보적 측면에서도 대구·경북은 확실히 보수 쪽에 가까웠다. 경제와 안보의 두 축을 합치면 아마 TK는 산업화 세력의 중심이다. 반면 TK는 수도권처럼 그런 압축성장의 실질적 수혜자는 아니다. 대구가 20년 이상 지역 내 1인당 총생산 GRDP이 17개 시·도에서 광주를 앞에 두고 가장 아래에 랭크돼 있다. 지방의 다른 도시들도 비슷하지만, 대한민국의 성장은 한강의 기적 쪽으로 많이 기울어 있는 것도 사실이다. 그런 희생적 상황을 인내한다는 측면에서 대구는 어쩌면 대한민국 근대화-산업화의 만형일지도 모른다. TK의 한 정치인은 "대구가 대통령을 배출한 도시여서 기득권을 누리는 도시라고 잘못 인식되고 있는 측면이 있다"고 말했다.

정치적 다양성의 지난한 실험

문제의 핵심은 대구·경북의 정치적 지형이다. 27명의 의원 중 무소속한 명을 제외하고는 모두 한나라당이다. 굉장히 독점적 구조이다. 한나라당 1당 독점의 정치 지형은 비교하자면, 마치 집을 수리하기 위해 여러 연장이 필요한데 갖고 있는 연장이 망치만 27개인 것과 같다. 펜치도 드라이버도 경첩도 못도 없다. 오직 망치뿐이다. 실제 대구·경북의 주요 현안을 다룰 때 야당 의원의 부재는 큰 한계로 작용했다. 대충 인물 물갈이하고 거기에 현혹되어 또 찍고, 다시 보니 예전과 같은 정치적 지형이라면 대구·경북의 정치적 힘을 증폭시키기는 어렵다. 패러다임paradigm(구조 틀)의 변화가 있어야 한다는 뜻이다. 대한민국 정치 지형에서 한쪽으로 치우친다는 평가를 받던 TK는 나름 정치적 미래를 고민해왔다. 지역의 일당─黨 독점 구조가 반드시 나쁜 것은 아니지만, 이는 지역의 실용적 미래를 위해서나 대한민국의 조화를 위해서 결코 바람직하지 않다는 자각에서다.

지난 2010년 대구 달성군수 지방선거를 복기해보자. 달성군은 박근혜 전 대통령의 국회의원 지역구다. 이곳에서 내리 4선을 했다. 그의 정치적 고향이자 특별한 아성이다. 그럼에도 불구하고 2010년 달성군수 선거 결과는 이변이었다. 무소속 김문오 47%, 한나라당 이석원 후보 44%로 김 후보가 당선됐다. 박근혜 의원의 절대적 지지가 먹히지 않은 것이다.

대구·경북은 정통 보수 성향에도 불구하고, 민주당 혹은 진보정당을 지지하는 여론도 존재한다. 지난 2014년 대구시장 선거에서 3위를 한 진보신당 조명래 후보는 10.2%의 득표율을 기록했다. 전국 광역단체장 선거에 출마한 8명의 진보신당 후보 중 유일하게 두 자릿수 득표율을 얻었다. 따지고 보면 TK는 새로운 정치 다원화에 도전해왔다. 27 대 0이란 일당 독점은 신세대의 출현과 시대정신의 변화에 따라 점차 탈색되고 있다.

2016년 4월 총선에서 눈길 가는 움직임이 포착됐다. 선거를 앞두고 대구를 대표하는 각계 인사들이 경북대에 모여 '이제 대구를 바꿉시다'란 제목의 성명서를 발표했다. 대구지역 학계·종교계·법조계·언론계·의료계·문화예술계·교육계·경제계 등 1,033명의 인사가 서명했다. 이들은 "대구의 위상이 갈수록 떨어지고 있다. 서울·부산과의 격차는 더욱 벌어지고, 인천한테도 밀린다. 1인당 지역총생산이 20여 년 동안 전국 꼴찌고, 청년층의 지역 유출은 전국에서 가장 높다"며 "그 이유는 한편으로는 중앙집권-수도권 중심의 발전체제 때문이지만, 특정 정당이 장기간 독차지해온 대구의 정치 때문이기도 하다"고 주장했다. 모임을 주도했던 김형기 경북대 교수는 "대구는 고인 물과 같다. 이제는 여야 공존의 시대를 열어야 한다는 의미였다. 여야 공존은 바로 대구의 케치프레이즈인 '컬러풀 대구'의 정치적 완성이기도 하다"고 덧붙였다.

TK의 새로운 분화

2016년 총선은 대구로서는 확실히 터닝포인트라 할 만했다. 본선도 가기 전에 새누리당(현 자유한국당)의 공천파동은 정치권 최대 이슈였고, 그 중심에 유승민 공천 여부가 도사리고 있었다. 유 의원은 그 전해인 지난 2015년 6월 25일 박근혜 당시 대통령이 국무회의 석상에서 국회법 개정과 공무원 연금 협상 과정을 거론하면서 "배신의 정치를 심판해달라"고 했을 때, 지목됐던 인물이다. 유 의원은 원내대표를 사퇴하면서 '대한민국은 민주공화국이다'라고 응수했다. 새누리당 공천파동은 사실상 유승민을 둘러싼 전쟁이었다. 자신을 향한 칼날에 유 의원은 "이건 정의가 아니고 민주주의가 아니다"고 항전했다. 박근혜 정권의 흔들림은 어쩌면 이때부터 시작되었을지도 모른다.

옥새탈취란 기상천외의 사건 속에 'TK의 적자嫡子'임을 자부한 유승민은 무소속(동구을)으로 출마했고, 결국 살아남았다. 공천 탈락한 주호영 의원(수성을)도 무소속으로 나서 여당인 새누리당 후보를 꺾었다. 과거와는 다른 패턴의 선거 결과였다. 여기까지는 정치적 사건이지만, 한 켠에서는 큰 변화가 밀어닥쳤다. 대구 수성갑이다. 전국적 빅매치였다. 새누리당(현 자유한국당) 김문수 전 경기도지사와 더불어민주당의 김부겸 전 의원의 맞대결이다. 두 사람은 당시만 해도 여야 각 진영의 이른바 대권 잠

룡이었다. 승패는 대구 정치 지형의 변화를 가져올 변곡점이 될 수 있다는 점에서 의미를 더했다. '27 대 0'을 허물고 대구의 정치적 다양성을 향한 시험대였다. 김부겸은 앞서 2012년 총선과 2014년 대구시장 선거에 출마해 40%를 넘기는 득표력을 보인 바 있다. 김문수 후보는 "보수의 아성, 대구가 야권에 의석을 내준다면 대한민국이 위태롭다"고 역설했지만, "대구도 이제 변해야 한다"는 김부겸의 논리에 무릎을 꿇었다.

또 다른 범야권 후보로 민주당에서 축출돼 무소속으로 나선 홍희락 후보(대구 북구을)도 여의도로 향했다. 1960~1970년대 대구는 야당 도시로 불릴 정도였지만, 1980년대 이후 군사정부가 들어서면서 전통이 사라졌다. 김부겸의 당선은 1985년 12대 국회의원 선거 '대구 중구-서구'에서 36%로 1위로 당선된(당시는 중선거구제) 유성환 의원 이래 근 30여 년 만의 정통 야권 정치인의 탄생이었다. 1996년 박철언 전 장관을 비롯한 김종필의 자민련이 대구를 휩쓸었지만, 이들 세력은 어디까지나 당시 여권에서 갈라져 나온 분파였다.

2016년 대구 총선에서 놓칠 수 없는 또 하나의 대목은 이른바 '진박眞朴 마케팅' 실패다. 진박은 진짜 박근혜 대통령을 지지하는 세력이란 뜻이다. 박 대통령은 앞서 '진실한 사람'을 선택해야 한다고 주문한 상태였다. '진박 감별사'까지 등장했다.

이 또한 그렇게 성공하지 못했다. 청와대 출신이나 일부 유력 인사들이 여론의 역풍을 맞아 당내 경선에서조차 패했다. 진박은 소소한 승리에 만족해야 했다. 이때만 해도 박근혜 대통령에 대한 TK의 국정지지도는 60~70%대였다. 현직 대통령과 대구 미래의 정치를 구분하는 민심이 일정 부분 포착되기 시작했다.

TK 정치, 두 개의 시선과 두 개의 축

대통령 권력을 둘러싼 희귀한 국정농단 사태는 TK라고 달리 해석할 여지가 없다. 믿고 싶지 않은 사태가 목도되고 있다고 할까. TK의 정치 정서가 일거에 흔들리기 시작했다. 2016년 총선의 변화가 미풍이었다면, 탄핵정국은 태풍이라 할 만하다. 2017년 TK 대선 구도는 상전벽해다. 여론조사에서는 문재인, 안희정, 이재명의 더불어민주당 후보군과 안철수 국민의당 전 대표를 포함한 범야권 후보에 대한 대구의 지지율 합은 50~60%를 오르내린다. 본선에서도 유지될지는 미지수이지만, 역대 이런 일이 없었다. 이대로라면 1987년 직선제 대통령선거 이후 지켜온 '보수의 아성 TK'는 옛말이 될 수도 있다.

유승민 의원(바른정당)과 김관용 경북도지사(자유한국당)로 대변되는 범보수 TK 후보들이 나섰지만, 탄핵의 여파를 추스르지 못하고 있다. 물론 범보수 대연대의 가능성은 남아 있다. TK는 여전히 두 개의 축이 존재한다. 한쪽은 착잡하고, 또 한쪽은 미래를 향한다. 한쪽은 "어떻게 쌓아온 보수의 아성인데 이대로 무너지면 안 된다"고 하고, 또 한쪽은 "대구도 이제 새 정치의 패러다임으로 옷을 갈아입어야 한다"고 주문한다.

한쪽은 "보수의 심장, 대구가 흔들리면 대한민국이 무너진다"고 주장하고, 또 한쪽은 "대구가 변하면 대한민국이 변한다"고 호소한다. 박근혜 전 대통령 탄핵사태가 시간이 흐르면서 미세한 감정선을 건드리는 것도 변수다. 탄핵의 해일이 덮친 지난 수개월 동안 수세에 몰렸던 강성 보수가 기지개를 켠다. 탄핵반대의 태극기집회는 정치적 집회에 비교적 인색한 보수도시 대구에서 그 열기와 참여 인원에서 이례적이고 규모도 컸다. 태극기집회에는 조원진 의원이나 김문수 전 지사가 참여했다. 이들은 "대통령은 사익을 취하지 않았다"고 주장한다.

그럼에도 불구하고 헌법재판소의 박근혜 전 대통령 탄핵인용 직후 여론조사에서는 잘잘못을 떠나 승복해야 한다는 여론이 대략 60~70% 선까지 나왔다. 탄핵인용을 놓고도 잘했다는 결정과 잘못됐다는 결정은 팽팽했다.

에필로그

박근혜 전 대통령의 직접적 실패는 알다시피 '광범위한 최순실 국정농단'에 있다. 한편 자세히 들여다보면 그것만으로는 설명하기에 부족한 측면도 있다. 먼저 전제돼야 할 것이 있다. '박근혜 정권'은 그 탄생부터 한번도 정통성을 반대쪽으로부터 존중받지 못했다. 그래서 다음 정권도 어쩌면 정반대의 상황에 직면할지도 모른다. 한국 정치의 숙제가 될 수 있다. 박근혜 정권의 실패는 좁게는 대한민국 근대화를 관통해온 아버지의 철학을 건강하게 승화하지 못한 데도 그 원인이 있다. 산업화·민주화 세력의 투쟁을 뒤로하고, 새 시대로 이어주는 마지막 대통령의 임무를 제대로 완수하지 못했다는 비판이다.

인재등용의 실패나 현장 중심의 부재는 대표적이다. 인재등용만 해도 수도권 중심의 폐습을 떨치지 못했다. 언제부터인가 우리는 서울대 총장은 장관이 돼도 경북대 총장, 전남대 총장이 장관에 오르는 것을 보지 못한다. 대구지방변호사회장이나, 광주의 교수회장이 입각하는 것도 보지 못했다. 박근혜 정부도 그런 한계였다. 한술 더 떠 '강남의 아줌마'나 이상한 패거리 아이들이 국정에 개입했다. 그런 점에서 어쩌면 최순실 국정농단은 중앙집권적 권력구조에서 책임질 일이고, 나아가 서울 중심 권력에서 나온 병폐이기도 하다. 박근혜를 지지했다는 이유로 특정 지역이 무작정 덮어쓸 일도 아니다.

중앙집중의 폐단은 현장 대처에서 어처구니없는 악순환을 남겼다. 세월호 사건에서부터 메르스 사태가 이를 웅변한다. 대참사 앞에서 구조 인원을 잘못 카운팅하는 믿기 어려운 일마저 빚어졌다. 박근혜 정권은 21세기 대한민국 혁신의 핵심을 놓쳤다. 박근혜 정권은 이제 역사의 뒤안길에 들어섰다. 그를 향한 애증의 깊이를 뒤로하고, TK는 지금 새로운 정치 변곡점으로 향하고 있다. 분명 '대한민국 공동체'에 기여하는 방향일 것이다.

대구가 바뀌어야 대한민국이 바뀐다

김형기

(경북대학교 경제통상학부 교수, 새대열 상임대표)

1981년에 경북대에 부임한 이후 지난 35년 동안 나는 '대구가 바뀌어야 대한민국이 바뀐다'는 생각을 가지고 활동해왔다. 수구 보수적 정치 지형의 일당 독점체제와 획일적이고 폐쇄적인 지역문화라는 부정적 이미지를 가진 대구가 보수와 진보가 경쟁하는 정치 지형, 다양하고 개방적인 지역문화를 가진 진취적 도시로 바뀔 때 대한민국이 더 좋은 나라로 새롭게 도약할 수 있다고 생각했기 때문이다.

대구가 우리나라 현대사에서 차지해온 정치와 문화면에서의 위상에 비추어 보면, 이러한 나의 생각이 일리가 있지 않을까 한다. 대구는 지난 50년 동안 대한민국 보수의 심장이었고 역대 보수정권 탄생의 산실이었다. 지난 대선 때는 박근혜 후보를 80% 투표율에 80% 지지로 압도적으로 밀어주어 대통령 당선을 결정지었다. 역대 대통령 10명 중 5명이 대구 지역 출신이었다.

반면 대구의 진보세력 혹은 민주세력은 극히 미미했고 지리멸렬하였다. 해방 직후 대구는 한때 한국의 모스크바로 불릴 정도로 좌파가 강했고 이승만 독재에 항거하는 2·28학생민주운동이 일어난 지역이었으며 4·19 이후 교원노조운동의 중심지였지만 박정희 정권 수립 이후 줄곧 강한 보수적 지역으로 바뀌었다. 세속적으로 실력 있고 유능한 사람들은 거의 전부 여당에 줄을 서서 부귀를 누렸다. 수적으로 적었던 민주인사들은 외로이 저항하거나 현실 도피하였다. 중립적 전문가들은 전망 없고 가망 없는 야당에 거의 가담하지 않았다.

그리하여 대구는 오랫동안 여당 독무대와 야당 불모지가 되었다. 뿐만 아니라 대구는 지난 50년 동안 획일적 군사문화가 강하게 지배해왔고 타지 사람들을 배척하거나 왕따시키는 매우 폐쇄적인 도시였다. 경제적으로는 혁신하려는 의지가 약한 기업들이 낡은 생산방식을 고집하면서 서로 간에 과당경쟁을 해온 낙후된 도시였다. 정치적 획일성과 문화적 폐쇄성과 경제적 낙후성이 대구란 도시를 지배해왔다. 그 결과 대구는 진취적이라기보다 퇴영적이고 혁신적이라기보다 수구적인 도시란 이미지를 가지게 되었다.

나는 이러한 대구를 바꾸어 보려고 다양한 시도를 해왔다. 1985년에는 '지방사회연구회'(지사연)란 연구단체를 조직하여 한국사회 성격과 함께 지역사회의 특성을 밝히려는 연구와 토론을 시작하였다. 지사연은 지방에서 조직되었지만 전국적 네트워크를 가진 진보적 연구단체로서 경향 각지의 주목을 받았다. 지사연은 대구·경북지역 진보적 지식인의 플랫폼 역할을 수행했다. 한국사회와 지역사회 문제에 대한 치열한 연구와 토론을 하였으나 지사연은 정책대안을 제시하는 데까지 발전하지 못한 한계를 가졌다.

이러한 한계를 돌파하고자 지사연을 합리적 정책대안을 생산하기 위한 연구기관인 '대구사회연구소'(대사연)로 전환하기로 의견을 모았다. 1992년에 창립된 대사연은 대구·경북의 '인간화-민주화-선진화'를 위한 합리적 정책대안을 제시하는 목적을 가진 사단법인의 민간연구기관이었다. 이전의 지사연이 진보적 교수로 구성된 서클적인 연구그룹이었던 데 반해 대사연의 이사진과 연구진은 지역의 학계, 법조계, 의료계, 언론계, 문화예술계, 경제계 등의 합리적 진보와 양심적 보수 성향의 인사들이 비교적 폭넓게 참여하고 있었던 개방적 연구기관이었다. 대사연은 100명의 발기인이 당시로서는 거금이라 할 수 있는 100만 원씩 출연하여 1억 원의 기금을 조성하여 화제가 되기도 했다.

대사연은 대구·경북을 바꾸기 위한 정책연구를 하고 지역사회의 민주개혁을 위한 담론을 형성하고자 노력하였다. 1980년대 말 1990년대 초에 나타난 동구사회주의권과 소련의 붕괴 이후, 국내 진보 진영 속에서 사회주의사회 추구가 아니라 자본주의내의 진보적 발전 모델을 지향하는 흐름이 나타났는데 대사연의 지향성은 이러한 흐름과 맥락을 같이하였다. 대사연은 '저항세력으로서의 진보'가 아니라 '대안세력으로서의 진보'를 지향해야 한다는 생각에서 합리적인 진보적 정책대안 제시에 주력하였다.

다른 한편, 대사연이 창립된 이후 등장한 김영삼 정부는 군사정권을 문민정부로 바꾸는 문민화와 민주개혁을 추진하였는데, 이러한 문민화와 민주개혁은 군부독재정권을 주도해온 대구·경북지역 출신 중앙 정치인들과 고위관료에 대한 대폭적인 인적 청산을 포함하고 있었다. 이로 인해 '우리가 남이가' 하면서 김영삼 대통령선거 때 전폭적으로 지지했던 대구·경북 지역민들 사이에 이른바 'TK 정서'가 형성되었다. 'TK 정서'는 김영삼 정부가 이 지역 출신인 전두환·노태우 대통령 구속을 비롯한 지역출신 중앙 정치인에 대한 인적 청산에 반발하여 민주개혁에 반대하는 수구적 지역 정서였다.

나는 수구적 'TK 정서'가 민주화시대에 대구·경북을 퇴영적인 과거 지향적 지역으로 만들 것이라고 우려하여 이 문제에 대응하기 위한 시민단체를 만드는 데 앞장섰다. 대사연 회원을 중심으로 한 지역 각계 인사들과 함께 1994년에 '새대구·경북시민회의' 창립을 주도했다. 이 단체는 낡은 '수구 TK'에 대응하여 새로운 '개혁 TK'를 만들자는 취지를 가지고 있었다. Old TK에 반대하고 New TK를 지향한다는 캐치프레이즈를 내걸었다. TK 지역에서 군부독재세력에 대항하는 문민민주세력을 강화하려는 목표를 가지고 있었다. 이 단체는 김영삼 정부가 전두환·노태우 두 전직 대통령을 내란죄로 구속하고 수감한 뒤 지역 일부에서 형성된 TK 정서에 대응하여 전-노 두 대통령 구속이 정당하다는 기자회견까지 하였다.

한편, 문민정부 시대에 대사연은 지역언론인 매일신문과 대구MBC와 공동 주최하는 '전환기 대구·경북의 선택'이란 시민대토론회를 1994년에 개최하였다. 이 시민대토론회는 군부정권에서 문민정부로 바뀐 전환기에 대구·경북이 과거 지향적인 수구지역으로 남을 것이 아니라 미래지향적인 개혁지역으로 거듭나야 함을 강조하는 일종의 시국토론회였다. 당시 대사연 연구국장을 맡고 있었던 나는 이 토론회 기획을 위한 세 기관의 3자 기획팀(매일신문 논설주간, 대구MBC 편성국장, 대사연 연구국장)의 일원으로 토론회를 기획했다. 연속 3회에 걸친 시민대토론회는 매일신문에 지상중계되고 대구MBC에 방송됨으로써 지역사회에 큰 반향을 불러일으켰다.

토론회 기획과정에서 나는 합리적 진보 인사와 개혁적 보수 인사 중심으로 패널을 구성할 것을 강력히 주장하였다. 패널 선정을 둘러싸고 다른 두 언론사 기획책임자와 밀고 당기는 신경전이 벌어졌다. 대사연 내부에서는 이 토론회의 의미를 부정하는 견해도 있었다. 진보적 대사연이 보수적인 언론기관과 어떻게 토론회를 함께 할 수 있느냐는 것이었다. 이 과정에서 강고한 보수지역인 대구·경북을 개혁해나가려면 점진주의적 접근을 해야 하며 합리적 진보와 개혁적 보수가 협력하지 않으면 안 된다는 점을 역설하며 설득했다.

나는 그동안 대구를 바꾸려면 극히 미약한 진보세력만으로는 역부족이기 때문에 개혁적 보수와 합리적 진보가 함께 손잡아야 한다는 점을 강조하고 그러한 입장에서 활동해왔다. 더구나 낡은 진보이념에 사로잡혀 있는 한국의 기존 진보세력은 기존 체제에 저항은 할 수 있겠지만 새로운 체제를 형성할 수 있는 대안세력이 될 수는 없었다. 또한 대중과 분리된 이상주의와 근본주의 그리고 전투주의 입장에 집착하는 사고방식과 행동방식 때문에 진보세력은 사회적으로 고립되고 세력 확장이 어려웠다. 대구의 진보세력도 바로 이러한 한계를 가지고 있었다.

사회 변화에 대한 점진주의적 접근의 필요성을 강조하는 진보를 지향해온 나는 이러한 이유 때문에 지난 20여 년 동안 대구에서 개혁적 보수, 양심적 보수 인사들과 소통하며 새로운 진보의 지평을 모색하여 왔다. 사실 나는 1996년에 새로운 진보를 지향하는 싱크탱크인 "좋은정책포럼"을 전국 수준에서 조직하여 대한민국의 지속가능한 발전을 위한 중도진보의 정책대안을 제시하는 활동에 착수한 바 있다. 이러한 문제의식을 가지고 대구지역에서도 활동해왔다.

2000년에 대구사회연구소장에 취임한 이후 나는 대사연의 정책연구

방향을 참여, 연대, 생태를 지향하는 지방분권과 지역혁신으로 설정했다. 대사연은 이때 이후 대구를 바꿀 수 있는 정책 패러다임인 지방분권과 지역혁신에 연구를 집중해왔다. 대구를 바꾸려면 한편으로는 중앙집권체제를 지방분권체제로 개혁하는 지방분권 정책이 필요하고 다른 한편으로는 정치, 경제, 문화 등 지역사회 각 부문에서 창조적 파괴를 하는 혁신이 필요하다는 것이 나의 생각이었다. 나는 특히 일당 독점 정치체제와 폐쇄적이고 획일적인 지역문화를 혁신하지 않으면 대구가 발전할 수 없다는 점을 기회가 닿는 대로 역설해왔다.

대구를 바꾸자는 논의를 지역혁신론에 기초하여 전개하였다. 제도혁신, 기술혁신, 문화혁신 등 총체적 혁신을 통해 대구를 바꾸자는 것이었다. 지역 발전을 가로막고 있는 낡은 패러다임을 파괴하고 지속가능한 지역 발전을 위한 새로운 패러다임을 창출하자고 주장한 것이다. 이는 대구 스스로를 혁신하자는 주체의 개혁을 지향하는 것이었다. 특히 이 과정에서 기득권을 누리며 현실에 안주하는 지역 정치지도자들의 교체 필요성을 제기했다.

지방분권이 대사연의 브랜드가 될 정도로 내가 소장으로 활동한 3년 동안 대사연은 지방분권의 이념과 정책을 제시하는 데 집중해왔다. 중앙집권체제와 수도권 집중체제는 박정희식 경제발전 모델의 산물이었다. 따라서 중앙집권체제를 지방분권체제로 전환시키려는 지방분권 개혁은 박정희식 경제발전 패러다임을 넘어서는 것을 의미한다. 중앙집권체제 아래 국책사업이나 대기업 유치를 통해 지역을 발전시키려는 외향적 발전이 아니라 지방분권체제에서 지역의 자원, 역사, 문화를 활용한 내재적 발전을 지향하는 것이 지방분권의 비전이었다. 지방분권의 철학은 자기결정과 자기책임이고 궁극적으로 자주관리사회를 지향한다.

이러한 철학과 비전에 기초하여 대사연은 대사연과 교류해온 부산, 광주, 전주 등 영호남의 연구단체와 함께 2001년부터 지방분권운동을 일으켰다. 먼저 '지방분권운동 대구·경북본부'를 창립하였는데, 여기에는 지방분권의 대의에 동의하는 보수와 진보 인사들이 함께 참여했다. 나는 상임대표를 맡으면서 보수 인사들과 교류하며 지방분권 의제뿐만 아니라 지역혁신 의제에 대해서도 의견을 교환했다. 이 과정에서 나는 명색이 진보인사로서 보수 인사들과 소통할 기회를 가지게 되었다.

이런 행보에 대해 지역 내 일부 진보 인사들은 내가 보수화되었다며 비판하거나 비난하였다. 하지만 나는 자폐적인 진보에서 벗어나 대화 가능한 개혁적 보수와 양심적 보수가 만나 소통해야 진보의 영역이 확장될 수 있고 대구를 바꿀 수 있으며 나아가 국가적 의제인 지방분권 개혁을 달성할 수 있다고 응답하였다. 이처럼 합리적 진보와 개혁적 보수가 서로 경쟁하면서도 협력하며 지역 발전을 함께 추동해야 한다는 것이 지난 20여 년간의 나의 소신이었다.

대구를 바꾸는 접근 방법에 관한 나의 이런 생각은 2016년 4·13총선에서 "이제 대구를 바꿉시다"는 대시민 호소문 발표 활동으로 나타났다. 대구의 각계 인사 1,033명이 일당 독점의 대구 정치판을 바꿀 수 있도록 투표해줄 것을 시민들에게 호소한 것이다. 대구를 다양한 정치세력이 서로 경쟁하면서도 협력하게 만들어 활기찬 도시로 발전할 수 있도록 야당 국회의원도 유능하고 진정성 있으면 뽑아주자고 호소한 것이다.

여기에 동참한 사람들 중에서 이른바 재야운동권 인사들은 소수였다. 호소문에 서명한 사람은 대다수가 중도보수 혹은 중보진보 지향의 각계 전문가들이었다. 지난 30년간 대구를 바꾸려는 다양한 시도가 있었으나 내가 아는 한 이때처럼 보수와 진보의 각계 인사들이 지역의 정치적 이슈로 함께한 적은 없었다. 총선 보름전 3월 30일에 개최된 호소문 발표 기자회견에 대해 경향각지의 언론들이 비상한 관심을 가지고 보도하였다.

4·13총선에서 수성갑에서 더불어민주당 김부겸 후보가 압도적 표차로 새누리당 후보를 누르고 당선됨으로써 30년간 유지되어온 일당 독점체제가 마침내 깨어졌다. 이는 대구의 변화가 시작되었다는 사인이었다. 호소문 발표를 주도했던 각계 인사들은 앞으로 포스트 박근혜 시대를 대비하여 대구를 정치적으로 문화적으로 획기적으로 바꿀 플랜을 만들자고 다짐하며 만나왔다. 대구의 역사와 문화 유적을 찾아 그동안 외면당하거나 과소평가된 대구의 빛나는 문화를 계승하려는 목적으로 '1033 플러스 도심산행'도 추진했다.

그런데 대구를 바꿀 수 있는 결정적 계기가 박근혜-최순실 게이트와 박근혜 대통령 탄핵이란 대사건으로 예상보다 빨리 왔다. 이 중대한 역사적 길목에서 〈대구가 쓰는 반성문〉이 나왔다. 묻지 마 투표로 박근혜 대통령을 탄생시키는 데 산파 역할을 한 대구가 부끄럽다고 반성을 한 뒤 정치적 다양성과 문화적 개방성이 있는 대구를 만들겠다, 박정희 패러다임을 넘어서는 새로운 대한민국 비전을 실현하겠다, 강자독식의 대한민국을 만인공생의 대한민국으로 개조하는 데 앞장서겠다고 다짐했다.

"새로운 대구를 열자는 사람들"(새대열) 1,386명의 이름으로 발표된 반성문에 대한 언론의 반응은 뜨거웠다. 대구를 바꾸려는 뜻있는 시민들의 실천은 이제 본 궤도에 오를 준비를 하고 있다. 2018년 6·13 지방선거와 이어지는 국회의원 선거에서 대구를 바꿀 수 있는 개혁성과 전문성과 도덕성을 갖춘 인사를 어느 정도 진출시킬 수 있느냐에 대구의 장래가 달려 있다 할 것이다. '새대열'이 진보와 보수, 여와 야를 넘어 이러한 과제를 담당할 조직을 갖추는 것이 요청되고 있다.

| 제2부 |

컬러풀 대구, 구호에서 현실로!

백승대
(영남대학교 사회학과 교수, 전 대구참여연대 운영위원장)

박근혜 대통령 탄핵사태는 2016년 4월 실시된 20대 국회의원 선거에서 대구 시민이 보여준 다양한 선택이 나름대로 현명한 선택이었음을 증명해주었다. 지난 국회의원 선거에서 새누리당이 공천한 후보를 모두 지역의 국회의원으로 당선시켰다면 지금쯤 '꼴통보수'라는 비난보다 더한 비난을 감수해야 했을 것이다. 그런데 현재의 정치상황은 20대 국회의원 선거 결과를 작게나마 위안하고 있기에는 너무나 엄중하다. 이번 탄핵사태로 대구·경북지역은 20대 국회의원 선거를 통해 얻은 점수보다 더 많은 점수를 까먹고 있기 때문이다. 대구·경북 지역민들이 맹목적이라고 할 정도로 지지했던 박근혜 대통령이 국회에서 탄핵됨으로써 지역민의 자존심은 무너질 대로 무너져버렸다. 아니 자존심은 제쳐두고 '고담시티'라는 유령을 다시 떠올리지 않을 수 없는 상황까지 이르게 되었다. 대구·경북이 다른 지역으로부터 왕따당하는 고립된 섬이 되지 않을까 하는 생각이 드는 것도 기우가 아니다.

우리 지역민들은 그동안 너 나 할 것 없이 어리석다고 할 정도로 각종 선거에서 새누리당 후보에게 일방적으로 지지를 보냈다. 투표소에 들어가기만 하면 투표용지에서 1번을 찾아 찍는 것을 당연한 것처럼 생각해왔다. 그렇게 투표한 사람들 모두가 후회하고 있지는 않을 것이다. 탄핵반대 집회에 나가는 사람들도 있으니까 말이다. 그러나 각종 여론조사 결과를 볼 때, 자신의 과거 투표 행위를 물리고 싶어 하는 사람들도 많이 있을 것이라고 쉽게 추정할 수 있다.

절대다수의 지역민들은 자신이 일상생활에서 만나는 주위의 이웃이나 친척, 친구들의 정치적 생각과 크게 다를 것이 없다고 생각해왔다. 하기야 대구지역에 살고 있는 사람들 대부분이 대구·경북지역 출신이고 그 외 경상도 지역 출신까지 합하면 90%를 넘어선다. 그만큼 '우리가 남이가'라는 정서가 먹혀들어갈 수 있는 여지가 마련되어 있는 것이다. '우리가 남이가'라는 말을 쉽게 받아들이는 지역민의 정서는 나와 다른 생각이나 의견에 경청하고 심사숙고하는 태도를 배제해왔다. 나 같은 대학교수들조차 생각이 다른 사람들의 의견을 받아들이고 소통하는 데 인색한 경우가 많지 않은가? 지역민들은 통이 크고 의리를 중시하는 행동유형을 경상도 사나이의 이상적 전형으로 그려왔다. 그러나 그것은 어디까지나 자기와 인연이 닿는 동질적인 집단의 사람들에게만 통하는 이야기이다. 학연이나 지연으로 연결된 사람들 사이에서는 공통된 요소를 바탕으로 하나의 내집단inner-circle을 형성하며 속마음을 열어놓고 서로 챙겨주는 모습을 보인다. 그러나 인연이 닿지 않는 사람들과는 서로 다른 생각을 나누기가 쉽지 않은 게 우리 지역의 풍토가 아니던가? 외지인들, 특히 비경상도 지역 출신 사람들이 적응해서 살기 힘든 곳이 대구라는 평판은 비교적 오래되었다.

이쯤에서 '컬러풀 대구'라는 구호가 내 머릿속에 떠오르게 된다. 2004년부터 대구에서는 '컬러풀 대구 페스티벌'이 열려 왔다. 대구 곳곳에 '컬러풀 대구'라는 구호를 만날 수 있다. 그런데 대구에 사는 사람이면 아마 누구나 '컬러풀 대구'에 의아해하며 '대구가 과연 컬러풀한가?'라는 의문을 갖게 될 것이다. 대구는 컬러풀하게 화려하고 다채로운 모습을 띤 도시가 아니다. 길거리에서 다양한 국적의 외국인을 만나기도 쉽지 않다. 그렇다고 서울이나 경기지역, 대전같이 국내의 여러 지역 출신 사람들이 다양하게 섞여 사는 도시도 아니다. 대구지역 사람들의 생각이나 가치가 아주 다채로운 모습을 띠는 것도 아니다. 그런데 왜 하필 '컬러풀 대구'인가? 군이 '컬러풀 대구'의 모습을 찾자면 찾아낼 수는 있을 것이다. 서울을 제외하면 대구만큼 예술문화가 일찍부터 발달된 도시도 없다. 음악, 미술, 문학 등 다양한 예술 분야에서 뛰어난 예술가를 배출해왔다. 그런 까닭에 '컬러풀 대구 페스티벌'이 열리는 기간에는 늘 갖가지 예술 행사가 펼쳐지기도 한다.

하지만 냉정하게 생각해보았을 때 '컬러풀 대구'는 대구의 실재하는 현실이 아니다. 그것은 어쩌면 앞으로 대구가 추구해나갈 방향이라고 생각한다. 우리가 일상에서 만나는 대구의 색깔은 너무 단조롭다. 한국 사회 전체도 다채로운 색깔을 보여준다고 할 수는 없지만 그 가운데에서도 대구는 특히 단조롭다. 길거리의 건물 외형에서도, 자동차의 색상에서도 눈에 띌 정도의 다양성을 찾아보기란 힘들다. 외관상 비쳐지는 모습만 단조로운 것이 아니라 산업구조 면에서도 단조롭기는 마찬가지이다. 과거의 섬유산업이나 지금의 자동차부품산업 위주의 산업구조가 그러하다. 단색적 현실은 여기에 그치지 않는다. 앞서 언급한 것처럼 지역 주민의 출신

지역도 주로 대구·경북지역에 집중되어 있다. 지역의 엘리트층을 구성하는 인물들의 출신 학교도 마찬가지였다. 한때 경북고등학교 출신 인사들이 지역의 요직을 독점하면서 TK 하면 대구·경북지역뿐만 아니라 경북고등학교를 가리키는 단어로 사용될 지경이었다. 그래서인지 지역민들의 사고나 정치적 성향도 단색적이다. 특정 정파가 오랫동안 독점적인 지위를 누려온 것은 이와 연관된다고 할 것이다.

대구를 컬러풀한 도시로 만든다는 것은 대구의 도시경관을 아름답게 하는 데에 그치지 않는다. 컬러풀한 도시가 되면 대구는 알록달록한 아름다운 도시가 될 것이다. 아무런 특색 없는 그저 그런 경관의 도시가 아니라 파리나 로마와 같은 누구나 다시 오고 싶은 매력적인 도시로 바뀔 것이다. 컬러풀한 도시가 된다는 것은 아름다운 경관을 자랑하는 도시가 되는 것 이상을 의미한다. 각양각색의 의상을 입은 사람들이 모여 사는 대구를 생각할 수 있다. 다양한 국가나 지역 출신의 사람들이 몰려와서 사는 컬러풀한 대구를 상상해볼 수도 있다. 기상천외한 생각을 가진 사람들이 거리에서 서로 만나 토론하는 역동적인 모습도 상정할 수 있다. 상상하기 힘들었던 새로운 사업 아이템으로 대구 곳곳에서 창업하는 여러 유형의 창업자를 볼 수도 있을 것이다. 포켓몬고 같은 아이템이 대구에서 나오지 말라는 법은 없지 않은가?

우리 시대의 화두로 떠오르고 있는 4차 산업혁명은 그야말로 여러 가지 요소가 기묘하게 결합하고 융합하여 이루어내는 혁신의 결과물이다. 혁신의 출발점은 무엇보다 다양한 요소이다. 구슬이 서 말이라도 꿰어야 보배라는 속담은 진리이지만, 꿰기 전에 구슬이 있어야 한다. 혁신이라는 보배를 이루는 구슬은 바로 다양성이다. 그 다양한 요소는 사람일 수도 있고, 사고와 가치와 같은 문화적 요소일 수도 있고, 기계와 같은 사물일 수도 있다. 4차 산업혁명이라는 용어에 동의하지 않는다 할지라도 지금처럼 초유동적인 시대상황에서는 혁신역량이 없는 도시가 발전할 것이라고 믿는 사람은 없을 것이다. 혁신역량의 출발점은 다양성이다. 다양한 면모를 갖추지 못하면 컬러풀한 대구가 될 수 없고 혁신적인 대구의 모습을 찾아볼 수도 없다. '컬러풀 대구'라는 명제는 우리에게 다양성을 갖추라는 시대명령이기도 하다.

컬러풀하지 않은 단색의 도시에서는 사람들이 기존 방식을 따라 편하게 살아갈 수는 있겠지만 미래가 없을 것이다. 예컨대 박근혜 대통령을 만든 대구의 단조로운 정치색채는 미래 지향적인 색깔이 아니었다는 것이 이번 탄핵사태로 분명해졌다. 탄핵에 찬성하든 아니하든 눈으로 확인된 것은 박근혜식 정치가 우리의 미래를 보장하지 않았다는 사실이다. 창조경제를 내건 박근혜식 정치는 구호와는 달리 창조정치를 만들지 못했고 단색의 정치에 그쳤다. 원칙의 정치로 포장된 단색의 정치는 최순실의 국정농단 사태로 외골수의 단색 정치임이 적나라하게 드러났다. 또한 단색의 정치이기 때문에 정치색깔이 조금만 달라도 소통되지 않는 불통의 정치가 되어버렸다. 이제 지역민들은 너 나 할 것 없이 단색의 정치색깔에서 탈출해야 한다. 단색의 정치색깔을 통해 지역민들은 큰 고민 없이 정치적 선택을 할 수 있었다. 고민 없는 선택 때문에 우리의 미래는 불투명해졌다. 왜 우리가 특정 정치색깔의 포로가 되어 미래의 새로운 가능성을 닫아두는 어리석음을 범해야 하는가? 다양한 정치색깔이 선택의 어려움을 가져다준다고 해서 선택을 회피한다면 미래는 없다. 다양한 색깔을 개방적이고 수용적 자세로 융합하여 고양해낸다면 지금까지와는 다른 새로운 미래의 희망이 열릴 수 있다.

단색의 정치색깔에서 드러났듯 다양성의 부족은 대구의 최대 약점이다. 그런 점에서 '컬러풀한 대구'라는 구호가 대구시민들에게 큰 호소력을 갖지 못한 것은 어쩌면 당연한 현상일지 모르겠다. 동시에 그 구호는 대구의 절실한 바람이 될 수 있다. 다양성이 부족하다고 실망할 필요는 없다. 대구 그리고 경북은 역사적으로 다양한 요소를 융합하여 새로운 문화적 전통을 만들어왔다. 특히 불교와 유교 같은 외래 종교의 수용과정에서 개방적 태도로 토착적 요소와 융합하여 빛나는 문화적 유산을 남겼다. 최제우의 동학 창시 역시 또 하나의 역사적 융합 사례이다. 또 대구의 문화예술 역량은 다양성을 높일 수 있는 중요한 요소이다. 내재적 요소의 부족함에 실망하지도 말고 그렇다고 그 내재적 요소에 너무 집착하지 않으면서도 다양한 외부적 요소를 부지런히 찾아 융합을 이루어내면 '컬러풀 대구'를 만들어낼 수 있다.

나를 포함한 대구시민들이 이번 박근혜 대통령 탄핵사태를 계기로 단색의 정치색깔이 낳은 사회적 폐단을 깊이 반성하고 다양한 정치색깔과 정치 지형을 받아들일 수 있는 자세를 갖춘다면 새로운 전화위복의 계기가 될 것이다. 더 나아가 나와 다른 생각과 가치가 혁신의 밑거름이 될 수 있다는 것을 인정하고 개방적인 자세로 수용한다면 무미건조한 대구가 아니라 컬러풀한 멋진 대구가 이루어질 것이다. 대구가 컬러풀 도시로 바뀐다면 대구는 '고담시티'가 아니라 우리 자신과 후손들의 미래가 보장되는 도시로 거듭날 것이라고 믿어 의심치 않는다.

안경 쓴 자들의 도시

이준석
(경북대학교 경영학부 4학년)

나는 임기가 5년을 초과하는 현직 대통령을 본 적이 없다. 임기 5년을 채우지 못한 대통령은 보았지만 5년을 초과한 현직 대통령은 본 적이 없다. 내가 태어난 이후부턴 대통령의 임기는 5년을 초과하지 않았고 누구나 대통령을 이름으로 불렀으며 대통령에 대한 비난도 쉽게 들을 수 있었다. 또한 배도 곯지 않았으며 교육도 마음껏 받았고 각종 문명의 이기의 혜택을 자유로이 누렸다. 나는 소위 말하는 1987년의 열매와 경제성장의 과실을 모두 누리는 세대였다. 내가 태어났을 땐 비록 노태우 정부 말기였으나 내 기억이 시작될 때는 본격적인 '문민' 대통령의 시기였다. 나는 어두웠던 과거와는 완전히 단절된 줄로만 알고 살았다. 더욱이 내가 사고를 하고 판단을 내리기 시작했을 무렵에는 평화적 정권교체도 벌써 예전 일이었고 최초로 민주당 계열이 재집권에 성공했던 시기였기에 나는 더더욱 어두웠던 과거와는 다른 세상에 살고 있는 줄 알았다. 매서운 탄압도, 피 흘리던 투쟁도, 착취도, 급속한 경제성장도 내겐 모두 태어나기 이전, 과거의 일들이었다. 나에겐 태어날 때부터 대통령은 우리 손으로 뽑는 것이었고 임기는 5년인 것이 당연하였다. 삼시세끼 먹는 것도 당연하였고 아버지가 회사에 나가는 것도 당연하였다. 이런 당연함 속에서 나는 당연히 구시대 정치의 유산은 나와 상관없는 일인 줄 알고 있었다.

하지만 현실은 아니었다. 나는 대구에 살고 있었다. 나는 태어나서 한 번도 대구를 떠나지 않았다. 일가친척들 또한 대구 아니면 경북에 살고 있었다. 대구에서 유년 시절을 보내며 대구·경북, 즉 TK 특유의 집단 사상과 정서는 나도 모르게 나에게 깊숙이 침투해 있었다. 어릴 때부터 집안 어른들은 항상 정치 이야기가 나오면 특정 정당을 지지하였다. 대통령은 비난의 대상이었다. 명절 때 친척들이 모이면 으레 특정 정당에 대한 호평이 쏟아졌다. 어른들은 모두 똑같은 생각을 가지고 있었다. 특히 신문이 그랬다. 우리 집은 내가 어렸을 때부터 신문을 구독했다. 아마 내가 태어나기 전부터 구독했으리라 생각된다. 구독한 신문은 으레 대구의 가정이 그렇듯 보수적인 색채를 띠는 신문이었다. 나는 어릴 적부터 신문을 읽었다. 교육적 분위기도 있었겠지만 내가 신문을 읽은 이유는 무엇보다 재미가 있었기 때문이다. 신문엔 온갖 세상의 이야기가 널려 있었고 나는 그것이 재밌어서 신문을 읽었다. 그리고 나도 모르게 TK의 집단 사상이 나를 물들이고 있었다. 나는 이 모든 것을 자연스럽게 받아들였다.

머리가 커지고 좀 더 깊은 사고를 하기 시작하면서 신문에서 정치 사회 면을 보는 시간이 길어졌고 선거에 대해서도 인지하기 시작했다. 이제 더 이상 정치 이야기는 친척들만이 하는 이야기가 아니었다. 엄마와 함께 시장을 갔을 때도, 우리끼리 쉼터라고 불렀던 은행에 갔을 때도, 태권도 학원을 갔을 때도, 갈비를 먹으러 갔을 때도 주위 사람들은 정치 이야기를 하였다. 심지어 선거 포스터를 보고 친구들끼리 누구는 안 된다고 말하기도 했었다. 아마 그 친구들도 나와 같이 주워들은 것으로 그렇게 말했으리라.

지금 생각해보면 나는 '안경'을 썼던 것 같다. 대구·경북 사람들 대부분 '안경'을 쓰고 있었다. 박정희 정권과 그 후 이어진 군부독재가 만들어낸 지역주의, 박정희 신화, 상명하복, 군사문화, 맹목적 충성심 등 TK 사상이라는 렌즈로 만든 '안경'을 쓰고 있었다. '안경'을 쓰는 사람들이 대부분 그렇듯 대구·경북 사람들은 '안경' 없이는 제대로 앞을 보지 못했다. 나도 어느샌가 '안경'을 쓰고 있었다. 어른들이, 주위 사람들이, TV가, 신문이 나에게 계속 '안경'을 씌웠다. 난 내가 '안경'을 쓰고 있다는 사실조차 인지 못한 채 '안경'을 쓴 채로 살아갔다.

'안경'을 쓴 것을 기념해서인지 나는 열세 살이던 해에 교내 백일장에서 박정희에 대한 존경심을 글로 썼다. 글의 내용은 대략 "박정희는 유신헌법을 통한 장기집권은 하였지만 경제발전의 공이 크기에 존경받을 만한 인물이다"라는 내용이었다. 지금 생각하면 어처구니없지만 '안경'을 쓰던 그 시절 나는 내가 '안경'을 통해 보는 것이 진실이자 진리라고 믿었다. 그래서 그 글을 썼다. 자신의 이익이 아니라 '조국과 민족의 무궁한 영광'을 위해, 나라와 국민의 번영과 행복을 위해, 정말 순수하게 존경의 마음을 담아 그 글을 썼다. 지금도 그 글을 쓰는 데까지의 과정은 옳았다고 생각한다. 다만 그때에는 '안경'을 쓰고 있어서 결과가 그렇게 되었다고 생각한다. 아마 대다수의 '안경' 쓴 사람들이 이렇다고 나는 믿고 있다. 아니 믿고 싶다. 피비린내 나고 역겨운 군부독재의 민낯과 그 부산물들을 그들이 진심으로 좋아해서 지지한다고 나는 생각하지 않는다. 그들도 자기 가족들이 잘되고 대구·경북이 좀 잘되고 이 나라가 잘돼서 행복이

가득하길 바라는 마음으로 행동을 한다고 생각한다. 다만 50여 년을 거쳐 축적된 '안경'을 쓰고 있어서 그 결과가 달라진다고 믿고 있고 믿고 싶다.

다시 나의 유년 시절 이야기로 돌아가면, 나는 그렇게 백일장에서 박정희에 대한 존경심을 써서 제출하였고 어찌 보면 당연하게도 교지에 실리게 되었다. 아마 편집하는 교사도 '안경'을 쓴 사람이 아니었을까. 나는 그것을 자랑스러워하며 집에 들고 가서 보여주었다. 부모님의 반응이 지금은 기억이 잘 나지 않지만 아마 어린 나이에 그렇게 시사에 관심을 가진 것을 놀라워했었던 것 같다. 중학교에 진학하고 점점 더 머리가 커질수록 나의 '안경'은 내 몸과 일부가 되었다. 그쯤 되자 신문은 처음부터 끝까지 모두 읽었고 부록까지 챙겨보았다. 신문과 뉴스로는 만족하지 못해 관련 글과 다큐멘터리도 보았다. 그리고 난 내가 1987년의 열매와 경제발전의 혜택을 동시에 누리고 있다는 것을 알게 되었다. 군사정권 시절은 나와 상관없다고 생각한지는 그보다 빨랐지만 그쯤엔 그런 생각이 더욱 확실해졌다. 더 이상 배도 곯지 않았고 전화기, 자동차, TV는 누구나 가지고 있는 것이었다. 쌀이 없다는 것을 상상도 못 했고 풍요롭지는 않지만 의식주 해결에 아무런 문제가 없었다. 또 경찰들이 더 이상 시민들에게 최루탄을 쏘지도 않았고 사람들이 고문당하지도 않았으며 군인들이 시민들을 향해 총을 쏘지도 않았다. 누구나 대통령을 욕했으며 아무도 잡혀가지 않았다. 나는 '안경'을 썼지만 지난 수십 년간의 일그러진 한국 정치와는 아무런 관련이 없다고 생각했다. 그 구시대 정치의 가장 큰 유산인 '안경'을 쓰고 있으면서 그런 생각을 했다는 것이 지금 생각해보면 헛웃음이 나올 일이었다.

그래도 약간의 변화는 있었다. 중학교 3년 동안 많은 자료를 접하면서 이승만 정권과 전두환, 노태우 정권에 대해 똑바로 알게 되었다. 4·19에 대해서도 바로 알게 되었고 뜨거웠던 1987년에 대해서도 바로 알게 되었다. 시민들을 향해 발포하고 임기 내내 민주주의를 탄압하였던 그들을 옹호하고 지지할 수 없었다. 오히려 미워하고 싫어했다. 그리고 내가 그 시대에 살지 않았던 것에 대해 감사하였다. 하지만 박정희는 달랐다. 이상하게 박정희는 달랐다. 그때까지 내 마음속에서 박정희는 존경의 대상이었다. 나에겐 경제발전에 대해 그리고 '자랑스러운 오늘날의 대한민국'에 대한 영웅이 필요하였다. 아마도 그때까지 '안경'을 벗지 못하고 박정희를 지지하였던 것은 가난으로부터의 탈출, 한강의 기적이라 일컬어지는 경제발전의 혜택을 직접적으로 누리고 있어서 그랬던 것 같다. 신문을 비롯해 각종 매체에서 끊임없이 나오는 빈곤했던 대한민국의 사진들과 통계지표들은 단단히 나의 '안경'을 붙잡고 있었다.

나는 경제발전이 전적으로 박정희의 노력과 의지 때문이라고 생각했다. 박정희가 정말 민족을 번영으로 이끈 지도자라고 생각했다. 그리고 위에서 언급한 바와 같이 나에겐 영웅이 필요했다. 물론 이때도 대구·경북에는 '안경'을 쓴 자들이 절대다수였다. 여전히 어른들은 '안경'을 쓰고 있었고 '안경'을 쓴 자들의 외침이 내 주위를 뒤덮고 있었다. 나는 군사정권의 후신 정당의 열렬한 지지자였고 보수주의자라고 당당하게 말할 수 있었다. 만약 보수 색채의 신문이 만들고자 하는 청소년이 있다면 내가 거기에 가장 알맞은 청소년이었을 것이다. 그만큼 나는 신문의 영향을 많이 받았다. 강력한 힘으로 부국강병을 만들어 이 나라가 부자가 되어야 하며 파이를 키워 낙수효과로 국민의 삶의 질을 향상시켜야 한다고 생각했다. 그러기 위해선 약간의 희생도 어쩔 수 없다고 생각했다. 전형적인 '안경' 쓴 사람의 생각이었다. 민주항쟁을 지지하고 감사해하며 또 한편으로 박정희와 군부정권의 후신 정당을 옹호하였던 모순을 그땐 인지하지 못했다.

내가 '안경'을 벗은 때는 고등학교 1학년 여름이었다. 그것은 정말 우연히 일어난 일이었고 물 흐르듯 자연스럽게 일어났다. 나는 책을 한 권 읽고 있었다. 어떻게 해서 그 책을 읽게 되었는지는 기억이 잘 나지 않지만 아마 도서관에서 빌리지 않았을까 생각된다. 나는 그 책을 읽고 큰 충격에 빠졌다. 지금까지의 나의 믿음과 생각이 통째로 부정당하는 기분이었다. 곧바로 신문, 다큐멘터리, 인터넷 등에서 제대로 된 자료들을 찾아보았다. 그리곤 '안경'이 벗겨졌다. 그 책은 리영희의 『대화』였다. '안경'을 벗어던지자 그제야 마음속에 가지고 있던 모순이 느껴졌다. 사람들이 쓰고 있는 '안경'도 보이기 시작했다. 여전히 사람들은 똑같았고 보수정당에 대한 오랜 충성심도 건재하였지만 나의 '안경'은 이제 없었다. 그것은 정말 큰 변화였다. '안경'을 벗고 바라본 세상은 그전과는 너무나 달랐다. 대구·경북의 고여 있는 정치 상황, 한 정당의 장기집권으로 인한 경제의 파탄, 암울하기만 한 각종 통계지표들이 보이기 시작했다. 집단주의, 국수주의, 두발단속을 위시한 각종 폭력, 위계문화, 서열문화 등이 학교와 사회 도처에서 보였다. 나는 군사독재의 잔재가 이렇게 많이 남아 있을 줄 몰랐다.

나는 빠르게 달라지기 시작했다. 그렇게 존경하였던 박정희와 그 후예들은 순식간에 원망의 대상이 되었다. 지금 대한민국과 대구·경북이 가지고 있는 문제의 근원이 모두 그들인 것 같았다. 당시 가세가 기운 것도 나의 변화의 한 요인이었다. 난 도저히 기득권층을 옹호할 수 없었다. 나는 가지지 못한 자이고 기득권이 없는데 기득권층을 대변하는 정당을 지지할 수 없었다. 나는 빠르게 TK의 이단아가 되어갔다.

내가 '안경'을 벗었다고 해서 당장 주위에 큰 변화가 일어나지는 않았다. 내가 그 변화를 만들 수도 없었다. 여전히 사람들은 '안경'을 쓰고 있었고 주위 또래들은 세상을 볼 여유가 없었다. 당시 우리들에겐 세상을 보는 것보다 공부와 입시가 가장 중요한 문제였다. 친구들도 세상을 보려 하지 않았다. 그들의 관심사는 입시거나 연예인이거나 게임이거나 연애이거나 아니면 급식 메뉴였다. 어른들도 우리가 입시 이외의 것을 보는 것을 원치 않았다. 물론 몇몇 내 또래들은 '안경'을 쓰고 있었다. 아마 내가 '안경'을 쓰게 되었던 이유와 비슷할 것이다. '안경'을 벗어던진 친구도 있었다. 그는 정말 나에게 많은 영감과 생각을 주었는데 내가 본 친구 중 '안경'과 가장 거리가 먼 친구였다.

내 고교 시절엔 많은 일들이 있었다. 기득권층은 다시 정권을 되찾았고 민주화 이후 민선 대통령 두 분이나 서거하였다. 난 그 과정에서 많은 '안경' 쓴 사람들을 보았다. 보수정권의 귀환과 대통령의 서거는 좋은 이야깃거리였다. 그들은 어디에나 있었다. 학교에도 있었고 버스에도 있었고 시장에도 있었고 모든 곳에 있었다. '안경' 쓴 자들 속에서 귀를 열고 있기란 힘들었다. 나는 최대한 무시하려 하였다. 신문도 안 보았으며 주로 인터넷이나 몇몇 TV 매체로 세상을 접하였다. 주위에 정말 몇 없는 '안경' 벗은 사람들만이 유일한 소음청정지역이었다. 그래도 그 시절 나는 몇몇 희망을 발견하였다. 대통령의 서거를 계기로 대구에서 '안경'을 벗는 사람들이 적지만 나오고 있었고 '안경'을 벗은 사람들도 꽤 많이 보였다. 2009

년의 초여름, 동성로 일대를 나가 보면 '안경'을 벗은 사람들을 쉽게 볼수 있었다. 그들은 뭉쳐 있었고 무리지어 있었다. 난 거기서 희망을 보았다. 어쩌면 내가 사회에 진출할 때에는 세상이 달라져 있을 수도 있겠다는 생각을 하였다.

희망과는 별개로 대구·경북의 상황은 암울했다. 내가 고등학교 재학시절만 해도 인서울, 탈대구 현상이 만연했다. 성적이 좀 괜찮은 학생이라면 누구든지 서울로 가려 했었다. 굳이 대구의 인구유출이 심각하다는 통계를 보지 않더라도 학생들의 서울우선주의는 심각했다. 대구에는 미래가 없다는 생각이 당시 내 또래에서 팽배하게 퍼져 있었다. 선생님들도 그런 분위기에 동참하였다. 대구의 일자리 현실과 점점 떨어지는 대구의 위상을 말하며 '공부 열심히 해서' 여기를 떠나라고 말하였다. 나는 '안경' 쓴 사람들의 그런 말을 들으며 쓴웃음을 지었다. 이러한 탈대구 현상은 서울에 모든 걸 쏟아부은 박정희와 그 후신들과 그들이 만든 '안경'을 쓴 사람들의 맹목적 충성이 만들어낸 결과가 아니던가. 내가 고등학교를 졸업할 때까지 대구·경북의 경제는 나아지지 않았고 공기도 그대로 고여있었다. 첨단의료복합단지 유치로 한동안 대구가 떠들썩했던 것이 기억난다. 당시 홍보를 보면 첨단의료복합단지가 건설되면 대구는 대규모 의료도시로 변신하여 전국, 아니 전 세계에서 환자들과 의료관광객이 쏟아질 것만 같았다. 하지만 그 결과는 아직까지 모르겠다.

대학에 입학하면서 정치에 대한 나의 생각은 완성되어갔다. 정치란 무엇인가, 정치적 성향은 어떻게 결정되어야 할 것인가에 대해 깊은 고민을 하였다. 그리고 고뇌 끝에 나의 생각을 찾았다. 그것은 바로 '정치는 자신의 이익에 따라 행동하는 것'이었다. 개인은 자신의 이익을 대변하는 정당을 지지하고 거기에 투표해야 한다. 자신에게 가장 이익이 되는 공약과 정책을 가지고 있는 후보에게 투표해야 한다. 자신이 노인이라면 노인복지와 노후를 우선시하는 정당이나 후보에 투표해야 하고, 자신이 기득권층이라면 현재의 기득권을 가장 잘 보호해주는 정당이나 후보에 투표해야 한다. 자신의 이익은 주로 경제적인 것이지만 자신에게 효용을 가장 많이 가져다주는 것을 말한다. 만약 내가 소득 상위 1%의 고소득자라 할지라도 나에겐 돈보다 치안이 더 효용가치가 있다면 나는 고소득자의 세율을 인하하려는 정당보다 경찰인력과 장비를 충원하려는 정당을 지지하여야 한다. 이것이 내가 생각하는 정치적 성향이다. 지금도 이 생각에는 변함이 없다.

성인이 되고 나서 나는 여기에 반하는 사람들을 많이 보았다. 그들은 빈곤층인데도 기득권층 정당을 지지하는 사람들이 대부분이었다. 대화를 나누거나 이야기를 들어보면 대부분 '안경'을 쓴 사람들이었다. 그들은 '안경'에 가려 제대로 세상을 보지 못하였다. 나는 도저히 그들을 이해하지 못했다. 왜 연수입이 2,000만 원 이하인 사람이 재벌과 대기업의 미래에 대해 걱정하는지, 근로자인 사람이 타사 노동조합을 욕하고 노동조합을 부정하는지 도저히 이해하지 못하였다. 그들은 주객이 전도된 것 같았다. 내가 내린 결론에 따르면 사람은 자신의 이익에 따라 정치적 성향을 띠어야 했다. 따라서 그 사람들은 친기업, 친재벌 정당에 투표를 하면 안 되고 빈곤층과 저소득층의 복지를 우선시하는 정당에 투표해야 한다. 하지만 그들은 그러지 않았다. 나는 그들을 끝까지 이해할 수 없어 '안경'에 그 모든 원인을 돌렸다. 그들은 '안경'을 써서 세상을 제대로 보지 못하는 것이라고, '안경' 때문에 맹목적인 충성이 일어나고 '안경' 때문에 자신과 전혀 상관없는 일들이 자신의 이익으로 귀결된다고 생각한다고 나는 치부했다.

내가 보수정당을 지지하는 사람들 모두를 이해하지 못하는 것이 아니다. 자신의 이익과 다른 정치적 성향을 보이는 사람을 이해하지 못하는 것이다. 나의 군대 동기 중에 A라는 사람이 있었다. A는 아버지가 외국 기업 중역이고 미국에서 대학원을 마치고 입대하였다. 어느 날 같이 생활관에서 대선 토론을 보던 중 정치 이야기가 나왔다. A는 자신은 박근혜를 지지한다고 하면서 자신의 집안은 대대로 박정희, 박근혜를 지지하였다고 했다. 나는 그 이유를 듣지 않아도 충분히 납득이 갔다. A는 대구·경북 심지어 경상도 출신도 아니었지만 나는 A가 박근혜를 지지하는 이유를 확실히 알 것 같았다. A는 자신의 이익을 대선 후보 중 가장 잘 대변하는 박근혜를 지지한 것이다. 기득권층인 그에게 박근혜는 가장 매력적인 대선 후보였을 것이다. A의 말끝에 따라오는 미소가 내 짐작이 옳다고 하는 것 같았다.

나는 A의 선택을 전혀 비난하고 싶지 않다. 오히려 A의 선택을 백번 이해할 수 있다. 하지만 대구·경북의 '안경' 쓴 사람들은 다르다. 그들이 18대 대선에서 저지른 일을 보라. 박근혜를 찍는 이유가 박정희의 딸이어서, 여자라서, 불쌍해서, 대구 사람이어서이다. 그나마 다른 이유들은 봐줄 만하지만 불쌍해서는 도저히 이해가 가지 않는다. 독재자의 딸로 태어나 왕족처럼 살다가 그 유산으로 평생 노동 한번 안 해보고 호의호식한 사람을 평생을 노동과 빈곤 속에 허덕이는 사람이 불쌍하다고 하다니…. 나는 참으로 개탄스러웠다. 이게 다 '안경' 때문이라고 생각했다.

'안경' 쓰고 투표한 결과는 참혹했다. 박근혜는 국정을 파탄 냈고 헌정을 유린했으며 최초로 탄핵된 대통령이 되었다. '안경' 쓴 사람들의 기대는 처참히 박살 났다. 대구·경북은 여전히 불황의 늪에 빠져 있고 부국강병과는 더욱 멀어졌다. 아 한 가지 기대가 충족된 것이 있다면 박정희 우상화가 있지 않을까. 박정희 동상이 세워지고 탄신제가 성대히 열리며 박정희 관련 예산이 대폭 증가하였으니 '안경' 쓴 사람들의 기대는 하나 채워졌을지 모른다. 그것도 결국 얼마 안 가 박살 나고야 말았지만.

지금 현재 대학생으로, 그리고 취업준비생이자 곧 사회에 나갈 몸으로 바라보면 박정희·박근혜 부녀와 그로 인해 뒤틀린 한국 정치가 낳은 각종 사회 부조리 때문에 갑갑함을 금할 수가 없다. 꽉 막히고 위계적인 기업문화, 유명무실하기만 한 법정근로시간과 너무나도 열악한 근로조건, 겨우 10%에 불과한 노동조합 조직률, 발전 없는 대구·경북 경제와 그로 인한 일자리 부족, 저임금 노동시장, 부조리가 팽배한 군대, 배금주의, 선후배 간 무익한 군기 등 대학생이자 취업준비생으로 겪는 피해와 걱정과 불이익은 모두 박정희·박근혜 부녀와 그로 인한 구시대 정치의 산물이다. 나는 종종 프랑스가 너무나 부럽다는 생각을 한다. 만약 1960~1970년대 그리고 1980년대 민주화가 되어 프랑스식으로 정치가 발전하였다면 지금 위에서 언급한 문제는 하나도 존재하지 않았을 것이다. 유연한 교육과 입시로 학생들도, 강력한 노동3권 보장과 인간적인 기업문화로 근로자도, 풍족한 노후보장제도로 노년층도 모두 행복한 사회가 되지 않았을까 상상해본다.

박근혜 정부의 참혹한 민낯과 촛불집회를 통해 많은 사람들이 '안경'을 벗었을 것이라고 생각한다. 비록 아직 '안경'을 쓴 사람들이 대구·경북에 더 많을 것이지만 나는 지난번 보여준 시민들의 힘을 믿는다. 나는 지난

겨울 동안 이곳 대구에서 수많은 '안경' 벗은 사람들을 보았다. 그들이 있기에 대구·경북의 미래는 아직 밝다고 생각한다. 정말 가족을 위하고 사회를 위하고 나라를 위한다면 '안경'을 벗길 바란다. '안경'을 벗고 세상을 똑바로 보길 바란다. 한 사람이라도 더 '안경'을 벗었으면 하는 마음으로 그리고 대구가 더 활기차고 희망찬 도시가 되었으면 하는 마음으로 이 글을 마친다.

화합과 통합의 시대를 열자

김진철
(한의사, 민성한의원장)

　지난 6개월간 대한민국의 현실은 탄핵 정국으로 국론이 분열되고 그 어느 때보다 불안하고 어수선한 시간을 보내고 있다. 한편에서 박근혜 대통령 탄핵을 주장하는 촛불집회가 거의 매주 열리고, 다른 한편에는 박근혜 대통령 탄핵을 반대하는 태극기집회가 열리고 있다. 나라가 촛불과 태극기로 쪼개져 있다.

　대통령 탄핵에 대한 찬반을 둘러싸고 분노와 단죄, 보수와 진보, 좌파와 우파, 젊은 세대와 늙은 세대로 분열되어 극단적이고 양극화된 갈등이 나타나고 있다. 촛불과 태극기로 갈라져 서로 화해와 배려보다는 오히려 분열과 갈등이 고조되어 문제가 해결될 기미가 보이지 않는다.

　특히 우리 대구·경북지역에서는 젊은 층 중심으로 촛불집회가 열리고 있고, 노인층을 중심으로 태극기집회가 열리고 있다. 촛불집회가 대통령의 단죄를 주장하는 구호를 외치고 있지만 마치 시민 축제장 같은 느낌이 드는 반면, 태극기집회는 분노와 적대감으로 얼룩져 격렬한 전투장 같은 느낌을 준다. 같은 하늘 아래 서로 다른 두 국민이 대치하고 있다. 이러한 상황은 분명 비극이다.

어떤 사람들은 촛불집회는 좌파 운동권이 주도하고 선동한 결과라고 주장한다. 또 다른 어떤 사람들은 태극기집회에 참석한 사람들은 친박 세력의 돈을 받고 간 사람들이라고 주장한다. 촛불 시민과 태극기 시민 상호 간의 불신이 극심하다. 그러나 촛불집회와 태극기집회에 참석한 사람들 대다수는 선량한 민주시민이요 애국시민일 것이다.

그렇다면 촛불과 태극기 간의 갈등의 실체는 무엇일까? 진정 세대 간 갈등일까, 보수와 진보 간의 이념의 갈등일까? 나는 반드시 그렇지는 않다고 생각한다. 불행하게도 이러한 갈등의 실체는 보수와 진보, 좌파와 우파와 같은 이념과 명분으로 포장된 정치인의 정략적 편 가르기에서 비롯되고 있다. 당리당략적 이해타산에 따라 지역 간, 계층 간, 세대 간 갈등을 부추겨 문제를 더욱 악화시키는 정치인들의 책임이 크다고 할 수밖에 없다.

누구보다 앞장서서 국민들의 화합과 통합을 이루기 위해 노력해야 마땅할 정치인들이 오히려 자신들의 논리만이 옳고 다른 사람들의 논리는 틀리다는 이분법적 사고방식을 부추기고 갈등을 조장하여 그 결과 국민들의 감정의 골만 깊어지고 국민들이 정치적으로 더욱 양극화되는 현상만 나타나고 있는 실정이다. 이는 서로를 배려하고 이해하는 소통은 하지 않겠다는 오만이며, 어떠한 이유와 명분으로도 정당화될 수 없다.

우리가 살고 있는 대구가 이런 점에서 문제가 더 심각하다. 자기와 생각이 다른 사람에게 다름을 인정하지 않고 틀렸다고 단정하는 태도가 우리 대구 사람들에게 특히 강한 것 같다. 자기 생각과 다른 것을 틀렸다고 하는 태도는 서로를 배척하고 불필요한 대립과 갈등을 조장하여 사회 발전을 가로막는다. 대구의 정치인들 사이에 특히 이런 태도를 많이 볼 수 있다. 특정 정당이 오랫동안 지역 정치를 독점해오다 보니 다양한 정치적 견해가 공존하고 존중되는 풍토가 형성되기 어려웠다.

역사적으로 보면, 조선시대 주자학이 지배한 결과 권력을 독차지하려는 사대부들이 허망한 명분을 내세워 소모적인 사색당쟁을 일삼았다. 동인과 서인에서 남인과 북인으로, 다시, 노론과 소론으로 당파가 분파되어 서로 배척하고 마침내 서로 죽이는 참화를 불러왔고, 그 결과 국정은 거덜나고 백성은 도탄에 빠졌다. 그때부터 오늘날까지 좌파와 우파로 나누어져 죽자고 싸워왔고 싸우고 있는 게 아닌가?

탁월한 동양사상가였던 김범부 선생은 그의 유작 『풍류정신』(1986)에서 주자학의 폐해를 다음과 같이 지적한 바 있다. "대체 주자학은 세정을 통하지 못한 학문이다. 그 학문을 하면 사람은 편협하여진다. 그리고 현실을 무시하고 오직 이론주의적으로만 되어 인간이 인간다운 정서를 잃게 된다. 그러므로 사람이 편협하여지고 각박하여지며 융통성이 없고 관용성을 잃게 된다."

주자학을 충실히 수용하고 발전시켰던 퇴계 이황의 영남학풍이 강한 대구·경북에서 이런 주자학의 폐해가 더욱 심했다. 적지 않은 대구의 식자들이 보수든 진보든 자신의 생각만 절대시하고 자신의 생각과 다른 사람의 생각은 틀렸다고 배척하고 적대시하는 태도를 보여왔다. 생각이 다른 보수와 진보 인사 사이에 서로 '수구꼴통과 좌빨'이라고 몰아붙이는 나쁜 작풍이 횡행했다.

오늘날 정치인들과 지식인들 사이에서 패거리를 지어 서로 비난하고 배척하는 나쁜 풍토가 계속되면 대한민국은 더 이상 전진할 수 없다. 선진국 문턱에서 주저앉아 퇴보할지 모른다. 정치, 경제, 사회적으로 일본의 '잃어버린 20년'처럼 장기침체할지 모른다. 이미 그러한 조짐이 벌써 우리 사회 곳곳에서 나타나고 있다.

그럼에도 불구하고 대한민국을 이끄는 지도층과 정치권에서는 현 상황을 타개할 확실한 해법을 제기하지도 국민과 함께 소통하거나 실행하지도 못하고 있다. 진보와 보수, 노와 사, 여와 야 간에 대한민국의 지속가능한 발전을 위한 비전을 공유하고 그 비전의 실현을 위해 협력하는 모습은 찾아보려야 찾아볼 수가 없다. 좌우 극단주의가 횡행하고 소모적 정쟁과 노사 갈등이 지속되고 있다. 서로 손목을 잡고 상생의 길로 나아가는 대신에 서로 발목을 잡고 공멸의 길로 빠져들고 있다.

이런 상황에 당면한 우리의 가장 시급한 과제는, 진보와 보수 간, 부자와 빈자 간, 지역 간, 세대 간에 서로 존중하고 배려하고 용서하고 화해하는 "화합과 통합"의 시대를 이루는 것이다. 화합과 통합의 시대를 열려면 무엇보다 사람들이 가지고 있는 가치관의 차이를 인정해야 한다.

가치관이란 오랜 세월을 거쳐 오며 환경에 적응하는 과정에서 형성되는 것이다. 따라서 가치관이 세대에 따라 다른 것은 세대가 속한 가족, 지역, 사회, 문화적 특징 등 세대마다 다른 환경을 경험했다는 점에서 당연한 귀결이다. 이런 가치관이 다름을 인정하고 서로의 생각과 뜻을 주고받는 연속적 과정이 의사소통이다.

그러나 현재 대한민국에서는 기성세대가 자신의 권위를 내려놓지 못하고 신세대는 기성세대의 권위를 외면하고 있어 상호 소통이 이루어지지 못하고 분열되고 있다. 노년 세대와 청년 세대 사이에 소통이 되고 있지 못한 현상은 특히 우리 대구·경북지역에서 현저하게 나타나고 있다. 지난 총선과 대선 과정에서 아버지와 아들딸, 할아버지와 손자 손녀 사이에 정치적 입장 차이가 컸고, 이것이 가족 내 갈등으로 이어지는 사례도 적잖게 있었다.

이러한 세대 간 소통 부재와 함께, 보수와 진보 간에도 서로 다른 가치관을 고집하기만 할 뿐 공유하는 가치를 찾고 그것을 넓혀가려는 소통을 하려 들지 않는다. 우리나라의 진보와 보수 간에는 각자의 독백만 있을 뿐 서로 간의 대화가 단절되어 있다. 노사도 대화가 부족하다.

나와 의견이 다른 상대방을 존중한다고 해서 자기 집단이 무너진다고 생각하는 흑백논리를 버리고, 모든 사람이 각자가 놓인 상황에서 최선을 다하고 있다고 믿으며 포용력을 보일 때 비로소 집단 양극화 해결의 실마리를 조금씩 찾아갈 수 있을 것이다. 소통은 혼자가 아닌 두 사람, 혹은 두 집단 이상이 하는 것이기 때문에, 어느 한쪽만 노력해서는 이루어지기 어렵다.

지금 우리 사회의 혼란은 서로가 상대의 가치관을 인정하지 않고 소통하지 않으며 맹목적인 정치적 이념 관계에 휘둘린 것에서 비롯된 것이다. 말과 행동이 잘못되고 왜곡된 사람들이 많을수록 국가운영은 어렵게 된다. 이것은 대한민국 정치의 큰 약점인데 이는 미래를 위해서 결코 바람직한 일이 아니다. 국가와 사회는 기본적으로 가치 공동체이다. 공통의 가치는 집단의 분열과 갈등을 지양하고 다양한 층위의 국민들의 결집력을 강화시키고 이는 국민 통합의 기반이 된다.

그동안 지식인 사회에서 합리적 진보와 개혁적 보수 간에 국정 방향을 두고 서로 대화하고 토론하는 사례들도 있었다. 특히 대구·경북지역에서는 진보와 보수가 지방분권운동을 함께 전개하여 지방분권 의제를 국가적 의제로 만드는 데 성공했다. 박근혜 대통령 탄핵 정국에서 대구지역의 보수 인사와 진보 인사들이 함께 〈대구가 쓰는 반성문〉을 낸 특이한 사례도 있다. 합리적 진보 인사들과 개혁적 보수 인사들이 '새로운 대구를 열자'고 서로 화합하고 통합하려는 시도도 하고 있다.

이처럼 대한민국 전체와 대구·경북지역이 사회적 갈등을 대화와 소통으로 풀어나가고, 서로 배려하고 존중하면서 다른 가치관을 가진 사람들이 국가적 과제를 함께 헤쳐나가는 화합과 통합의 정치를 펼쳐가야 할 것이다.

새로운 대한민국을 열려면, 새로운 대구·경북을 열려면, 합리적 보수와 개혁적 보수가 서로 손잡고 화합하고 통합해야 한다. 나라 발전과 지역 발전을 위해 보수와 진보 간에 서로 인정하고 존중하며 상호 협력해야 한다.

'유랑민' TK

김창록
(경북대학교 법학전문대학원 교수)

"박정희 정권의 등장으로 굴절된 50년 TK 정치·경제·문화를 성찰하고 새로운 대구를 열기 위한 각오를 밝히는 글을 써보라"는 요청을 받고서, 적임자가 아니라고 생각되어 사양했다. 그러나 '당신도 TK이니 무언가 내놓아보라'고 재차 요청을 받고 달리 변명을 덧붙이기 어려워 그러겠다고 해버렸다. 그런데 아니나 다를까, 도무지 글이 나오지 않는다. 이런 경우 거의 항상 처음 판단이 맞는 법이다.

개인적 경험에 따르면 글이 나오지 않는 경우는 두 가지이다. 질문에 대한 이해가 충분하지 않거나, 이해는 되지만 별다른 새로운 답이 떠오르지 않을 때이다. 그런데 이번엔 두 가지가 겹쳤으니 더욱 난감하다. "50년 TK 정치·경제·문화"를 잘 알지 못하고, "새로운 대구"에 대한 전망도 흐릿하다. TK에서 태어나 자랐고, TK라고 불리며 고개 젓지 않았고, 지금은 TK에 직장을 가지고 살고 있음에도 솔직히 그렇다. 따라서 결국은 질문에 대한 정확한 답과는 거리가 먼 이야기가 되겠지만, 'TK가 낯선 TK의 자기점검'을 해보는 것으로 숙제를 면할 수밖에 없다.

내가 태어난 순간 이미 박정희는 이 땅의 최고 권력자였다. '박 대통령'이라는 단어를 특정인을 가리키는 고유명사가 아니라, '유일한 대통령'을 의미하는 보통명사로 알며 자랐다. 그의 이름이 필자로 적힌 '국민교육헌장'을 열심히 외웠고, 그가 만들었다는 '국기에 대한 맹세'가 울려 퍼지는 오후 5시의 교정에서 매일 경건한 마음으로 태극기를 우러렀다. 뙤약볕이 내리쬐는 시민운동장에 모인 TK의 학생들과 함께 '영도자'의 지시에 따라 소리 높여 반일과 반공을 외치기도 했다.

그래서 그의 죽음을 알리는 시꺼먼 호외가 날아든 날, 하늘이 무너지는 줄 알았다. 그날 아침 고3 교실에서 뒷줄의 투덜거리는 친구들을 "국부가 돌아가셨는데 뭘 하느냐"며 다그쳐 일으켜 세우고서, 비감한 마음으로 조기를 게양했다. 그렇게 고등학교를 졸업할 때까지 나는, 내 또래의 TK 다수가 그러했을 것처럼, '위대한 영도자 박정희 대통령'이라는 신화를 한 점의 의심도 없이 굳게 믿으며 자랐다.

19년 가까운 세월 동안 나의 마음속에 굳게 자리 잡은 그 신화는, 서울의 대학에 입학하면서 심각한 도전을 받았다. '서울의 봄'이라 불린 그 3월, 선배들이 마련한 신입생 환영회에서 처음 한 일은 놀랍게도 조 편성을 받는 것이었다. 연일 계속되는 교내 시위를 하면서 시위 중간 중간에 교대로 교문으로 가 가로막고 있는 전경들과 대치를 하는 '진출조'에 편성된 것이었다. 그리고 그 자리에서 "박정희는 일본 육사를 졸업한 관동군 장교 출신으로 유신독재를 통해 수많은 인권유린을 자행하고…"라는 선배의 열변에 접했다. 청천벽력이었다. 허나 그것이 사실임을 곧 확인할 수 있었다. 그래서 신화는 무너져 내렸다. 너무나 강고했기에 그만큼 더 격렬하게.

박정희의 후계자 '전 대통령'(이 단어에 익숙해지는 데 상당한 시간이 걸렸다) 시대 대학의 모습은 참담했다. 나의 학교에 들어가기 위해 경찰에게 학생증을 보여주고 가방을 검색당해야 했다. 사복경찰들이 교정 곳곳에 진을 치고 있었고 강의실에도 들어와 있었다. 누군가 구호라도 외치면 수십 명의 사복경찰이 달려들어 입을 막고 사지를 든 채 순식간에 끌고 갔다. 유일하게 소리칠 수 있는 공간이었던 도서관 3층 창문 난간에 한 학생이 올라섰다가 잡으려는 사복경찰을 피해 떨어져 내렸고, 그 직후 주변은 시계제로의 최루탄 연기로 휩싸였다. 그렇게 '박정희 신화'는 간직해야 할 자산이 아니라 청산해야 할 과제라는 사실을 거듭거듭 확인했다.

그 무렵 명절마다 대구의 본가를 찾던 발걸음은 꽤나 무거웠다. 친척들이 모인 자리에서는 어김없이 정치 이야기가 나왔고, 그 이야기 속에서 박정희와 전두환은 절대적으로 훌륭한 대통령이었다. 말석인 내가 "사실은 이렇고 법적으로는 이런데요"라는 말을 꺼내는 순간 분위기는 싸늘해졌고 험악해졌다. 곧바로 거두절미 "너 좌파냐"라는 질타가 쏟아졌다. 이때의 '좌파'는 '빨갱이'나 '종북'의 순화된 표현이다. 괴기스러운 북한이 무어라 하는지에 대해서는 애당초 관심이 없었고, 자유민주주의를 넘어선 '진보'조차 생각한 적도 없는데, TK의 분위기에서 벗어난 이야기를 하는 순간 '좌파'가 되어버렸다. 좌파는 논증이 필요 없는 절대악, 따라서 좌파가 아니면 그 자체가 절대선이 되어버리는 구조였다. '반공' '반북' '반좌파' 등 반대하는 것만으로 충분하기에 '법과 원칙'이나 '가치'에 대한 논의 자체가 필요 없는, 그래서 참으로 빈곤한 닫힌 구조였다. 그런 구조 속에서 더 이상의 대화는 불가능했다. 몇 차례의 좌절 끝에 나는 친척들이 모인 자리에서는 정치 이야기를 하지 않게 되었다. 이야기가 너무 한쪽으로 치달을 때 간혹 짧은 목소리를 내는 경우가 있기는 하지만, 친척들과의 대화에서의 '탈정치'는 이후 줄곧 나의 원칙이 되었다.

대학 졸업 후에도 20년 이상 TK를 떠나 살았다. 서울에서 대학원을 다니고 일본에서 잠시 공부하고 부산의 대학에 직장을 얻었다. 그동안 1987년의 광장에서 외쳤고, 민주화가 차근차근 뿌리를 내리는 모습을 지켜보았다. 전면에 나선 적은 없었지만 그래서 부채감이 컸고, 그 부채감이 멈추지 않게 만들어주었다. 교수가 된 후에도 부채감을 덜고자 과거청산에 관심을 가졌다. 일본에서 공부한 경험도 있어서 일본군 '위안부' 문제를 비롯한 한일 과거청산 과제들의 해결을 위해 글도 쓰고 강연도 하고 한국과 일본의 법정에서 전문가 증언도 했다. 의문사를 비롯한 권위주의 시대의 과거를 청산하는 데도 조금 거들었다. 물론 '좌파'이기에 그런 것이 아니다. '법과 원칙'이 좀 더 많이 살아 숨 쉴 수 있는 공간을 만들고 싶었을 따름이다. 허나 나는 대구에 오면 언제나 '좌파'로 간주되었다.

대구를 떠난 지 26년 만에 우연찮게 고향의 대학에 자리를 얻게 되었다. '고향'이고 '대학'이니 감회가 남달랐다. 당연히 잘해보자는 의욕이 솟았다. 허나 11년이 지난 지금 돌이켜 생각해보면 과욕이었다. '고향'이라고 하기에 '태어난 곳'은 필요조건일 뿐이다. 생업을 하며 젖어들지 않고서는 충분조건이 갖추어지지 않는다. 충분조건 없이 '고향'이라고 생각하며 뛰어들었으니 과욕이었을 수밖에 없다. 대학을 바로 세우자는 외침에 함께 해준 많은 분들이 계셨다. 허나 지향하는 가치도 헤쳐나갈 능력도 없이 '이익'과 '자리'에만 매달리는 군상들도 있었고, 그들이 더 부지런히 열심히 TK를 떠들고 있었다. 그런 상황에서 '내가 TK이고 TK는 이런 것이다'

라고 치고 나가지 못했다. 그 주장을 채울 알맹이를 가지고 있지 못했기 때문이다. 그래서 조금씩 '고향'에서 '유랑민'으로 되돌아갔다.

개인적인 경험일 뿐이다. TK를 옳게 경험하지 못하고 TK를 옳게 파고 들어 생각하지 못한 부족한 자의 어설픈 TK 평이다. 또한 지역감정은 어디에나 있기 마련이다. 어디에나 '이익'과 '자리'에만 매달리는 군상은 있다. 허나 내가 경험한 TK의 모습은 흔히 이야기되는 TK의 모습으로부터 크게 벗어나 있지 않다. 그래서 어떻게 할 것인가?

다행히도 대한민국 역사의 큰 흐름은 희망의 여지를 마련해준다. 박정희 대통령과 마찬가지로 그의 딸 박근혜 대통령도 임기를 채우지 못했다. 허나 다르다. 전자는 법 밖의 총에 의해 쓰러졌지만, 후자는 '법과 원칙'에 따라 파면되어 물러났다.

탄핵은 길고 힘든 과정이었다. 상식을 뛰어넘는 수많은 궤변들이 '법률가'라는 자들의 입에서 쏟아져 나왔고 그것이 논란에 논란을 불러일으켰다. 하지만 길게 보면 한 번은 거쳐야 할 과정이었다. 온 국민이 매일같이 헌법 조문에 접하고 법적 절차를 공부하는 소중한 과정이었다. 게다가 직접선거로 당선된 대통령을 임기 중에 쫓아내는 탄핵제도는 법의 경계선 상에 위치한 미묘한 주제이기에, 그 공부는 사회 전반에 대한 근본적인 문제들로 인식을 확산시키는 과정이기도 했다. 1987년의 민주화가 없었다면 불가능한 일이다. 민주화의 성과이기도 한 1987년 헌법을 통해 헌법재판소 제도가 도입되지 않았다면 불가능한 일이다. 인터넷이라는 새로운 소통의 공간이 없었다면 불가능한 일이다.

탄핵은 역사적 사건이며 커다란 진전이다. 2017년 3월 10일 이전과 이후의 대한민국은 다르다. 근거를 대지 않는 '묻지 마 권위', 속이 뻔히 들여다보이는 '아전인수식 궤변', 자신과 다른 입장의 사람들을 악마로 저주하는 것으로만 살아남을 수 있는 '공허한 아이덴티티', 세상의 변화에 눈감은 '맹목의 무지와 무능'은 이제 더 이상 대한민국에서 설 자리가 없다. '대통령'에게는 결코 어울리지 않는 막무가내식 부인, 말 바꾸기, 상황 왜곡, 무작정 버티기는 그저 옹색할 따름이다. 태극기를 망토 삼아 두르고 근거 없는 희망사항을 외치며 자신과 다르면 '좌파'라고 저주의 낙인을 찍는 자들의 모습은 참으로 생경한 낡은 풍경이 되어버렸다. 박정희 시대의 방식은 더 이상 통하지 않는다는 당연한 사실이 뒤늦게나마 분명하게 확인된 것이다.

새로운 시대가 나아갈 길은 이미 확인되었다. '법과 원칙'에 따라, 그 속에 담겨 있는 가치를 생각하며, 함께 사실을 확인하고 장단을 따져보고 차근차근 최선의 방향에 대해 합의를 이끌어내서 국민적 지지 속에 추진해가는 것이다. 이번 탄핵 사건을 통해, 좀 더 길게 보면 1987년 민주화 이후, 아니 그 민주화를 잉태한 대한민국의 긴 역사 속에서 지난한 노력을 거듭하며 확인한 길이다.

TK가 나아갈 길도 다르지 않다. 문제는 실제로 그 길로 나아갈 것인가이다. 이 지점에서 80%의 지지로 박근혜 대통령 만들기에 지대한 공헌을 한 TK에서도 탄핵 인용 찬성이 60% 가까이 나왔다는 사실이 주목된다. 물론 하나의 사건에 대한 통계이니 부풀려 생각하는 것은 옳지 않을 것이다. 허나 TK 역시 '탄핵의 세례'를 받았다는 것은 분명한 사실이며, 앞으로 두고두고 나타날 그 효과는 소중한 자산으로 삼아 마땅할 터이다.

그래서 다시 문제는 이 새로운 시대상황 속에서 나는 무엇을 할 것인가이다. 'TK란 도대체 무엇인가'를 파고들어 보아야 할 터이다. 'TK, 이렇게 가자'라고 치열하게 논쟁하며 치고 나가야 할 터이다. 그래서 '내가 TK 이다'라고 당당하게 말할 수 있어야 할 터이다. 참으로 큰 과제이다. 시대 의 가능성에 의탁한다고 하더라도 참 큰 과제이다.

새로운 '大丘'를 위하여

강민구
(대구 수성구 의원)

아버지께서는 경북 의성군 다인면에서 이발소를 운영했다. 오일장날 하루 이발하면 공무원 한 달 치 월급을 너끈히 벌었다고 하신다. 다들 그랬듯이 당시에는 '촌'(경상도 말로는 시골보다는 '촌'이라고 해야 정감이 난다)에 사는 인구가 상당해서 그랬던가.

아버지 위로는 큰아버지 두 분이 계셨는데, 두 분 다 공무원이었다. 한 분은 경북의 여러 시·군에 근무하셨고, 세 살 위이신 중백부는 대구시 공무원이셨다. 형들과는 달리 이발사란 콤플렉스와 당시 모든 우리네 아버지들이 가졌던 공부 못한 한을 풀기 위해, 자식만큼은 제대로 공부를 시키겠다는 일념으로 '대구'로 이사를 왔다. 1975년 초등학교 5학년 때다.

그 당시 농사를 짓는 분들은 삶의 터전을 옮길 수 없으니, 자식을 친척 집이든 사돈의 팔촌 집이든 고향 사람의 인연을 찾아서든 대구로 보냈다. 그것마저 없으면 하숙과 자취를 시켜서라도 대구로 보냈다. 경북 북부에서는 지리적으로 대전이 더 가까웠는데도 불구하고.

그 영향으로 시외버스 정류장이 있던 지역을 기준으로 보면, 동부정류장이 있는 동구는 영천 사람이, 서부정류장이 있는 남구·달서구는 성주 사람에다 경남 합천·거창 사람들이, 북부정류장의 북구는 안동·군위·의성 등 경북 북부지방 사람들이, 지금은 없어진 남부정류장의 수성구에는 청도 사람이 많이 살고 있다.

이렇듯 1970년대 대구는 서울, 부산 다음으로 인구·교육·산업 등 여러 면에서 명실상부하게 3대 도시의 위상이 확고했다. 한 예로 학교의 위상도 대단했다. 경북대라고 하면 한강 이남 최고의 대학이라고 해서 서울대, 연·고대 다음으로 쳐준 적도 있었다. 요즘 잘나가는 여성을 빗대 유행처럼 번진 "나 이대 나온 여자야!"란 말이 있다. 당시 학력고사(수학능력고사) 성적이 이화여대에 너끈히 갈 점수가 되더라도 많은 여학생이 경북대로 진학했다. 물론 다른 이유도 있었지만.

하지만 지금은 서울 소재 대학, 이른바 'IN(인)서울' 대학 다음이 경북대란 소리가 있을 정도로 지방대의 위상은 떨어져 있다. 지방대를 나온 나는 졸업 후 취업 면접에서도 대구 말투를 티내지 않기 위해 조심했다. 첫 직장인 삼성전자 수원사업장에 근무를 하면서부터 내 걱정은 기우가 되었다. 45만 평의 넓은 공장에서는 굳이 내 말투를 숨길 필요가 없었다. 대부분 임원들이 경상도 출신이라서 그랬는지 되려 서울 출신 간부들이 경상도 말투를 흉내 낼 정도였다. "이렇게 해주세요"란 서울말이 아니라 "이래 해주이소~"란 말투를 흉내 내고 있었다.

말투란 말이 나오니 한 가지 제안을 해본다. 사투리·방언이란 말을 사용하지 않았으면 한다. 서울의 교양인들이 사용하는 '표준어'가 아닌 말을 모두 사투리·방언이라고 하는 것은 너무 서울 중심적이다. 이로 인해 우리의 훌륭한 각 지방언어가 사라져가고 있다. 이 말 대신 각 지방 말을 살려 경상도 말, 전라도 말, 충청도 말, 강원도 말이라고 사용하자. 그 지방 고유의 감칠맛 나는 언어를 사라지게 해서는 안 된다. 또한 비표준과 대비되는 '표준말' 대신 '통일말'이란 단어를 제안한다. 전국을 하나로 묶는 기준 언어가 되고, 향후 남북통일에 대비해서도 '통일'이란 말이 좋지 않은가.

각설하고 이렇게 위풍당당하던 자랑스러운 내 고향 대구가 언제부턴가 서서히 추락하기 시작했다. 우리 아버지께서 자식 한번 잘 키워보겠다고 옮겨 온 이 대구라는 도시가, 이제 자식 둘을 둔 아버지가 된 내 입장에서는 '계속 대구에서 살아라'라고 할 자신이 없어졌다. 왜 이렇게 되었을까?

대구는 대한민국 정부수립 이후 역대 대통령 10명 중 5명을 배출한 대단한 도시이다. 사람들은 이 사실만으로도 자존감을 가진다. 하지만 대통령이 5명이나 탄생되도록 압도적으로 지지해준 결과, 대구가 받은 수혜(?)라고 내세울 만한 것이 없다.

우리 아버지를 포함한 많은 어르신들이 박정희 대통령의 경제적인 성과를 높이 평가한다. 선산군 구미읍을 첨단산업의 보고 구미시로 발전시킨 공로는 지역 경제적 측면에서 높이 평가된다. 그 이후 다른 대통령이 4명이나 더 나왔지만 체감되도록 나타난 것은 없는 듯하다.

이런 정치적인 지형 탓에, "청와대 또는 정부부처의 고위직 누굴 안다"라며 대폿집에서 자주 서로 뻐기기도 한다. 그런 과시욕 탓인지 아니면 정말 경제력이 있어서 그런지, 대구에는 고급차가 많다. 며칠 전 발표된 국토교통부 자동차 등록 자료(2016년)에 의하면 수입차 보유대수가 서울 강남구, 서초구 다음으로 수성구가 세 번째로 많았다. 그리고 중구·달서구가 상위 10위권 내에 든다.

대구에 부자가 많아서 그렇다고 한다면 우리 지역은 타 도시에 비해 양극화가 정말로 심하다고 얘기할 수 있다. 경제활동인구를 '종사상 지위별'로(통계청 자료, 2015년 4월) 보면, 고용원이 없는 자영업자 수, 즉 '1인 자영업자 수'는 16개 광역시의 평균이 15.3%이다. 농촌에 산재된 시·도를 뺀 서울과 6개 광역시만 살펴보면 서울(11.8%), 부산(13.4%), 대구(14.9%), 인천(11.4%), 광주(14.9%), 대전(12.0%), 울산(9.9%)으로, 광주와 더불어 대구지역이 14.9%로 1인 자영업자 수가 가장 많다. 이게 1인 창업 열풍 때문이 아니라 일자리가 없어 어쩔 수 없는 비자발적 선택인 '나 홀로 자영업자'란 것이 문제이다.

대구지역은 지금 경제적인 공황상태라고 해도 과언이 아니다. 변변한 산업이 하나도 없다. 대구를 대표하는 반월당네거리, 두류네거리, 범어네거리를 봐도 기업체의 사무실은 없고 개인병원들의 간판만이 수두룩하다. 이것이 대구경제의 민낯을 대변하고 있다.

또 다른 예로 '기초생활수급자' 현황을 봐도 그대로 나타난다. 기초생활수급자란 국가의 도움 없이는 자발적으로 살아가기 힘든 분들이다. 한마디로 형편이 어려운 분이다. 국민기초생활수급자에 대한 통계청 자료(2014년)를 보면 인구수 대비 기초생활수급자는 전국평균이 2.6%이다. 서울과 6개 광역시도를 비교해보면 서울(2.1%), 부산(3.7%), 대구(3.8%), 인천(2.5%), 광주(3.9%), 대전(2.8%), 울산(1.4%)이다. 이 부문에서도 기초생활수급자 수가 가장 많은 곳이 광주 3.9%이고 그다음이 대구 3.8%이다.

모든 부문에서 이렇게 결과가 좋지 못한 이유는 어디에 있을까? 1970년대만 해도 왕성한 지역경제활동과 그에 걸맞은 3대 도시의 위상은 어디로 가고 만 것일까? 16개 광역시도 중 1992년 이후, 24년째 1인당 GRDP(지역내 총생산)가 왜 꼴찌가 되었을까?

여러 요인이 있겠지만, 정치적으로 어느 특정 정당만 지지해서 상대적으로 경쟁력을 잃어버린 것은 아닌지 반성해봐야 한다. 이제 정치적으로 변화를 줘야 할 시기가 왔다. 옛말에도 아무리 깨끗한 물이라도 한 곳에 오래 고여 있으면 썩기 마련이다.

정치인이 주민을 움직일 게 아니라, 그들을 경쟁시켜 주민들의 입맛에 맞도록 행동하게 해야 한다. 이런 사실을 교묘히 피해 가기 위해 GRI(지역 총소득)란 개념으로 서울에 이어 2위를 하고 있다고 혹세무민하는 정치인이 있다. 이 개념은 생산은 없으나 소득이 있는 사람이 많다는 것이다. 대구 외의 도시(예: 구미 등)에서 생산활동을 하고 소득이 생긴다는 거다. 또 퇴직한 공무원과 같은 분이 연금을 받는 경우라고 할 수 있다.

이런 개념은 아주 위험하다. 생산이 없는 소득은 할아버지가 숨겨놓은 곶감을 하나하나 빼먹는 행위와 같다. 지역의 젊은이들이 일자리를 찾아 타 도시로 가지 않고, 지역생산력이 높아질 수 있는 대안을 대구시민 모두가 적극적으로 찾아야 한다.

물길은 원래 없으니 하늘길이라도 반드시 닦아야 한다. 지난 정권에서 신공항 정책을 백지화했을 때, 지역 정치인 중 어느 누구도 이의를 제기하거나 강하게 항의한 분이 없다. 왜 이런 분들을 우리의 대표로 계속 모시고(?) 살아야 하나.

지난 대선 때는 80%의 시민이 현 정권을 압도적으로 밀어주었음에도 불구하고 이번에 또 영남권 신공항 발표에서 기존 김해공항을 확장하는 것으로 결론을 내렸다. 부산 민심은 겁나고 대구 민심은 물렁하게 여긴다고밖에 생각되질 않는다. 여러 전문가들이 밀양이 모든 면에서 점수가 좋았다고 한다. 왜 이렇게 되었을까? 이유는 간단하다. 굳이 애써가며 매달리지 않아도 선거 때가 되면 특정 정당을 밀어주는데, 어느 정치인이 그토록 애쓰며 맘을 사로잡으려고 노력할까.

우스갯소리가 하나 있다. "여당은 원래 잡아놓은 물고기니 신경 쓰지 않고, 야당은 아무리 애써도 잡을 수 없으니 신경 쓰지 않는다"란 말이 있다. 유권자를 물고기에 비유한 것이 적절하지는 않지만 참으로 시사하는 바가 크다.

그러니 여당의 정치인은 우리 눈치를 보지 않고, 공천권을 가진 서울의 높은 분에게만 줄서기를 한다. 어떤 분은 당선되면 아예 대구에 살지 않고 서울에 산다. 예전에 웃긴 사례가 있다. 대구에서 4선 국회의원이나 한 분이, 경기의 한 도시에 출마하면서 거기서 10년 이상을 살았고 그 지역의 터줏대감이라고 칭한 것을 보고 실소를 금하지 않을 수 없었다. 또 한 예는 당의 높은 분이 왔다고 보디가드처럼 앞에 서서 시장통을 휘젓는 꼴불견을 보이기도 했다. 다른 예가 또 있다. 지역 주민이 "왜 그렇게 지역에 모습을 보이지 않느냐"고 물으니, 자신은 "중앙의 일을 하는 사람이지 지역 일을 하는 사람이 아니다"라고 하며 도리어 주민에게 면박을 준 일도 있다. 그분은 자신의 선거, 본선거 보름 동안에도 지역구에 며칠밖에 있지 않았다는 전설 같은 얘기가 전해온다.

야당의 경우는 어떤가. 얼마 전까지의 야당의 얘기이다. 야당의 지도자급을 선출할 때 여러분이 대구에 온다. 와서 가장 많이 하는 말 중 하나가, '독립운동하듯 야당을 지지하는 대구시민 여러분께 감사하다'란 것이다. 그럴 때 대구에서 쭉 야당을 지지한 사람들은 반박한다. "그렇게 말하면 야당을 지지하지 않는 대구시민 전체가 친일파란 말인가. 그렇지 않다. 우리 대구는 일제강점기에도 가장 많은 독립운동가를 배출했고, 이승만 정권 때에도 진보주의자라고 불린 조봉암의 지지율이 다른 어느 도시보다 높았다. 공부를 좀 더 하고 오시라."

우리 대구·경북은 권력 중심부에 있었던 것만이 아니다. 조선 숙종 때 영남학파, 즉 영남 남인은 장희빈을 밀었고, 드라마에서 봐왔던 것처럼 완전히 실각한다. 그 이후 고종 때 흥선대원군이 세도정치세력을 견제하기 위해 영남 남인 '류후조'를 등용할 때까지 200여 년간 관직에 등용되질 못했다. 관직에 나갈 수 없어서 끊임없이 조정(중앙정부)의 서인·노론에게 반기를 들었다. 지금으로 말하면 야당생활을 오래도록 했다는 뜻이다.

이런 저항의식이 기저에 깔린 탓인지 일제가 반강제적으로 대한제국에 차관을 제공한 것을 갚기 위해 남자는 담배를 끊고 여자는 비녀와 가락지를 내놓으면서 국채보상운동을 벌였고, 이승만 정권 때는 고교생이 분연히 일어나 4·19혁명의 도화선이 된 2·28학생의거가 일어나기도 했다.

이런 위대한 대구를 재건하자. 상징적으로 대구大邱란 글자도 변경하자. 예전에는 대구大丘였다. 유학에 충실했던 신료들이 공자의 이름인 공구孔丘의 구 자를 쓰는 불경을 저질러서는 안 된다고 영조 때부터 상소하여 정조가 결국 지금의 大邱로 변경을 허락한다. 원래 丘에 阝를 붙여 지금에 이른다. 이렇게 사대에 충실했다. 원래의 大丘를 되찾아야 한다. 이는 특정사상, 특정국가에 의존하는 것에서 벗어나 자주적으로 우뚝 서자는 것이다. 이를 강력히 실천하는 의지의 표상으로 삼자.

정치세력도 교체하자. 공천권만 받으려고 줄서기만 하는 정치인을 뿌리 뽑자. 그들로 인해 우리 대구의 위상이 정치적으로 중앙무대에서 자꾸 위축되어가고 있다. 이젠 더 이상 '우리가 남이가' 하는 의리에만 얽매이지 말자. 더 이상 못 참겠다고, 달라졌다고 말하자. 그리고 변화의 길에 접어들어 우리 대구의 입지를 드높이자. 왜냐하면 이 도시, 우리 대구는 나만이 살고 가면 되는 도시가 아니고 우리 후손들이 영원이 살아가며 자랑스러워해야 하는 도시이기 때문이다.

'부흥! 지역혁신!'

김정모
(경북일보 논설위원)

경상북도와 대구광역시(TK)에 사는 주민은 평안하고 행복한가. 이 물음에 그렇다고 대답하는 이가 얼마나 될까. 다른 시도 주민보다 비교하면 덜 행복하지는 않은가? 노동을 해서 봉급을 받아 먹고사는 노동자들, 장사나 자영업을 해서 먹고사는 지역 사람들의 민생은 어렵고 고통이다. 객관적으로 낙후된 환경에 살고 있다는 통계를 보자. 2000년 지역총생산 GRDP은 전국 시도 중 경북은 4위, 대구는 꼴찌였다. 지난 2016년까지 계속 꼴찌를 면치 못했다. 대구의 경우 소득은 생산통계에 비하면 높지만 그래도 대구의 주민소득은 대전보다 처지는 것이 사실이다.

GRDP보다 더 중요한 지표도 있다. 대구의 중하층 주민들의 소득이 타지역보다 낮다는 것. 대구시민 1인당 근로소득세와 종합부동산세 납세액 그리고 법인당 법인세의 납세액 모두 전국 평균보다 낮은 수준이다. 근로자의 소득수준을 나타내주는 통계인 것이다. 2015년 기준 대구지역 근로소득자 1인당 연간급여는 전국평균(3,270만 원)의 87% 수준인 2,856만 원. 이는 16개 시·도(세종시 제외) 가운데 15위로, 광주 다음으로 낮은 수준. 이 중 근로소득세를 실제 납부한 사람은 전체 신고 인원 중 절반에도 못 미치는 29만 3,700명(48.2%)으로, 면세자 비율이 전국 16개 시·도 중 광주에 이어 두 번째로 높았다. 소득이 적어서 근로소득세를 내지 않은 사람이, 근로소득자의 절반을 넘은 것이다. 또 지역 근로소득자 1인당 근로소득세 납부액은 전국 평균 납세액(306만 원)의 71.4%인 219만 원으로, 전국 7개 특별·광역시 중 꼴찌다.

거기다가 대구 주민들의 부동산 자산이 낮다. 지역 출신들이 서울에 대학을 다니면 보증금 월세가 높아 허리가 휘는 이유다. 부동산 값이 덜 나가서 세금을 적게 낸다. 대구지역 1인당 종합부동산세 납세액도, 전국 최하위권에 해당한다. 국세청의 2015년 종합부동산세 결정 현황 자료에 의하면 대구지역에서는 7,025명에게 종합부동산세가 부과됐고, 1인당 평균 납세액은 233만 원으로 전국 평균 1인당 납세액(497만 원)의 절반 수준(46.9%). 전국에서 꼴찌 수준이다.

반면 1인당 상속세 납세액은 전국에서 가장 높은 수준으로 나타났다. 피상속인 1인당 총상속재산가액과 상속세 납세액은 전국 최고 수준인 것으로 조사됐다. 국세청의 2015년 상속세 결정 현황에 따르면 대구지역을 납세지로 한 총상속자의 재산가액은 전국 총액(10조 1,835억 원)의 약 6%인 6,234억 원이다. 피상속인 1인당 총상속재산가액은 24억 5,400만 원으로 전국 17개 시·도 중 가장 높다. 이는 전국 평균(15억 4,400만 원)의 약 1.6배에 달하는 수준(경북일보 10월 23일 자). 부자들이 비교적 많다니 그나마 다행이다.

왕년의 전국 3대 도시의 영광은 온데간데없다. 한마디로 지역 경제가 타 지역보다 낙후돼 있다는 것이다. 개념이 아닌 사실이다. 이쯤 되면 아무리 굼벵이라도 불만이 자연스럽다. 그런 낙후와 저발전의 원인이 무엇인가? 이런 구조를 가져온 것은 개인의 능력과 의지가 모자라서인가. 결코 그렇지 않다. 그보다는 지역 정치와 사회에 그 원인이 있다고 본다. 지역 주민들은 지역 정치인들의 능력이 없다고 질타하지만 그런 정치를 만든 것은 지역 사회, 즉 지역민들의 의식 관행과 선택의 결과가 아니겠는가.

우선 정치를 보자. 정치는 경제 등 가치의 배분을 결정한다. 조선시대 군주제보다 더 개인의 삶을 지배한다. 정치의 능력이 국가와 지방의 삶의 질을 좌우한다. 지역 정치 수준은 어떤가. 여기서 국회의원, 교육감, 시장·군수·구청장 등 자치단체장, 지방의원 등 4종의 선출직 공직자들이 다루는 공적인 권한과 책임행위를 정치라고 하자. 다른 지역 정치 종사자들보다는 공적인 일에 성과를 내지 못한다. 능력도 부족하지만 일에 매진하지 않는다. 성실성의 부족이다. 애타는 마음 절박한 마음이 없다. 여유를 부리고 한가하기만 하다. 판검사 고관대작을 다 지내고 소일거리 삼듯 정치적 자리位를 차지했다. 더욱이 공천만 받으면 당선이어서 정치적 경쟁자가 없으니 유유자적하다. 정치는 여유가 아니라 전쟁 같아야 한다. 실패하면 '정치적 사약'을 받아야 한다.

머슴이 일을 못하면 새경(임금)을 줄인다. 더 못하면 고용이 잘린다. 그러나 우리 지역은 전혀 딴판이다. 일당 독점, 정치적 다양성의 부족 때문이다. 1987년(6공화국 헌정) 이후 패권정당(민정당·민자당·신한국당·한나라당·새누리당을 거쳐 현 자유한국당)을 편애하고, 지지해왔다. 이 점은 전남과 광주도 비슷하다. 그 결과 주민은 패권정당에 맹목적인 지지와 사랑을 줬으나, 게으른 웰빙Well-being족 정치인들은 빈손을 유권자에게 내민다. 하나의 예로 대구 국가공단이 뒤늦게 몇 년 전에 만들어졌지만, 이미 대기업이 들어올 기회를 놓쳤다. 차가 지나간 뒤 손을 드는 격이다. 기업을 유치하고 사람과 물자 이동의 국제화를 꾀하기 위해 하늘길을 열고자 밀양에 동남권 신국제공항을 추진했으나 10~20년간 노력에도 허사다. 부산 정치인들의 딴지 걸기에 수포로 돌아갔다. 일당 독점에 미세한 변화가 오고 있다. 2016년 총선에서 새누리당이 대구에서 2명이나 낙선했다.

TK의 낙후 저발전은 정치 탓만 할 수 없다. 지역사회의 비개방적 풍토도 한몫했다. 폐쇄 사회라고 하면 지나친가. 사상이나 사유, 창의적 아이디어를 탐구, 개발하려는 노력 등은 온데간데없고 전근대적인 혈연, 학연, 지연으로 얽히고 설켜 있다. 특히 대구(광주도 마찬가지일 것)는 고등학교 동문이라는 학연이 지역사회에 미치는 영향이 조선시대 사색당파 이상으로 강하다. 특정 고등학교를 나온 사람은 사업을 해도 관급공사를 싹쓸이하며 돈벌이가 쉬웠다. 박근혜 정권의 실세였던 최 모 씨가 나온 특정 고등학교 동문을 매개로 모인 권력지향적인 기관장 유지들이 만찬자리에 모여 지역 인사와 국회의원 구청장 공천까지 보이지 않는 악마의 손을 뻗쳤다. 박근혜 정권 시절 '야회夜會 권력'이다.

이 같은 폐쇄성은 대구뿐 아니라 경북, 전남권 시군 지역도 대동소이하다. 위와 같이 지역 사회가 낙후되고 시들어가는데도 언론은 필봉筆鋒을 들어 정의를 논하지 않았고 지식인은 눈뜬 봉사였다. 골프접대와 관급 용역비를 받으면 회심의 미소를 짓는다. 가물에 콩 나듯이 비판의 필봉을 드는 언론인과 지식인에게는 냉소와 빈정거림만 돌아온다. 관공서에서 주는 떡고물 배급에도 배제된다. 이들의 명단이 국정원 리스트로 만들어져 있다.

2018년 6월 지방선거를 기점으로 지방분권이 강화된다. 만약에 지역 사회가 혁신革新되지 않고 이대로 가면 지방분권시대 지역 간 낙후현상은 가속화될 것이다. 단언하건대 토호세력의 아성은 높고 커질 것이다. 낮고 작아지는 것은 소小시민이다. 공동체를 위한 사명의식과 나 자신을 희생 하겠다는 진짜 정치인을 만들지 않고는 길이 없다.

귀족화하고 부패한 중앙 정치세력의 지배에서 지방은 독립해야 한다. 지방을 2등 국민으로 치부하는 중앙의 갑질과 싸워야 한다. 미국 13개 주 가 대영제국의 지배에서 벗어나듯이. 무능한 중앙정당들의 지방선거 공천 권을 박탈해야 한다. 지역 주민 스스로 지방 정당을 창당하여 지방 정치 의 주인이 되어야 한다. 물론 현행 헌법의 개정 없이 불가능하지만 강력 히 요구해야 한다. 지역 정치의 문제는 지역 사람들이 결사結社하고 결정 하는 지방 정당의 창당과 결사의 권리를 요구해야 한다.

서울 사람들은 TK 사람들을 수구꼴통으로 여긴다. 물론 부당하고 객관 적인 평가는 아니다. 그러나 독점 패권의 포로에서 탈출해 자유의지인으 로 돌아와야 한다는 것은 옳은 길이다. 보수의 탈을 쓴 수구 부패세력을 떼어내 자랑스러운 보수로 거듭나야 한다. 이 지역은 역사적 경로가 다른 지역과 다르다. 수천 년 역사상 유례없는 난국이었던 임진왜란과 6·25전 쟁 때 경상도는 초토화됐다. 낙동강 방어선은 당시로는 자유한국의 보루 였다. 노태우 정권의 '동방(북방)정책'과 '남북기본합의서'(김대중의 6·15선 언, 노무현의 10·4선언으로 이어짐)는 외교의 혁신정책이다. 이후 중국 특 수로 경제성장을 가져왔다. 이것이 개혁보수다.

TK 좌파(흔히 진보로 불리며 용어가 정확하지 않은)는 진정한 좌파로 거듭나야 한다. 좌우를 극복한 제3의 이념세력도 나와야 한다. TK 3분

지계라고 할 수 있다. 다양한 정치세력이 최선의 지방자치 역량으로 다시 일어서야 한다는 말이다. 폐쇄의 문을 열고 개방적인 문화로 사회기풍을 쇄신해야 한다. 끼리끼리가 아닌 어느 게 정론正論이고 어느 게 생산적이고 어느 게 우등優等인지를 가려내야 한다.

개방의 정신을 동양의 고전에서 찾으면 태산불사토양泰山不辭土壤 하해불택세류河海不擇細流가 아닐까 싶다. 『사기史記』의 「이사 열전列傳」에 나오는 얘기다. 초楚나라 출신의 이사李斯는 진秦나라에서 객경客卿이라는 벼슬을 하다 축출 위기에 몰리자 진 왕에게 다음과 같은 말로 논파해나간다.

"… 태산은 본디 한 줌의 흙도 사양하지 않았으므로泰山不辭土壤 그렇게 높을 수 있으며, 하해河海는 작은 물줄기라도 가리지 않았으므로河海不擇細流 그 깊음에 이른 것입니다. 마찬가지로 왕은 백성들을 물리치지 않음으로써 그 덕망을 얻을 수가 있는 것입니다…." 춘추전국시대의 문을 닫고 중국 국가건설의 기초를 닦은 진시황도 개방의 원리를 구현한 차이나China의 건국 영웅이다.

외국으로 눈을 돌려보자. 헬라제국이 서양 중심의 세계사의 주역으로 떠오른 것은 헤브라이즘과 아랍 문명을 배척하지 않고 수용해서다. 알렉산더가 그리스와 페르시아를 융합시킨 것이다. 근대 세계에서 개방과 관용의 위대함을 보여준 지도자를 가진 나라는 도약했다. 남아공의 흑백 갈등을 종식시킨 넬슨 만델라, 미합중국의 남북전쟁으로 연방국가의 와해 위기에서 조국을 건져낸 에이브러햄 링컨, 유럽의 민족 간 갈등의 구원舊怨을 씻어낸 독일의 빌리 블란트 수상. 새 시대의 문을 연 세계적인 3대 영웅으로 규정할 만하다. 대구시장, 경북도지사를 타 지역은 물론 타국인이라도 초빙할 수 있는 유연한 생각까지 이르러야 한다.

19세기 흥선대원군이 집권한 조선은 서양을 배척, 약소국으로 전락해 끝내 일본의 식민지가 됐다. 야만과는 척화를 해도 앞선 문명과는 융화를 해야 문명의 길에 들어선다는 교훈이다. 반면 막부가 집권한 일본은 1854년 미·일 화친으로 미국 등 서양과 융화함으로써 아시아 최초로 강대국이 됐다. 19세기 아시아의 베스트셀러로 유명한 『서양사정西洋事情』을 읽은 일본 지식인들은 메이지유신으로 일본 개혁을 주도했다. 유길준이 『서유견문』이라는 이름으로 조선 말에 수입했다.

해묵은 논쟁도 정리해야 한다. 박정희朴正熙, 1917~1979와 전두환에 대한 객관적인 평가다. 박정희는 좌파에 의해서 너무 부정적으로, 우파에 의해서는 너무 과대평가되어왔다. 이제는 적합하고 균형적인 평가를 하고 역사의 다음 장으로 넘어가야 한다.

좌파적 평가는 박정희를 정당성이 없는 쿠데타, '독재자', '친일파'로 치부했을 뿐 그가 성취했던 업적은 평가하지 않는다. 오늘날 한국이 보여주고 있는 과학·기술력과 경제성장의 기반은 박정희 시대가 만들어놓은 것이다. 5·16 쿠데타와 군정軍政이 혁명적 결과를 가져온 것이다. 5·16 당시 1960년대는 미국이 이식한 허울뿐인 자유민주주의체제보다 국민의 먹고 사는 경제성장이 시급했다는 것이 당대 민심이었다.

박정희는 '구호로서의 민주'는 부정부패와 무능, 명분일 뿐이며 권력을 향한 장식물이자 선전수단일 뿐이라고 비판했다. 근대 번영국가를 지향한 철저한 민족주의자였다. 국민교육헌장처럼 '능률과 실질'을 숭상한 상공商工주의자 박정희는 북한과의 체제경쟁에서 승리하고 공업화를 이루어냈던 것이다. 역설적으로 박정희의 권위주의 통치는 민주주의의 물질적 기반을 만들었다. 1970년대 말 먹고살 만하니 민주주의를 외친 것이다.

1988년의 노벨 경제학상 수상자 루카스Robert Lucas가 박정희의 전략, 즉 박정희 경제학이 성공했음을 이론적으로 설명하는 논문을 발표했다. 중국의 등소평 또한 한국을 주목했다. 경제사학자 이영훈 교수는 "박정희가 지향한 조국근대화는 단지 경제적 성취만을 위한 것이 아니었다. 그는 사회와 인간의 근본적인 개조를 추구하였다"고 했다.

그러나 박정희를 과잉 찬양해서는 안 된다. 박정희 대통령의 한일 국교 정상화는 논란이 있지만 긍정적 측면이 있다고 평가하더라도 유신체제 선포는 결정적 잘못이었다. 1978년 10대 총선에서 공화당이 신민당 지지율에 뒤졌다. 국민의 뜻을 시대변화로 받아들여야 했다. 유신헌법 철폐와 제3공화국 헌법으로 환원하여 대통령 직선제로 통치자 선출권을 국민에게 되돌려줘야 했다.

박정희는 유신에 저항하는 민주주의자 장준하를 암살하고, 1978년 말 다시 유신 제2기 대통령이 되었다. 유신 2기 재선 대통령은 결코 넘지 말아야 했던 마지노선이었다. 결국 독재자의 말로는 10·26의 비극적 총성으로 끝나고 말았다.

김대중과 전두환에 대한 평가는 더욱 극단적이다. 1980년 전두환은 김대중을 빨갱이로 몰아 탄압하고, 군사정권의 집권을 획책하다 5·18 항쟁의 비극을 불러왔다.

1987년 6월 항쟁은 전두환 5공 권위주의 정권의 체육관 선거를 해체했다. 그러나 김대중은 1987년 민정당의 대척점에 있던 통일민주당의 집권이 눈앞에 다가오자 평민당으로 분당해 분열주의자란 오명을 쓰게 됐으며 이때부터 망국적인 지역감정 정당구조가 지금까지 한국 정치판을 쥐락펴락하며 정치의 먹구름으로 존재했다. 1987년 전두환은 직선제 개헌 요구를 한 6월 항쟁 세력과 타협을 해 후계자를 당선시켰으니 반쪽 승리를 거뒀다. 당시 야권은 김대중의 분당(평민당)으로 신군부 노태우를 합법적인 대통령이 되게 했으니 현실에서도 역사에서도 패자가 됐다.

역사적으로 거슬러 올라가면 이후 1980년대 중반까지 이 땅에 망국적이고 맹목적인 지역감정에 기초한 몰표라는 사악하고 비민주적인 선거가 지배하게 되었다.

전두환 신군부의 쿠데타와 집권은 역사의 퇴보라는 게 정설이다. 1980년 전후 1961년처럼 한국에는 군사 쿠데타 명분이 없었다. 그때는 한국의 발전 단계상 민주주의와 경제발전이 병행하는 선순환 구조가 될 수 있었다. 80년 정권은 공화당·신민당·통일당 3당 후보의 경쟁이 바로 순천응인順天應人이었다.

1987년을 정초定礎라고 하고 이후를 '87년 체제'라고 한다. 이후 우리 국민은 역대 대통령선거에서 누가 더 훌륭히 대통령직을 수행할 사람인가를 보고 지지하지 않았다. 국민들은 누가 우리 지역 사람인가, 사회 엘리트들은 누가 이용해 먹기 괜찮은 사람인가, 누가 나하고 친한가, 역대 대선은 그렇게 치러졌다. 내용이 없어도 껍데기는 민주주의적 정통성이 있는 정당한 정치권력이다.

이제 박정희를 이용하거나 김대중을 이용하는 어떤 기도와 언설도 시대의 진보에 역행한다는 것을 분명히 말해두고자 한다. 정치인들이 만든 실재가 아닌 허상으로 만들어진 개념이다. 선거를 유리하게 하려는 저의고 음흉한 간계에 불과하다. TK의 정치적 정체성은 제대로 된 좌파(민주당, 정의당)와 우파(자유한국당, 바른정당), 이를 극복하고 통합한 범중도주의 그리고 지역자율주의로 새로운 지방시대를 선도해야 한다. 이것이 앞으로의 미래지향적인 TK의 정치적 정체성이 되어야하지 않을까.

이 지역은 삼국통일을 이뤄낸 주도세력을 배출한곳, 일제강점기에 해방과 독립에 헌신한 사람들이 가장 많은 곳, 6·25전쟁과 임진왜란의 참화를 견뎌야만 했던 곳, 반만년 가난을 이뤄낸 '한강의 기적'이라는 공업혁명을 이뤄낸 주역들이 많은 곳이다.

이제부터 여·야당과 대통령 등 중앙 정치세력에게 담대히 요구하자. 지역 주민의 자치는 주민 스스로 결정한다. 우리 스스로 지방분권을 선언하자. 중앙정치세력은 일당 독점 정치체제 구축에 필요한 1구1인제 선거를 철폐하고 중선거구제, 정당득표 연동형 비례대표를 실시하라! 지방선거에 공천을 폐지하라! 지방 정당이 가능하도록 관련 법을 개정하라!

지역 주민들은 지방 분권시대에 어떻게 살아야 하는가. 한마디로 혁신이다. 혁신으로 자치역량을 키우고 자강을 이뤄내야 한다. 중앙정치 세력에게 구걸하거나 호소하는 것은 메아리 없는 공염불이다.

이대로가 좋다고 하지 않는다면 바꾸어야 한다. 생각을 바꾸고 행동을 바꾸자. 내 살림은 내가 지키자. 21세기 세계 주역 한국이 되려면 지방부흥, 농업부흥이 선진국의 전제조건이다. 동학이 '인내천人乃天'을 내세웠듯이 TK가 '지내국地乃國'의 깃발을 내세우자. 여말 경상도 풍기(현 영주)에서 발흥한 신유학이 조선이라는 새 나라를 창조했듯이 풍부한 유가儒家의 터전인 TK에서 천민자본주의를 혁신하는 도덕형 신자본주의 사상을 선도하자. TK판 '조선경국전'을 다시 쓰자. TK판 '마그나카르타'를 다시 쓰자. 분열과 외세 지배로 점철된 이탈리아에서 르네상스가 일어났듯이 다시 대구·경북의 부흥을 일궈내야 한다.

필자는 십여 년 전 '민생민주주의'라는 용어를 던진 적이 있다. 어느 정치 지도자가 받아서 슬로건으로 쓰기도 했다. 『맹자』의 '생지위성生之謂性'과 『주역』의 '천지지대덕왈생天地之大德曰生'의 공통은 '생生'이다. 하느님은 사람을 살린다고 생각했다. 억눌리고 천대받고 가진 게 없는 보통 사람들이 사람답게 살 수 있도록 하는 것이 민생이다. 지도자와 거버넌스 일에 종사하는 정치인은 보통 사람들의 애환에 함께 울며 해결책을 내야 한다.

B.C. 5세기 무렵 아테네에 한편의 연극이 공연됐다. 30만 페르시아 대군의 침략을 막아낸 계기가 된 전설적인 살라미스해전을 페르시아인의 처지에서 다룬 비극이다. 이 해전에서 질 수 없는 전투에 패한 것을 한탄하는 황제 크세르크세스의 절규를 보고 아테네 관객들이 눈물을 흘렸다. 크세르크세스의 절규는 낙후될 수 없는 이 지역에서 자유를 상실한 채 힘겹게 살아가는 보통 시민의 원성怨聲이다.

'대구발 정치혁명'과 대한민국의 장래

김형기
(경북대학교 경제통상학부 교수, 새대열 상임대표)

2016년 4·13총선의 최대 관심 지역은 단연 대구였다. 한 세대 이상 오랜 기간 새누리당의 철옹성이었던 대구에서 과연 야당 국회의원이 나오느냐, 새누리당 공천에서 터무니없이 배제되어 무소속으로 나온 현역 국회의원들이 생환하느냐에 전국이 주목했다.

결과는 참으로 놀라웠다. 대구의 정치 1번지 수성갑에서 31년 만에 야당 김부겸 후보가 62% 대 38%의 압도적 표차로 새누리당 김문수 후보를 누르고 당선되었다. 뿐만 아니라 새누리당 출신 무소속의 유승민, 주호영 후보가 생환했다. 더불어민주당 공천에서 부당하게 컷오프되어 무소속으로 나온 홍의락 의원도 큰 표 차로 당선되었다.

이번 총선 결과는 가히 '대구발 정치혁명'이라 할 만하다. 왜 '대구발 정치혁명'인가? 그 이유는 무엇보다 먼저 한 세대 이상 유지되어온 지역주의 최후의 보루 대구의 일당 독점체제가 무너졌기 때문이다. 새누리당 일색의 정치판이 새누리당(빨강), 더불어민주당(파랑), 무소속(흰색)이 공존하는 3색의 정치판으로 바뀌었다. 정치적 다양성이 실현되어 대구에서도 이제 여야 간 의미 있는 정치적 경쟁이 가능하게 된 것이다. 대구시가 내건 '컬러풀 대구'란 구호의 목표가 정치 영역에서 달성된 것이다.

일당 독점체제에서 여야 경쟁체제로, 정치적 획일성에서 정치적 다양성으로 전환했기에 정치혁명이라 하지 않을 수 없다. 아직 대구에서 양당체제가 성립했다고는 보기 어렵지만 이제 그것을 향한 대전환이 시작되었다. 그동안 대구의 일당 독점체제를 고정불변의 상수로 보는 시각이 대부분이었다. 이런 시각에서 지식인 사회와 야권과 진보 진영에서는 좌절감과 무기력과 냉소주의가 팽배해온 것이 사실이다. 하지만 저 땅밑에서 마그마처럼 끓어오르던 민심이 폭발하여 뿌리 깊은 일당 독점체제를 일거에 뒤엎어버렸다. 이는 가히 '대구발 정치혁명'이라 할 만하다.

총선 전 3월 30일에 대구에서 지역의 밝은 미래를 위해 각계 인사 1,033인이 "이제 대구를 바꿉시다"라는 호소문을 발표하였다. 학계, 종교계, 의료계, 법조계, 언론계, 문화예술계, 교육계, 경제계 등 각계 인사들은 호소문에서 4·13총선을 계기로 대구의 일당 독점체제를 여야 경쟁체제로 전환시킬 것을 시민들에게 호소하였다. 정치적 경쟁이 없는 일당 독점이 지역 발전을 가로막고 있는 주된 요인 중의 하나라고 인식한 호소문은 더 이상 특정 정당에 표를 몰아주는 '묻지 마 투표'를 하지 말고 능력이 있는 야당 후보에게도 투표하여 여야 국회의원이 지역 발전을 위해 서로 경쟁하면서도 협력할 수 있도록 하자고 호소했다.

총선을 앞두고 발표된 이 호소문이 어느 정도 영향을 미쳤는지는 알 수 없다. 하지만 이러한 규모의 각계 인사 호소문 발표 자체가 지역에서 초유의 일이다. 4년 전에도 총선을 앞두고 지식인 선언이 있었다. 이번과 동일한 정신에서 이루어진 것이지만 그때는 교수 중심의 500명 규모의 선언이었다. 이번에는 각계의 다양한 인사들이 1,000명 이상 참여한 것이다. 이는 그만큼 이제 대구도 변해야 한다는 것이 지식인 사회에서 큰 공감을 얻고 있다는 증거라 할 수 있다.

이 1,033인은 시민단체 활동가, 노동조합원, 진보정당 당원 등 이른바 운동권 사람들을 포함하지 않은 각계 전문가들이 중심이었다는 점에 주목할 필요가 있다. 교수들의 경우에도 민주교수협의회 회원들은 소수에 불과했고 문화예술계의 경우에도 민예총 회원은 극히 일부에 불과하였다. 민주노총이나 전교조 등 강성 노조원들이나 진보적 시민사회단체 회원들은 포함되지 않았다. 대부분의 사람들이 정치·사회문제에 대해 자신의 이름을 올린 경험이 처음이라고 했다.

이들이 일당 독점의 대구를 바꾸자는 운동에 동참한 것이다. 지난 대선 이전 대구에서는 '체인지 대구'라는 조직이 있었다. 민주단체 중심의 이른바 운동권 조직이었다. 이 조직은 대구를 바꾸자는 문제의식을 가지고 정권교체에 기여하려고 했으나 지역사회의 주목을 받지 못하고 유명무실한 조직이 되고 말았다. 4·13총선을 계기로 "이제 대구를 바꾸자"는 호소문에 동참한 사람들은 종래의 '체인지 대구'에 참여한 민주세력과 확연히 구분되는 새로운 주체였다.

이번 대구의 1,033인은 지금 절실하게 요구되는 변화의 핵심은 새누리당 일당 독점의 정치판을 여야 경쟁의 정치판으로 전환시키는 것이라는 데 인식을 함께했다. 1,033인 호소문의 내용은 지금 대구의 시대정신인 '여야 경쟁 정치체제의 형성'이라는 중도의 길(불가적 관점) 혹은 중용의 길(유가적 관점)을 지향하고 있었다. 이처럼 현재의 모순을 해결하는 올바른 방법을 시의적절하게 제시했기에 천 명 이상의 동참자가 나섰고,

지역 안팎의 언론에 크게 보도되었고, 선거 기간 동안 지역사회에 화제가 되었다.

이처럼 대구를 바꾸자는 새로운 주체가 등장하고 대중을 움직이는 새로운 정치의제가 설정되었다는 점에서 4·13총선을 계기로 '대구발 정치혁명'이 일어났다고 할 수 있다. 1,033인은 대구는 아무리 해도 바뀌지 않을 것이라는 비관주의, 대구를 '고담시티'로 보는 냉소주의, 야당 국회의원 탄생을 과소평가하는 '진보 근본주의'에 빠지지도 않고 한 가닥 희망의 끈을 놓지 않았다. 그들은 대구시민도 다른 지역 시민들과 마찬가지로 지극히 정상적인 유권자라는 믿음, 경쟁력과 진정성을 가진 인물이 등장하면 대구시민이 야당 국회의원도 당선시킬 것이라는 기대, 대구시민이 일당 독점체제에 염증을 느끼고 여야 경쟁체제를 갈망한다는 판단, 나아가 지표면 아래 꿈틀거리고 있는 정치판을 뒤엎을 마그마에 대한 직감, '대구가 바뀌면 대한민국이 바뀐다'는 신념을 가졌다.

1,033인의 믿음, 기대, 판단, 직감은 적중했다. 한국 보수의 심장이요 새누리당 철옹성인 대구에서 야당 국회의원 후보의 압도적 당선이란 정치혁명이 일어난 것이다. 최대주의를 생각하면서도 최소주의로 행동하며, 전략적 낙관주의를 가지고, 대중을 신뢰하는 정치인과 지식인이 이러한 정치혁명을 촉발하였다고 할 수 있다. 지역주의에 당당하고도 현명하게 도전한 김부겸이란 정치인, 30년간 대구를 바꾸어보려고 다양한 시도를 꾸준히 해온 대구 지식인들, '이제 한번 바꿔보자'는 대구시민들이 대구발 정치혁명의 주체들이었다.

4·13총선에서 대구시민의 투표행위에 큰 변화가 나타났음이 주목된다. 대구시민은 더 이상 특정 정당을 위해 '묻지 마 투표'를 하지 않았다. 경

쟁력이 있고 진정성이 있는 인물이면 야당 후보도 당선시킨다는 것을 보여주었다. '우리가 남이가' 하는 배타적 지역주의가 무너졌다. 대구시민을 무시한 하향식 공천학살을 자행한 오만한 여당에 대해서 준엄한 심판을 내렸다. 대구시민이 건전한 정치의식을 가지고 지혜롭게 투표했음을 보여주었다. 이는 정치문화의 혁명이 아닐 수 없다.

사실 배타적 지역주의는 광주·전남에서 먼저 무너졌다. 광주·전남에서의 더불어민주당 독점체제는 2년 전 보궐선거에서 새누리당 이정현 후보의 당선으로 깨어지기 시작했다. 이번 총선에서 순천에서 이정현 의원이 재선되고 광주·전남과 전북에서 국민의당이 석권하여 이제 더불어민주당은 더 이상 호남당이 아니게 되었다. 호남에서 일당 독점체제가 결정적으로 붕괴된 것이다. 득표율 기준으로 보면 호남은 양당 경쟁체제가 성립되었다 할 수 있다.

부산에서도 더불어민주당의 대약진으로 지역주의가 크게 무너졌다. 경북이 여전히 새누리당 독무대이긴 하지만 대구에서는 야당 김부겸 후보 당선과 더불어민주당 후보들의 선전으로 새누리당 철옹성이 무너졌다. 그래서 이제 '새누리당=영남당', '더불어민주당=호남당'이란 공식은 더 이상 통하지 않게 되었다. 이는 실로 큰 변화다. 한국 정치발전의 발목을 잡아온 배타적 지역주의가 사라지는 일대 정치혁명이 아닐 수 없다. 대구에서의 야당 국회의원 당선은 이 정치혁명의 결정판이다. 이제 더불어민주당과 새누리당이 민심의 심판을 통해 전국정당화되는 역설적 상황이 벌어진 것이다.

'대구발 정치혁명'은 광주발·부산발 정치혁명과 어우러져 대한민국의 장래에 밝은 전망을 던져준다. 광주와 부산과 대구에서 실현된 정치적 다양성은 이들 도시 발전에 긍정적 효과를 가져다줄 것이기 때문이다. 경제발전에서 제도와 문화의 역할을 중시하는 이론에 의하면, 정치적 다양성이 있는 지역은 정치적으로 획일적인 지역보다 경제가 더 역동적으로 발전하는 경향이 있다. 실제 우리나라에서도 대전, 인천, 부산 등 정치적 다양성이 비교적 큰 지역이 정치적으로 획일적인 대구와 광주보다 훨씬 더 경제발전이 잘되고 있다.

특히 지역에서 창조경제가 실현되려면 정치적 다양성과 문화적 다양성이 필수적이다. 서로 다른 강령과 정책을 제시하는 유력한 정당들이 공존하는 정치적 다양성이 실현되면 문화적 다양성도 촉진될 것이다. 서로 다른 사고방식과 행동방식을 가진 이질적인 사람들이 섞여 살면서 서로 경쟁하며 협력할 때 지역 주민의 창의성이 고양되어 지역경제의 역동적 발전을 기대할 수 있다. 이번 총선에서 정치적으로 패배한 박근혜 정부가 내걸고 있는 창조경제가 이번 총선을 계기로 실현될 가능성이 높아진 것은 역설적이다.

대구의 김부겸 야당 당선자가 지역 발전을 위해 여당과 협력하는 정치를 펴겠다고 한 약속에서 새로운 희망을 볼 수 있다. 그의 약속이 지켜지면 '대구발 정치혁명'은 여야가 서로 발목을 잡는 공멸의 정치가 사라지고 서로 손목을 잡는 상생의 정치를 펼치는 계기가 될 것이다. 정치적 다양성이 실현된 상태에서 여야 국회의원이 지역 발전을 위한 좋은 비전과 정책을 다투어 제시하며 서로 경쟁하면서도 협력하는 상생의 정치를 펼 때 지역경제가 살아나고 따라서 대한민국이 새롭게 도약할 것이다. 나라 전체적으로도 새롭게 형성된 3당체제하에서 국회가 서로 경쟁하고 협력하는 정치를 펼쳐나간다면 나라 발전을 촉진하는 민의의 전당이 될 것이다.

4·13 '대구발 정치혁명'은 '대구가 바뀌면 대한민국이 바뀐다'는 말이 참임을 보여줄 것이다. 3만불 소득의 문턱을 넘지 못하고 일본처럼 장기 침체에 빠질지 모른다는 우려가 나오고 있는 엄중한 상황에서 '대구발 정치혁명'은 지역사회에 새로운 활력을 불어넣어 대한민국을 4만 불, 5만 불 선진국으로 도약하게 만드는 역사적 계기가 될 것으로 기대된다.

| 제3부 |

한 그루 큰 나무, 거북이의 꿈

김성순
(덕천포도원, 동학연구가)

1

인류는 한 그루 큰 나무
나는 그 가지 끝 작은 이파리
가을이면 떨어져 낙엽이 되지만
대지에 쌓여 퇴비가 되었다가
다시 봄이 되면 수액樹液으로 올라가
잎이 피고 꽃이 피고 열매를 맺는다.

나는 누구인가
어디서 왔다가 어디로 가는가
사람마다 하느님 모셨으니
사람이 하늘이다
내가 바로 우주의 중심이다.

만물이 모두 한 기운 한마음으로 관통하니
산하대운山河大運이 마침내 이 도에 돌아온다.

이 세상 근본원리가 무엇인가
가고 돌아오지 않음이 없는 이치, 이것이 천도(天道)이다
수운水雲 선생의 호 그대로 물과 구름이다
그대와 나는 둘이 아닌 하나
모두가 한 몸으로 돌아간다.

중국 5·4운동을 촉발하고
인도 타골 시인이 노래한
3·1혁명 100돌이 돌아온다.
통일만이 살길이다 가슴마다 촛불을 켜고
동학혁명 이어가자
단순 소박하게 자연의 원리대로 살자
보국안민輔國安民! 광제창생廣濟蒼生!
어화 둥둥 새날이 온다.

2

반월은 산머리 빗이요 半月山頭梳(반월산두소)
기울어진 연잎은 수면의 부채로다 傾蓮水面扇(경연수면선)
연기는 연못 가 버들을 가리우고 烟鎖池塘柳(연쇄지당류)

등불은 바다 노갈쿠리를 더했더라 燈增海棹鉤(등증해도구)

동경대전東經大全 영소詠宵

1864년 3월 10일, 좌도난정률左道亂政律로 참수당하신 지 153년… 이제야 깨닫는다. 구한말 기울어진 국운을 읊은 이 시가 새롭게 다가온다. 경상감영에서 혹독한 문초 끝에 허벅지 뼈가 부러진 님. 3일간 효수된 관덕정이 지하철 1·2호선이 교차하는 반월당이었다.

경산에서 굽이쳐 흐르는 금호강이 동촌을 지나면서 북상하여 다시 불로동 팔달교를 거쳐 낙동강으로 합류하는 곡선이 큰 거북이 고개를 쳐들고 바다로 뛰어드는 형상 아닌가? 반월당은 이 거북의 심장에 위치한다.

백두대간 이 겨레 혈맥이 흐르는 기슭
한 그루 나무 밑에 묻히리라 낙엽처럼
갓난아기 심장의 박동인 양 신음하는 소리
또는 대구 지하철 지도 앞에서
큰 거북이 바다에 뛰어드는 소리를 들으라

빼앗긴 들에도 봄은 오는가
상화 시인의 노래는 지금도 가슴에 울리는데
종로초등학교 400년 수령 회화나무 앞에서 눈을 감는다
아 아직도 밝히 깨닫지 못한 나에게
빛을 주소서 채찍을 주소서

3

부모님께 효를 극진히 하오며
남편을 극진히 공경하오며
내 자식과 며느리를 극진히 사랑하오며
하인을 내 자식과 같이 여기며
육축이라도 다 이끼며
나무라도 생순을 꺾지 말며
부모님 분노하시거든 성품을 거슬리지 말며 웃고
어린아이 치지 말고 울리지 마옵소서

이같이 하느님을 공경하고 효성하면
하느님이 좋아하시고 복을 주시나니
부디 하느님을 극진히 공경하옵소서

                                    내수도문

한 가정의 변화는 주부의 사랑으로부터 시작되고
어린이와 심지어 가축과 식물에까지 미치는 풍성한 사랑
부모님이 혹 성내도 거슬리지 말고 웃으라 한다.

그 풍성한 사랑의 근원은
하느님을 극진히 공경하면 좋아하시고 복을 주신다는
지극히 단순한 믿음인 것이다.

가는 말이 고우면 오는 말이 곱다.

사람이 하늘을 공경하지 않으면
하늘도 사람에게 감응하지 않으리니
풀과 나무가 비와 이슬 서리와 눈을 맞지 못함과 같이
생명력을 잃게 된다

참전계경

4

나는 1929년, 의성군 단밀면에서 태어났다. 아버님은 34년간 초등학교에서 근무하시고, 나는 대구사범학교를 다녔는데 3학년 때 8·15를 맞이하였다. 1949년 8월 선배의 권유로 김구 선생의 남북협상·단독정부반대운동에 가담한 일로 구속되어, 6·25를 대구형무소 미결감에서 맞이하였다. 7월 어느 날, 나중에 알았지만 8,100명 재소자 중 3,700여 명이 가창과 경산 코발트광산 등에서 희생되는 가운데 생존, 그 후 공군과 육군에서 7년의 사병생활을 마치고, 나이 서른에 제대하였다.

돈도, 기술도, 배경도 없는 처지, 아버님이 틈틈이 개간하신 하천부지에 포도를 심는 것이 4·19가 나던 1960년 봄. 닷새만 가물어도 시드는 포도나무에 물지게로 하루에 100짐씩 관수하고, 결혼반지를 팔아 장만한 리어카에 똥장군 4개를 싣고, 4킬로 거리 김천 시내를 하루 4번 왕복하였다.

유달영·함석헌 선생의 글을 읽으며, 8형제의 장남인 나에게 닥친 운명을 받아들이고 시련을 이겨나갔다. 백사장 같은 조건의 땅인데도 2년생

어린 가지에 탐스러운 포도가 서너 송이씩 달리고 4년생부터는 조수입으로 30만 원, 쌀 한가마 3천 원 하던 때라 쌀 100가마 수입이 되어, 가족의 식량문제를 해결하니 동네 사람들은 산꼭대기 가도 살 사람이라 일러 주었다.

허공을 헤매던 두 발이 대지를 밟게 된 것. 단순 소박한 자연 속의 삶은 무한한 생명력을 안고 있다. 1970년 초, 하천부지 농장을 떠나 봉산면 덕천포도원으로 옮겼는데, 그간 10년간 푼푼이 모은 돈으로 충당하였다.

아내가 처녀 시절 염소를 키우며 늘린 돈, 부부간에도 차용증을 쓰고 활용한 것이었다.

유신체제 아래서도 『씨알의 소리』를 읽으며 크리스찬아카데미 교육을 거쳐 가톨릭농민회 회원이 되어, 함평 고구마 사건, 영양 오원춘 사건에 참여하면서 단식 싸움과 20일간의 구류를 당하기도 하였다. 농민의 기본 조직이라 할 수 있는 농협조합장 선거제도를 빼앗아 20년간 임명제도를 실시한 것이 지금껏 큰 화근으로 남아 있다. 농민의 기본적인 생존권을 자각하고 지키기 위한 활동이, 신문과 TV에서는 얼마나 진실을 왜곡하였던가 몸으로 체험하였고, 씨알 사상과 민중신학은 큰 힘이 되었다.

5

IMF와 9·11사태를 겪으며 세계화의 이름으로 닥치는 FTA의 파동으로 생명과 평화에 대한 관심이 고조되고, 도법 스님이 김천을 방문할 때, 2005년 가을, 『부처를 만나면 부처를 죽여라』 책을 읽었다. 지금까지의 권익 옹호나 제도 개선 차원이 아닌, 눈에 보이지 않은 영적인 문제가 코앞에 닥친 느낌.

2007년 6월 2일, 이날은 주일인데도 시골 교회 장로가 서울 종로3가 단성사 앞, 해월 선생 추모식에 참석했다. 그 후 김지하 씨의 강연과 여러 인연 끝에, 2009년 2월 어느 날, 경주 용담정과 수운 선생 묘소를 찾았는데, 이상하게 내 마음이 편안하고 큰 품에 안긴 듯하여, 주변의 소나무와 건너편 산줄기를 유심히 바라보았던 기억…, 그곳 현곡초등학교는 일제강점기에 졸업한 학교라, 66년 만에 모교를 찾아 옛 학적부의 이름을 바로잡았다.

일본의 사학자 나카츠카 아키라中塚 明 씨는(29년생 나와 동갑) 한평생 청일전쟁(동학농민전쟁)을 연구하고, 그것이 명치유신 이후 최초의 침략전쟁이었으며, 2차 대전 패전 후 지난날의 잘못을 사과·청산하지 않고 오늘에 이른 것을 일관하여 비판할 뿐 아니라, 2006년부터 작년까지 11차에 걸쳐 매년 동학혁명의 자취를 찾고 안내하여, 이제까지 참석한 연인원이 300명에 가깝다.

나는 그 여행단에 몇 번 동행하다가, 〈동학사상의 뿌리는 대구·경북입니다〉를 건의하여, 2013년부터 김천·대구·경주를 찾게 되고, 작은 한일 교류회를 가졌으며, 그들은 대구의 위안부 기념관, 수운 선생 순도비 건립 성금을 기탁하기도 하였다. 작년 가을, 그의 최근 저서 『일본의 조선 침략사 연구의 선구자 야마베 겐타로山健太郎와 현대』(씨울누리)를 내가 번역하였는데, 출판기념회와 강연회를 서울 천도교 대교당과 경북대학교에서 가졌다.

'이웃의 불행 위에 내 행복을 확보하려고 해도, 그것은 머지않아 나에게 돌아온다'는 역사관에 감동하여 2003년부터 교류하고 있는 나는, '붓으로 쓴 거짓은 피로 쓴 진실을 가리울 수 없다', '조선 문제는 일본인에게는 일본 문제이다', '진리가 우리를 자유케 한다', 이런 말을 조용히 되뇌면서, 1만 수천 권의 자기 장서를 전남도립도서관에 기증한 그의 삶 앞에 절로 고개가 숙여지고 그가 이룩한 한일 평화 교류의 길을 우리가 주체적으로 확대해가기를 염원하는 것이다.

이 글을 쓰고 있는 지금, 2월 25일, 17차 촛불집회가 열리고 반대 집회도 기승을 부리고 있다.

천지도 편안치 못하고 산천초목도 편안치 못하다.
강물의 고기도 편안치 못하고 나는 새, 기는 짐승도 다 편안치
못하리니 유독 사람만이 따스하게 입고 배부르게 먹으며
편안하게 도를 구하겠는가

해월·개벽운수

이제 끝을 맺을까 한다. 2013년 2월 7일 처음으로 종로초등학교를 찾아 '최제우 나무'를 바라보았다. 153년 전 3월 10일 이곳 감옥에서 석 달 동안 문초를 받던 스승님. 수거에 실려 형장으로 가시면서 작별의 인사를 나누었다.

"회화나무야 나는 이제 간다마는, 너는 천년을 살리라. 천년을 살면서 내 마음을 전해다오", "내 마음이 네 마음이다", 처음 들은 하느님 말씀.

길이 잊지 않으면 모든 것을 깨닫는다永世不忘 萬事知, 각자 자기 자리에서 뿌리내린 한 그루 나무가 되길一世之人 各知不移, "바르게 생각하고 함께 꿈꾼다", 큰 거북大龜의 기상을 안고….

능금꽃 피는 대구의 희망을 그려본다

신재순
(화가, 대구미술협회 부회장)

혹시 대구시 찬가를 들어본 적이 있는가? 이런 질문을 할 때면 사람들은 의아해한다. 당연히 들어본 사람들도 있겠지만, 대구시 찬가가 있는지도 모르는 사람들도 많다. '패티김'의 활달한 목소리로 정이 넘쳐난다. 이 노래는 〈능금꽃 내 고향〉이라는 대구시의 찬가로 길옥윤이 작사, 작곡했으며, 구 아양철교, 공항 쪽 금호강변 공원에 노래비도 있다. 가사의 내용을 살펴보면 아래와 같다.

능금꽃 향기로운 내 고향 땅은, 팔공산 바라보는 해뜨는 거리.
그대와 나 여기서 꿈을 꾸었네. 아름답고 정다운 꿈을 꾸었네.
둘이서 걸어가는 희망의 거리, 능금꽃 피고 지는 사랑의 거리.
대구는 내 고향, 정다운 내 고향.

끝없는 그리움을 말하여주는, 금호강 푸른 물은 흘러만 가네.
날이 가고 달이 가고 세월이 가도, 사모하는 마음은 변치 않으리.

둘이서 걸어가는 희망의 거리, 능금꽃 피고 지는 사랑의 거리.

대구는 내 고향, 정다운 내 고향.

참 재미있는 내용은 팔공산의 8자와 사과의 4자, 그리고 이를 널리 안내하여, 알리는 114를 붙여 노래방 기계번호가 84114번이라는 것이다. 그것은 당시 농산유통과장이었던 최주원 씨의 노력 때문이었다. 진정하게 대구를 위하는 그의 마음이 보인다.

난 이 노래를 자주 듣곤 한다. 이 노래를 들을 때면 왠지 가슴이 뭉클해지기 때문이다. 아마도 대구에서의 나의 젊은 시절의 추억, 아름답던 기억과 꿈을 가졌던 희망이 다 묻어 있었기 때문일 것이라 생각한다. 내가 처음 대구에 왔을 때는, 능금으로 유명한 능금꽃이 많이 피는 정겨운 도시였다. 이제는 능금이란 단어조차 기억하지 못하는 도시로 바뀌었고, 모든 것들이 많이 변화되었다. 아마도 대구서 오래 살아왔으니 내 고향처럼 정이 많이 든 도시여서 그렇지 싶다.

나는 대구에서 살면서 육영수 여사와 박정희 대통령의 서거, 계엄령 선포, 5·18 광주민주화운동, IMF 등 역사의 한 증인으로서 우리나라의 역사를 많이 보아왔다. 나는 그림을 그리는 화가로서 정치에는 크게 관심을 두고 있지는 않았다. 하지만 여러 가지 나라 안의 정치적인 상황이라든지, 대구시민들에게 내재된 정치의식에 대해서는 너무나 편향적인 의식이 잠재되어 있음에 참 안타깝고 어이없다는 생각을 해왔다. 언제부터인지 '대구에서는 소나 개나 한 정당의 공천만 받으면 반드시 당선된다'는 참 어이없는 소리를 많이 들어왔다. 실제로 내가 아는 이도 어떤 정치적인 소신도 없으면서 돈이 많아 공천을 받고 당선되는 것을 보았다.

아, 언제부터 대구가 능금꽃이 사라진 도시가 되었을까? 이렇게까지 보수정치 일변도가 되었을까? 물론 보수가 나쁘다는 것은 아니다. 단지 진정 대구를 위해, 그 지역을 위해 〈능금꽃 내 고향〉 대구시 노래 홍보를 위해 노래방 노래번호에서 보듯이, 그렇게 애착을 가지고 노력해온 최주원 씨처럼, 그런 마인드를 가진 사람들이 대구와 이 나라를 위해서 선출되도록 해야 한다는 것이 나의 생각이며, 모든 사람들의 생각일 것이다. 내가 알고 있는 능금꽃 피는 대구는 대한민국 민주화의 시발을 꽃피운 자랑스러운 도시라는 것이다.

우리나라의 역사 속에서 능금꽃 피는 대구를 알아보자. 1960년 3월 15일 우리나라 정·부통령 선거를 맞아, 이승만 자유당 독재정권은 영구집권을 위한 개헌을 했고, 정권의 부패와 부정으로 민심이 이반했음을 알고도 부정선거로 집권을 연장할 것을 기도했다. 이 같은 자유당의 장기집권을 위한 부정 음모가 진행되면서 정·부통령 선거운동이 막바지에 이르렀던 1960년 2월 28일 대구시내 수성천변에서 야당의 부통령 후보인 장면 박사의 선거 연설회가 계획되었다.

당시 국민들 사이엔 말로 표현은 못했지만 자유당 정권의 악정을 갈아치워야 한다는 소리 없는 여론이 전국에 메아리쳤다. 대통령선거엔 야당 후보인 조병옥 박사에 초점이 모였으나 불행하게도 그가 서거하는 바람에 부통령 후보인 장면 박사가 모든 여망을 걸머지게 되었다. 이 때문에 일요일인 그날의 수성천변 유세는 대구시민들은 말할 것도 없고 자유당 정권의 감시에도 많은 인파가 몰릴 것으로 예상되었다.

선거의 패배를 직감한 자유당 정권은 이성을 잃고 학생들이 유세장으로 몰릴 것을 우려한 나머지 대구시내 공립학교에 일요등교를 지시했고, 학교 당국은 온갖 평계로 일요등교를 강행했다. 어린 학생마저 정치적인 도구로 희생시키려 했던 것이다. 학교에 따라 임시 시험을 친다고 했고, 단체 영화 관람이나 토끼사냥을 간다는 평계로 일요등교를 종용하였다. 참 어이없는 상황이다.

그러나 이 같은 자유당 정권의 야만적이고 폭압적인 간계를 간파한 학생들은 불의에 몸을 떨었으며 그날 학교에 모인 학생들은 당국의 지시에 따르지 않았다. 그들은 이 같은 자유당 정권의 불법과 부정을 규탄하는 집회로 궐기했으며, 교사들의 만류에도 불구하고 학교를 뛰쳐나왔다. 당시 인구가 밀집했던 중앙통을 거쳐 경북도청과 대구시청, 자유당 경북도당사, 경북지사 관사 등을 돌며 자유당 정권의 악행을 규탄했던 것이다.

숱한 학생들이 경찰에 연행되어 고통을 받았고 교사들도 모진 책임 추궁을 당했다. 독재에 움츠렸던 언론도 마침내 2·28대구학생의거를 보도함으로써 전국의 학생들이 잇따라 궐기와 시위에 나섰다. 당시 아무도 함부로 나서지 못했고, 기성세대들도 말 못했던 공포 분위기를 고등학생들이 처음으로 자발적이고 조직적으로 민주적인 의사표시를 한 것이었다. 대구시민들도 경찰에 쫓겨 도피하는 학생들을 숨겨주는 등 지지와 성원을 아끼지 않았다. 당시 참여 주체가 고등학생들이었지만 그 시대의 부모, 형제, 가족의 암묵적 동의와 대구시민의 시대정신이 담긴 독재에 대항한 민주운동의 분출이었다. 이것이 바로 대구의 정신인 2·28민주운동인 것이다.

2·28민주운동은 독재와 부정에 저항한 민주화운동으로 대구 시민정신의 표출이었으며, 국가의 민주적 정통성을 심는 선구적 역할을 한 자랑스

러운 대구의 역사와 정신이다. 이런 대구의 정신이 얼마나 자랑스러운가? 이와 같이, 우리가 살고 있는 대구에는 편향적인 보수가 아닌 진보적인 성향의 시민의식이 내재하고 있었던 것이다. 그런데 지금, 능금꽃 피는 대구는 어디에 있는가?

나는 정치인이 아니라, 정치에는 큰 비중을 두지 않지만 관심은 많다. 우리나라의 정치와 정책에 따라서 예술 쪽에도 많은 변화가 있기 때문이다. 하지만 한 가지는 안다. 진정으로 국민과 나라를 위해 일할 수 있는 정치인을 선출하여, 우리 모두가 잘 사는 지역과 나라를 만들어야 한다는 것이다.

어떤 당이든, 어떤 지위든, 보수든 진보든 그런 게 중요한 게 아니라, 어떤 정책으로 우리 모두가 배부르게 잘 먹고, 걱정 없이 잘 사는 나라를 만드는 것이 중요하다. 지금 진정하게 국민을 위해 일하는 정치인이 많지 않다는 것이 무척 안타깝다. 이러한 실정에서 우리 스스로가 변화해야 하고, 대구의 변화도 확실히 이뤄내야 한다.

이제 우리가 살고 있는 대구의 정체성을 찾아야 한다. 그러기 위해서는 먼저 박정희 패러다임의 편향적인 생각에서 벗어나야 한다. 거기서부터 대구 본래의 능금꽃 향기가 가득 찬 대구를 만들 수 있다고 생각한다. 왜냐면 우리 대구에는 앞에서 이야기한 것처럼, 편향적인 보수가 아닌 진보적인 성향의 시민의식이 내재하고 있기 때문이다.

또한 2·28민주운동 정신과 더불어, 1907년 2월 대구에서 일어난 일제의 경제 침탈에 맞서 전 국민에게 독립정신을 고취시킨 국채보상운동의 반외세 자주화 정신과 함께 대구시민은 물론 전 국민이 자랑스러운 시대정신을 찾아야 할 것이다. 그것이 바로 대구의 정신이며, 대구의 자존심일 것이다.

이제 대구시의 찬가 '노래방 노래번호: 84114'인 〈능금꽃 내 고향〉 노래를 부르면서 대구의 밝은 희망을 노래하자.

'온전한 개인'으로 살아가는 일의
어려움에 대하여

천선영
(경북대학교 사회학과 교수)

자넨 고향이 어딘가?

부정선거가 판을 치던 시절에도 아버지가 좌익 성향으로 분류되어 있던 우리 집에는 양말 한 켤레 배달되어 온 적 없다지만(정보기관에서 아버지 회사를 찾아오곤 했다는 얘기도, 오랫동안 아버지 여권이 나오지 않았던 이유도 나중에 커서야 들었다), 나는 박정희 정권 때 태어나 학교를 다닌 아이였다.

육영수 여사가 돌아가셨을 때 국모를 잃은 슬픔에 눈이 붙도록 펑펑 울었고, 박정희 대통령이 돌아가셨을 때 과연 박 대통령 말고 김 대통령, 이 대통령… 이런 게 가능할까 의심했었고, 강릉 오죽헌 신사임당교육원 대강당의 어둠 속에 선명하게 빛나던 태극기를 보며 뭔가 모를 뭉클함이 치밀어 올랐던 기억이 있는, 나는 박정희 시대에 국민교육헌장을 외우며 자란 '착한 학생'이었다. 학교-집을 왕복하며 고등학교를 마치고 나는 심지어 광주민주화항쟁이 뭔지도 잘 모르는 채로, '아침이슬'이라는 노래도 모르는 채로 대학생이 되었다. 내가 사회학과에 지원하게 된 것은 그 과가 '데모학과'라는 것과는 아무 상관없는, 사회과학의 기초학문이라는 지극히 '학문적'인 이유 때문이었다. 학교를 다니며 서서히 '의식화'되어갔으나, 돌 한번 제대로 던져보지 못한 채로 대학을 졸업한 나.

그때까지 부모님의 고향은 내게 그저 정서적으로 좀 가까운 시골이었을 뿐이다. 전라남도 해남. 사람들이 땅끝이라 부르는 아름다운 곳. 그곳이 내 부모님의 고향이다. 부모님이 젊어서 떠나온 땅이었기에 해남은 어린 시절의 나에게 그저 부모님의 고향 지명에 지나지 않았다. 목포라는 곳에서도 차로 한참을 덜컹거리며 들어가야 했던 기억이 있는, 아주 먼 시골. 해남은 오래도록 그런 느낌으로 남아 있었다. 내 부모님의 고향이 전남 해남인 것을 새삼스레 다시 떠올리게 된 것은 대학원을 다니던 때였다. 전두환 씨에 이어 노태우 씨가 대통령이 되었던, 그 군사정권 암흑기의 어느 날 나는 '알게' 되었다. 교수님들과 대학원생들 다수가 경상도 출신이거나 부모님 고향이 경상도이거나 경상도에 본적을 두고 있다는 것을…. 게으른 탓에 지금까지 그 사실을 통계적으로 확인해보지는 못했으나 직관적으로 느낄 수 있었다. 학계 인사의 경상도 출신 비율이 우리나라 인구비례하고는 맞지 않는다는 것을. 전라도 출신 학생이나 교수님들의 비율도 역시 그러하다는 것을. 그리고 그것은 각 지역 사람들의 개인적 자질이나 능력, 기질적 특성만으로는 설명될 수 없다는 것을. 사회학과 대학원생으로서 그 정도는 어렵지 않게 짐작할 수 있었다.

당시 교수님들이 가끔 물으셨다. "자넨 고향이 어딘가?" 살짝 고민했던 것 같기도 하다. 뭐라고 답을 해야 하나…. 사실 고민할 필요도 없었다, "서울입니다." 하면 될 일이었다. 그러나 당시 내가 선택했던 대답은 그게 아니었다. "부모님 고향은 해남이시고, 저는 서울에서 나서 자랐습니다."

나는 당연히(!) 서울 말씨를 쓰고 있었고, 부모님 고향을 물은 것도 아니었으니, 그렇게 대답할 하등의 이유가 없었다. 그런데 나는 그리 대답했어야만 했다! 대체 왜 나는 저런 대답을 했으며, 또는 해야만 했으며, 심지어 앵무새처럼 계속해서 그 답을 반복 재생산했던 것일까?(고향이 어디냐는 질문에 나는 지금도 똑같이 답한다.)

나름의 '소심한 저항'이었다면 질문에 대한 답이 되려나? 당시 그 문제에 대한 생각을 깊이 하고 정리를 한 상태는 아니었으나, '전라도 출신'이라는 것이 적어도 플러스 요인은 아님을 몸으로 느끼고 있었던 것 같다. 바로 그래서, 그리 대답했던 것이다. "제 고향은 서울입니다"라고 대답하는 것은 부모님을 욕보이는 일이라 과장되게 생각했던 것 같다. 증명된 사실은 아니었으나 이미 내 머릿속에서 '구성된 사실'이 있었으므로, 내고향을 서울이라고 말한다는 것은 거짓은 아니되 내가 의도적으로 부모님 고향을 말하지 않는, 감추는(?) 행위가 되었기 때문이었다.

다른 사람들은 몰라도, 나는 그걸 알고 있었고, 그래서 나는 부모님 고향을 말해야 했다. 아무도 직접적으로 묻지 않았으나…. 그것이 어떤 의미에서든 차별의 원인이 된다 해도, 차별까지는 아니더라도 적어도 플러스 요인은 되지 않는다 해도, 말하지 않을 수는 없었다. 최소한의 자존감이었다고 해야 할까. 특정한 고장 출신이라는 것을 말하는 행위가 가지고 있었던 그 '묘한 느낌'에 나는 동의할 수 없었고, 부당하다고 생각했으며, 입을 다물고 있을 수는 없었다.

경상도 사람들은 교육을 어떻게 시키길래…

가족모임이 있던 어느 날, 언니가 흥분해서 들어섰다. 분을 쉽게 삭이

지 못하던 언니가 폭포수처럼 쏟아놓은 이야기는 이랬다. 조카녀석 친구 엄마로 친하게 지내던 분이 있었는데, 그분은 경상도 출신이었고 경상도 말씨를 썼다. 그런데 그분이 전라도 말씨를 쓰는 전라도 분과 다툼이 있었단다. 뭐 그것까진 그럴 수 있는 일인데, 그 이야기를 언니에게 하면서, "그 사람이 이러저러한 것은 전라도 출신이기 때문이다"라는 말을 한 것 때문에 사달이 난 것이다. 서울말을 쓰는 우리 언니 부모의 고향이 전라 도인 것은 까맣게 몰랐던 그분. 전라도 분의 특정한 성격과 행동의 이유 를 출신 고향에서 찾아내 나름의 분석을 하신 모양이다. 그 이야기를 들 으며 나름 한 성격 하는 언니는 속이 부글부글 끓었으나 아이들 관계도 있고 해서 말을 못하고 왔다는 것이다. 그래서 집에 들어서자마자 애꿎은 우리를 대상으로 열변을 토했던 것이다. 언니도 그 전라도 분 태도에 어 느 정도 문제가 있는 것 같더라고 했다. 언니를 화나게 한 건, 그 문제를 출신 지역의 문제로 환원시키는 사람의 말이었던 거다.

사실 언니에겐 전사前史도 있었다. 진주 출신의 남자와 결혼한 언니. 시 어머니를 모시고 살며 첫아이를 낳은 지 얼마 되지 않았을 즈음이었는데, 뉴스에 전라도 지역에 홍수가 나서 사상자가 많이 생겼다는 이야기가 나 왔더란다. 그 뉴스를 들으신 시어머니께서 무심코 혼잣말로 "저 사람들은 죽어도 싸다"(언니의 주장은 그랬다, 조금 감안해서 들으시길)라는 믿기 어 려운 요지의 말을 하셨단다. 아무튼 그때 언니가 애를 안고 짐 싸 들고 우리 집으로 왔던 기억은 생생하다. 형부가 싹싹 빌어서 며칠 만에 돌아 가긴 했지만, 시어머니에 대한 앙금은 오래갔다. 언니는 사람이 죽었다는 데 어찌 저런 말을 할 수 있느냐며 도저히 이해를 할 수 없다 했다.

지금 내가 정작 얘기하고 싶은 건 언니의 태도다. 머리끝까지 화가 난 언니는 "아니, 경상도 사람들은 자녀 교육을 어떻게 시키고, 어떤 생각들을 하고 살길래 저런 말들을 아무렇지도 않게 하나. 전라도 출신인 우리 부모는 우리를 저렇게 교육시키지 않았고, 전라도 사람 중에 저렇게 말하는 사람은 보지 못했다"고 소리를 높이며, 거의 울 지경이 되었다.

그런데 그 말을 듣고 있던 내가 참지 못하고 결국 한마디를 해서 언니의 화를 돋우고야 말았다. "언니도 그 사람들하고 똑같은 논리로 말하네 뭐!" 언니가 바로 한마디 했다. "그래, 너 박사다." 냉전! 화살이 내게로 날아왔다. 물론 안다. 그런 때는 언니에게 정서적 공감을 해주는 것이 먼저였을 것이다. 당시 분에 차 있던 언니를 그런 식으로 긁을 필요까진 없었다고 생각한다. 그러나 말을 참지 못한(않은?) 나름의 이유가 있긴 하다. 소위 좀 '배운 사람'으로서의 의무감 같은 것이 있기도 했다. '우리'가 받은 그대로, '우리'가 돌려주고 있지는 않은지. 그리하고 있다는 것에 대한 생각조차 하지 못하면서 말이다. 그 '생각 자체가 없음'에 대해 고민을 하고 있었기에, 그것이 큰 문제라고 늘 생각하고 있었기에, 기어이 토를 달고야 말았던 거다.

범주라는 것이 사유에 있어 굉장히 중요한 역할을 하고 있고, 범주적 사유 없이 사유라는 것이 가능한가라는 생각도 하게 된다. 그래서 더 조심스럽게 써야 하는 칼이 아닌가 싶다. 우리가 범주적 사유를 어떤 개인과 집단의 '부정적 특성'을 정당화하는 데 특히 자주 주저함 없이 사용하고 있진 않은가 하는 깊은 우려를 갖고 있기 때문이다.

지역의 범주를 내려놓는 그 어려운 일을 지금 시작하자

우연히 전라도 출신 부모를 갖고 태어난 나는 우리나라의 특정한 정치적 지형 아래서 특정한 정치적 성향도 아닌, 지극히 우연하게 특정한 지역에서 태어났다는 것만으로 덕을 보기도 하고 손해를 보기도 한다는 것을 알아가게 되면서, 그런 사고방식이 우리 일상에 아직도 뿌리 깊이 건재하다는 것을 알아가게 되면서, 조금씩 조금씩 더 사회학도가 되어갔다.

세월이 흘러 경상도 한복판에 위치한 대학에서 근무하고 있는 나(우연히도 내가 공부한 독일 뮌헨도 보수 지역의 핵심이며, 위치는 독일의 동남쪽이다). 여전히 사람들은 내게 묻는다. 고향이 어디냐고. 나는 대답한다. "부모님 고향은 해남이시고, 저는 서울에서 나서 자랐습니다." 또 사람들은 내게 묻는다. "대구/경상도 사람들 어떠냐고", "경북대 학생들 어떠냐고." 나는 대답한다. "사람 사는 곳이죠, 뭐", "학생이죠, 뭐." 듣는 이들은 별생각 없이 무심코 들을 말들이지만, 나름의 주관과 입장이 깔려 있는 대답들이다.

군사정권 시대는 아니라고 하더라도, 이곳은 경상도의 중심, 대구. 이곳에서 나는 오늘도 살짝 이방인이다. 이 지역에서 터를 잡고 살면서 내가 개인적 삶의 태도로 선택한 것은 크게 두 가지다.

하나는 나에게로 향해 있는 태도다. 목에 칼이 들어오는 그런 어마무시한 상황이 아니라면, 약간(?)의 불이익과 손해는 감수하고 할 말은 하고, 할 수 있는 일은 하고 살자는 것. 이곳 대구 주류의 분위기가 어떤지에 대해서는 의도적으로 무시하고 있기도 하다. 그것과 다르다는 것이 내게 작은 손해로 돌아올지라도, 나는 결국 내가 해야 한다고 생각하는 말을. 해야 한다고 생각하는 일을 할 것이므로. 그것이 어떻게 받아들여질지 크게 중요한 일은 아니라고 생각했기 때문이다.

물론 하지 못한 일이 있다. 지난 대선 때, 나는 박근혜가 대통령이 된

나라에서 정말 살기 싫었고, '내가 박근혜를 반대하는 이유'라는 제목의 글을 쓰고 싶었으나, 하지 못했다. 몰매까지는 아닐지라도 사이버테러 정도는 당하지 않을까 무서워서… 그리고 '전라도 쁘락치 교수'가 될까 봐. 각종 서명, 그 정도는 열심히 한다! 뭐 총장 나갈 것도 아니고 못할 것 없다.

다른 하나는 타인을 향해 있는 태도인데, 개인을 개인으로 만나려 무진 애쓰고 있다. 사회학을 공부하는 나는 구조적 힘이 얼마나 센지, 범주적 편견이라는 것이 얼마나 강고한지 알 만큼은 알고 있다. 그래서 더 필사적으로 개인을 개인으로 만나려 애쓰고 있다. 학생은 학생으로만, 동료 교수님은 동료 교수님으로만, 운전기사는 운전기사로만 보려 한다. 고향이 어딘지, 어느 학교를 나왔는지, 지난 선거 땐 어느 당을 찍었는지… 그런 정보들이 내 눈앞에 서 있는 개인의 모습을 가릴까 경계한다. 꽤 친하게 지내던 사이에, 한참 지나고 나서야 그분이 대구 출신이고, 경북대 출신이라는 것을 알게 되기도 한다.

그리고 내가 아주 강한 의지로 하지 않으려 애쓰는 말들이 있다. "경상도 사람들은 어떻다", "대구는 어떻다", 이런 말들…. 머릿속에서 이런저런 생각들이 스쳐 지나지 않는다면 거짓말일 게다. 그래도 당당하게 말할 수 있다. 대구에 온 지 10년도 훌쩍 넘었지만, 그런 이야기를 내 입 밖으로 낸 적이 없노라고. 부단히 노력하고 있노라고.

알고 있다. 아직까지도 우리나라에서 특정한 지역(이 말을 성별, 연령 등으로 바꿔놓아도 마찬가지다) 출신이라는 것이 하나의 중요한 '변수'라는 것을. 그것 때문에 요직에 등용되기도 하고 잘리기도 한다는 것을. 그러니 나/우리가 어느 지역 출신이어서 직접 이익/손해 본 것 없다는 말이

사회학적으로는 별 힘이 없다는 것을.

그러나 바로 그래서! 지금 내가 여기서 시작해야 하는 것 아닌가. '온전한 개인'으로 살아가는 것을 쉽게 허락하는 사회가 아니기에 우리가 해야할, 해야 하는 일이 있는 것 아닌가. 지역의 강고한 범주를 내려놓는 그 어려운 일. 그 일을 지금 나/우리가 시작해야 한다. 그래야 나라가 산다.

새로운 대구를 어떻게 열 것인가

최봉태
(변호사, 대구참여연대 공동대표)

새해가 밝았다. 촛불혁명의 한가운데서 맞는 새해는 우리들에게 큰 희망을 줌과 동시에 역사적 실천을 요구하고 있다. 작년부터 시작된 촛불시위에 천만 명이 참여한 것은 우리 역사상 유례가 없는 것이다. 1919년 3·1운동 당시와 비견되는 역사적 현장이 우리 앞에 매주 펼쳐져 나아가고 있다.

1919년 3·1운동은 군주제에서 공화제로 이 땅의 주권자가 바뀌게 하는 역사적 의미가 있었다면, 이번 촛불혁명은 어떤 역사적 의미가 있을까? 나는 이 땅에서 참다운 민주주의 공동체를 만든 계기가 되었다는 역사적 평가를 받아야 한다고 생각한다. 즉 사람 사는 세상을 만든 원년이 2017년이 되어야 할 것이다.

한국 사회는 2차 세계대전 전 식민지 경험을 가졌으면서도 드물게 산업화와 민주화에 성공하였다. 하지만 이 산업화와 민주화의 결실은 이 땅의 주인들에게 모두 돌아가 사람 사는 세상이 되어야 함에도 그렇지 못했다. '헬조선'으로 일컬어지듯 이 땅의 주권자들은 주인 대접을 받지 못하고 오히려 개·돼지가 되어 있다.

이런 점에서 보면 대구는 그야말로 할 일이 많은 곳이다. 박정희 정권의 지난 50여 년 적폐가 상징적으로 남아 있는 곳이 대구이며, 대구시민들에게 이런 적폐를 극복해야 할 역사적 사명이 있는 이유는 지난 역사가 증명한다.

우리 대구의 역사를 돌아보자. 대구는 국채보상운동을 통해 민족이 어려울 때 희망을 준 곳이고, 독재 정권 앞에서는 청년 학생들이 앞장서서 2·28 운동을 통해 4월 혁명을 견인한 곳이다. 최근에는 중앙집권화로 병들어가는 한국 사회를 개혁하기 위해 분권운동의 기치를 내건 곳이다. 이런 민족, 민주, 분권의 삼대 정신을 가지고 '헬조선' 한국 사회에 희망을 주어야 한다.

이와 관련하여 현재 대구에서는 대구시민헌법 만들기 운동이 진행 중이다. 법적으로 말하자면 주권자는 헌법제정권력자이다. 헌법을 만들 수 없다면 주권자가 될 수 없다. 이런 점에서 대구시민헌법 만들기 운동은 주권자 되어보기 운동이라고 할 수 있다.

각자 대구 공동체의 주인으로서 우리 공동체에서 실현하고 싶은 구체적 꿈을 헌법조항으로, 자신의 이름을 걸고 만들어, 대구시민헌법을 올해는 완성해야 한다. 최근 어떤 분은 "대구시민의 선거권은 만 16세로 하고, 피선거권은 만 40세 미만으로 한다"라고 제안을 하여 '헬조선'을 만든 기성세대의 각성을 촉구하였다. 이 조항에 대해서는 현재 격론이 벌어지고 있다. 특히 피선거권을 만 40세 미만으로 하는 것은 너무 가혹하다고 주장하며, 만 55세 미만으로 하자는 수정안이 나와 있기도 하다. 만 40세 미만을 주장하는 측에서는 대의민주주의를 극복하고 직접민주주의로 나아가는 것이 시대정신이라면 만 40세 미만이 결코 과도한 제한이 아니라고 주장하며, 사기업체에서 평균적으로 입사하는 나이가 만 40세 미만이 아닌 곳이 어디 있는가라고 주장하며 반박을 하고 있다.

이에 대해서 혹자는 대의민주주의의 현실을 고려하면 다가오는 지방선거와 국정선거에서 한 번 정도의 유예를 두어, 만 55세 이상의 많은 대구 시민들이 피선거권을 누릴 수 있는 마지막 기회를 부여해야 하지 않는가 하는 항변도 하고 있다.

어찌 되었든지, 직접민주주의를 실현하여 종래처럼 엘리트를 뽑는 것이 아니라 심부름꾼을 뽑는 방향으로 대구 사회를 바꾸어가자는 것에는 대부분 동의하고 있는 실정이다. 선거권 연령 하향에 대해서는 제안만 하는 것이 아니라, 만 16세 이상 청소년을 모아 헌법소원을 준비 중이다. 이런 주인의식으로 무장하여 독립운동을 하는 마음으로 새 세상을 만들어야 한다.

이와 관련하여 나는 고졸이 행복한 대구 조항에 주목을 하고 있다. 이것은 고졸 출신으로 현장에서 노동자로 일한 바 있는 분이 대졸 중심의 한국 사회에 너무나 낭비가 많다고 호소하며 이를 극복하려면 고졸만으로 행복한 삶을 살 수 있는 세상을 만들어야 한다고 제안한 것이다. 제안자의 말을 그대로 인용하여 본다.

"총선이 끝나고 새로운 국회가 구성되었다. 그러나 연말 대통령선거를 앞두고 있는지라 국회는 대선의 종속변수 역할에 그칠 뿐 새로운 입법과 행정부 통제 등의 문제는 뒤로 처진 듯하다. 그리고 대선을 향한 예비 후보들의 각종 몸짓이 선거구호로 구체화되어 나오고 있다.

우리는 분명히 장점이 많은 민족이고 활력이 넘치는 국가에 살고 있다. 그러나 그러한 장점이 과잉된 탓인지 반대편 그림자의 길이와 폭도 커지고 있다. 사회의 양극화, 지나친 교육열, 계층 간 변동성의 약화, 수도권의 비대화·과밀화와 비수도권의 소외와 공동화, 안정된 일자리의 축소 등이 새로운 사회문제로 떠오른 지 오래되었다.

우리 사회가 안고 있는 여러 문제 중의 핵심적인 하나는 공교육의 파행이라고 나는 생각한다. 인터넷을 뒤져서 주요 국가의 대학 진학율을 살펴보니, 미국 60%, 일본 47%, 프랑스 41%, 독일 35%, 우리나라는 84%로 OECD 국가 중 단연 1위를 차지하고 있다. 그렇지만 2010년 국세청 통계 자료를 보면 우리나라의 대학 졸업자 44만 명 중 51%만 취업하였고 이중 37%는 비정규직이며 정규직 중 21%가 월소득 150만 원 미만이라는 심히 부끄러운 결과도 확인할 수 있다. 고등학생 100명 중 84명이 대학에 진학하지만, 대졸자 84명도 4년(또는 2년)이라는 시간과 엄청난 학비(대학 학비가 주요국의 2위)를 투자하고도 본전을 건지지 못하는 결과라는 것이다.

반대로 100명 중 16명은 대학을 진학하지 않는다는 것인데, 이들이 우리나라에서 행복하게 살 수 있을까? 얼마 전 전문대학 교수로부터 들은 이야기이다. 여고를 졸업하고 공단의 생산업체에 취직해서 2~3년간 근무하다가 자신이 가르치는 학과로 입학한 학생의 이야기이고, 그런 학생들이 적지 않다고 한다. 그런데 그 학생에게 자신이 2년간 가르쳐도 입학 이전에 받던 급여 수준을 받는 안정된 일자리를 얻어주기가 어렵다는 말을 그 교수가 한다. 그리고 그런 학생이 왜 자신이 봉직하는 학교로 오는지 이해하기 어렵지만 속사정을 알고 보면 수긍할 수 있다고 한다. 그런 학생이 대학으로 오는 이유는 '고졸'이라는 딱지를 가지고 대한민국을 살기 어렵다는 것이다. 즉 84 : 16의 사회에서 고졸 학력은 비주류, B급 시민이라는 우리 사회의 낙인이 있기 때문이란다. 고등학교를 졸업하고 안정된 직장인으로 생활하고 있지만 '고졸'이라는 사회적 지위를 유지하기에는 우리 사회의 학벌 수준이 너무 인플레 되어 있고, 난무하는 대졸자의 틈에서 버티어낼 수 없기 때문에 지명 도가 별로 없는 2년제 대학이라도 진학할 수밖에 없다고 한다. 왜 고졸 자가 12년이나 수학한 고졸이라는 학력을 부끄러워해야 할까? 물론 개인 차이도 있고 자긍심을 가진 고졸자도 많겠지만 지금은 고졸자가 성 공하면 그것이 신문에 날 정도로 '신화화'될 지경이 되어버렸다.

내가 이야기하고자 하는 것은 고졸자가 소수여서 문제가 된다는 것이 아니라 고졸자가 소수가 되는 것은 우리 사회에 내재한 모순 때문이라는 점이고 아울러 이러한 특이한 학력 비율을 가진 사회는 구성원 누구에게도 행복을 주지 못하고 고통을 준다는 점이다.

논의를 돌려 우리를 돌아보자. 먼저 지금 중고생을 자식으로 둔 학부모의 인생을 살펴보자. 지금 40~60대에 이른 시민들은 학벌이 가장 유용한 출세의 도구라는 경험을 인생을 통해 체득한 세대이다. 자신이 대학을 졸업했거나 그렇지 않거나를 불문하고 대학 졸업장이 우리 사회의 좋은 직장을 얻는, 보다 나은 보수를 받는, 사회에서 유력한 발언 권을 얻는 거의 유일한 방법이라는 사실을 잘 알고 있다. 그렇기 때문에 자식들에게 대학의 진학을 강요하고 가능한 한 모든 수단을 동원해서 좋은 대학에 자식을 입학시키기를 요구하고 있다. 때마침 급성장한 국민소득수준은 대부분의 학부모의 요구를 충족시킬 정도의 경제적 기반이 되었고 무분별한 대학 증설로 인해 영양가 없는 대학이 남설되고 대학은 입학은 시키지만 그 투자비용을 책임질 수 없는 방관자로서 학위 장사로 전락한 곳도 생기고 있다.

그러나 대한민국 학부모들이 간과한 것은 대학 진학 비율이 84%까지 올라갈 것이라고 예측하지 못한 데 있다. 즉 자신의 자식뿐만 아니라 동네의 모든 청소년들이 대학을 졸업하게 된다는 생태계의 변화를 읽지 못했다. 이제 학부모들은 깨닫기 시작한다. 모두가 대학을 갈 수 있는 사회가 되었지만 예전보다 나아진 것은 없다는 사실이다. 모두가 대학을 가기 때문에 대학을 나와도 취직할 자리는 보장되어 있지 않다는 점이다. 이 시점에 이르면 학부모의 대응 전략은 그 의미를 변경하게 된다. 자식을 편하게 살게 하기 위해서 대학을 보내는 적극적인 동기로부터 대학을 보내지 않으면 소수자로 전락하고 만다는 소극적 방어논리로의 전환이다.

여기서 우리 사회가 잃어버린 생태계를 돌아볼 필요가 있다. 먼저 고졸자들이 차지할 자리가 사라져버렸다는 점이다. 고졸자로 채워졌던 직장의 말단 하위직들이 대졸자로 채워지기 시작했다. 고졸자를 임용 대상으로 하는 9급 공무원 시험, 단순 기능직, 환경미화원, 은행, 매장의 창구 직원, 경리 직원 등이 대졸자로 채워지고 있고, 그러한 자리는 고졸자 사이의 리그가 아닌 대졸자의 경쟁의 장이 되었다. 예전에는 고졸자면 넉넉히 차지할 수 있었지만 지금은 아니다. 대학을 가야 할 이유가 또 하나 추가된 셈이다.

고졸자는 자신이 속한 집단에서 소수가 되어버렸다. 친구들 중 대부분은 대졸자이고 자신은 친구를 만날 때마다 학력 격차를 느낄 수밖에 없게 되었다. 어떤 자리에서든 '몇 학번인가?'라는 질문을 받을까 두려워하는 비주류가 되어버렸을지도 모른다. 모두가 대학을 가야 하기 때문에 대학입시는 국가적인 행사가 되어버렸고, 고졸자가 대부분이던 과거에 비해 초등학교부터 대학입시를 염두에 둔 파행적 교과과정과 엄청난 비용과 스트레스를 요구하는 사교육이 쓰나미처럼 도도히 우리 사회를 휩쓸고 있다.

대부분의 학생이 상급학교로 진학하지 않던 1980년대 이전의 중·고등학교 교육은 고졸자를 위한 교육이었지만 지금 그 과정은 대졸자를 위한 교육이 되어버렸다. 그렇기 때문에 그 자체의 고유한 의미를 상실하게 되었다. 대학입시를 위한 식민지, 과도기에 지나지 않게 되었다. 그렇게 해서 행복한가. 고졸자는 설 자리가 없고, 대졸자도 고졸이 하던 일을 할 뿐이다. 고유의 의미를 상실한 중·고등학교의 교육은 대입 입시학원의 역할을 할 뿐이고 그나마 그 역할의 대부분은 사교육 수준에도 미치지 못하고 있다.

현재의 고등학생에게 고등학교 교육이 마지막이라고 생각하고 가르치는 교사가, 학부모가, 학생이 있을까? 도저히 공부가 적성에 맞지 않아 대학에 갈 처지가 못 되는 학생이 선택할 여지가 남아 있을까? 편의점 아르바이트 같은 임시직을 전전해야 하는 것이 아닐까? 번듯한 자리가 아닌 구석진 곳에서도 자신보다 나은 학력을 가진 사람들이 다수라면 우리 사회의 구성원으로 적극적인 발언권을 가질 수 있을까?

지금 우리는 어떻게 해야 할까? 이제 대학을 회의하는 학생들에게 대학이 아닌 다른 영역을 만들어주어야 하지 않을까? 특히 잘 사는 나라를 설계해야 할 정부와 정치인은 무엇을 해야 할까? 나는 한 세대에 이르는 기간 동안 붕괴되어버린 고졸자의 영역을 복구해야 하는 것이 시대적인 사명이라고 믿는다. 고등학교 교육은 그 자체로 완결적이어야 한다. 학생도 고등학교를 졸업하면 한 명의 사회 구성원으로 당당히 설 수 있다고 믿어야 하고, 학부모도 대학은 선택사항에 불과할 뿐이라고 주장할 수 있어야 하며, 그러한 믿음과 주장은 사실이어야 한다.

그러기 위해서는 무엇을 해야 할까? 먼저 고졸자의 생태계를 복원해야 한다. 고졸자가 담당할 수 있는 고유 영역을 지켜주어야 한다. 대학으로 진학함으로 인해 상실할 수밖에 없는 기회가 있고, 고졸로서 당당히 얻을 수 있는 것이 있다는 것을 정부가, 우리 사회가 보장해주어야 한다. 고졸이 충분히 담당할 수 있는, 예전에 고졸자가 담당했던 일자리에 대학교육의 혜택을 입은 사람의 진입을 차단하는 것이 제일 먼저 할 일이다. 그러므로 국가, 지방자치단체, 공기업, 정부출연기관, 공법인이 먼저 앞장서야 하고 이를 제도화하는 입법이 있어야 한다. 그리고 특례보충역의 확대를 통해 고졸자가 직장에서 복무하는 것으로 병역의무를 대체할 수 있는 파격적인 조치가 취해져야 한다. 직장에 근무하면서 전공 분야의 학습을 병행할 수 있는 평생교육기관의 설립과 운영을 지원하고, 고졸자에게 교육의 기회를 부여해줄 수 있어야 한다.

고졸자가 자신의 영역을 보장받을 수 있다면 84%에 이르는 학생들이 대학을 가지 않을 것이다. 그렇다면 무한 경쟁의 강력한 압력이 아이들을 밀어내는 중·고등학교 교육도 자기완결적으로 정상화되지 않을까? 대학을 가지 않아도 사회에서 담당할 역할이 있다면 학부모도 자식에게 고액 과외와 육체적 혹사를 강요하지 않고 자식과 눈을 맞추는 시간을 더 많이 갖게 되지 않을까? 주말과 방학에도 학교공부에 방해된다는 핑계로 집안행사에도 참석하지 못하게 하는 자기검열을 중단하지 않을까? 한편 대학에 진학하는 소수의 학생들도 그들이 졸업할 때쯤이면 보다 넉넉한 대졸자를 위한 일자리가 보장될 수 있지 않을까?"

이러한 제안을 하면서 좀 더 구체적으로 대구시 교육감 선거에는 만 13세를 선거권 연령으로 하여 고졸이 행복한 대구를 실현하기 위해 비책을 제시한 바 있다. 이런 꿈에 대해 반대하는 시민들도 있을 것이다. 그러나 그렇다고 하여 주권자의 꿈을 가볍게 무시해서는 안 된다. 서로 대화하고 소통하는 가운데 집단 지성이 만들어지기 때문이다.

이러한 주권자 운동을 대구에서 시작하여 통일 조국의 미래를 만들고 새로운 대구를 열자.

2·28 도시 대구와 18세 투표권

이동관
(매일신문 광고국장)

대구는 국채보상운동과 2·28민주운동의 도시다. 110년 전인 1907년 2월 21일 조선반도를 통째로 삼키려는 야욕을 실행에 착착 옮기기 시작한 일본 제국주의의 경제 침탈에 맞서 경제주권운동을 펼치자며 분연히 떨치고 일어선 국채보상운동의 발원지가 바로 대구다. 반상班常이 따로 없었고, 남녀노소가 다르지 않았다. 풍전등화의 운명에 놓인 나라를 구하자는 근대적 애국운동의 효시라 할 만했다.

그로부터 53년이 흐른 1960년 2월 28일. 이번에는 고등학교 학생들이 들고일어났다. 야당 정치인의 유세 현장에 고등학생들이 가는 것을 막기 위해 일요일 등교를 지시한 게 발단이었다. 대통령과 부통령까지 부정선거를 통해 당선시키려던 자유당 독재정권의 부당함에 맞서 대구시내 8개 공립고교 학생들이 거리로 나섰다. 남녀도 학교 구분도 없었다. 불의에 항거한 정신으로 모두가 하나였다. 대한민국 정부 수립 이후 학생들에 의해 일어난 첫 시위였다.

6·25 한국전쟁 당시 대한민국을 공산화의 위기에서 구해낸 것도 대구

였다. 나라를 지켜낸 낙동강 방어선의 보루 도시였던 것이다. 물어보나 마나 꽃잎처럼 떨어져 나간 10대의 어린 학도병들의 희생이 가장 많았던 곳 또한 대구였다.

나라가 위기에 처하면 사사로움과 개인을 뒤로하고, 누구보다 다른 어떤 도시보다 나라의 안위와 사회의 안녕을 앞세웠고, 부당한 현실이라면 안주하고 타협하기보다 맞서서 바꾸고 고치려는 노력을 게을리하지 않았던 것이 대구와 대구 사람들의 정신이었다. 우리 현대사의 분기점마다 대구는 결정적인 역할을 한 위대한 도시였다.

이런 역사적인 배경을 오늘에 되새기자는 것이 올해부터 시작된 대구시민주간 선포의 배경이다. 특히 국채보상운동이 시작된 날과 2·28민주운동이 일어난 날이 1주일 간격이라는 점에 착안, 이를 '대구시민주간'으로 정하고 대구의 역사와 대구의 정신을 재조명하기로 한 것이다.

국채보상운동은 경제적 주권회복 운동이었다. 그 현대적 버전이 IMF 사태 당시 대구에서 시작된 금모으기 운동이다. 그에 비해 2·28민주운동은 대구의 고등학생들이 벌인 정치적 대사건이었다. 독재권력의 부당함에 항거한 숭고한 학생정신의 발로였다.

대구시가 몇 년 전부터 국채보상운동기록물 유네스코 세계기록 유산 등재에 노력을 기울이고, 3·15나 4·19나 5·18처럼 2·28민주운동도 국가 기념일로 지정하자는 목소리를 높이고 있는 것도 같은 이유에서다.

특히 필자가 여기서 주목하는 것은 2·28민주운동의 주역과 조역 그리고 엑스트라들까지 모두 고등학생들이었다는 점이다. 2·28민주운동은 1980년대 1990년대 민주화 물결의 선봉에 섰던 대학생들이 벌인 일이 아니다. 4·19민주혁명의 주역 세대는 대학생들이었지만 이들은 '미성년자'

들이었다. 1942년생, 당시 고등학교 2년생들이 중심이었다. 나이는 만 17세 전후였다. 그럼에도 2·28민주운동은 대한민국 최초의 민주화운동이며 학생운동의 시발점이다. 독재에 항거하고 민주화를 요구하는 이후 학생운동의 연원을 찾아 올라가면 어김없이 대구의 2·28을 만나게 되는 것이다.

당시 고등학생들이 읽었다는 결의문에는 그들의 결기와 불의에 맞서려는 정의감 그리고 민주주의를 향한 열정이 잘 나타난다. 학생들은 "백만 학도여, 피가 있거든 우리의 신성한 권리를 위하여 서슴지 말고 일어서라. 학도들의 붉은 피가 지금 이 순간에도 뛰놀고 있으며, 정의에 배반되는 불의를 쳐부수기 위해 이 목숨 다할 때까지 투쟁하는 것이 우리의 기백이며, 정의감에 입각한 이성의 호소인 것이다"라고 외치며, 교사들의 만류를 뿌리치고 교문 밖으로 뛰쳐나갔다.

시위에 참가한 경북고 학생들은 800명에 이른다. 대구의 중심부인 반월당과 중앙통을 거쳐 대구시청과 경북도청 등지를 누비며 자유당 정권의 불의를 규탄했고 시민들도 열렬한 박수로 공감을 표시했다. 경찰에 쫓기며 구타당하는 학생들을 집으로 끌어들여 숨겨주는 시민들이 많았다는 걸 보면 대다수 대구시민들의 생각도 학생들과 다르지 않았던 것 같다.

대구의 이런 전통은 1955년 매일신문 최석채 주필의 '학도를 도구로 이용하지 마라'는 사설이 나올 수 있었던 지역적인 풍토를 배경으로 하고 있다. 관제 데모와 시위에 학생들을 동원하던 자유당 정권의 폭압에 일침을 가한 이런 지사정신이 바로 대구의 정신이었고 그게 대구시민들과 학생들에게 그대로 전달되고 계승되었기 때문이다.

또 2·28은 대구에 국한되지 않았다. 전국으로 확산됐다. 마산으로 대전으로 서울로 번져나갔고 1960년 4월을 맞이하게 된다. 결국 대구의 10대

고등학생들의 떨쳐 일어섬이 대한민국 역사의 물줄기를 바꿔놓은 것이다. 2009년 제정된 〈민주화운동기념사업회법〉에서도 우리나라 민주화운동의 시발점을 2·28대구민주화운동이라고 규정하고 있는 이유다.

김대중, 노무현, 이명박 대통령은 물론 박근혜 대통령까지 "2·28민주운동이 우리 역사의 자랑스러운 의거이며 그날의 용기와 기백은 오늘의 대한민국을 만든 반석"이라고 평가했을 정도다. 대구 2·28의 역사적인 의미는 이런 것이다.

그런데 이런 자랑스러운 역사를 간직한 대구가 만 18세로 투표 연령을 낮추자는 움직임에 다른 지역보다 소극적이라고 한다. 만 18세라면 2·28에 참여했던 당시 고등학생들보다 더 많은 나이다. 고3이거나 고교 졸업생에 해당된다. 지금 법으로는 이들은 1년을 더 기다려야 투표권을 갖는다. 접하는 정보량이나 지력 그리고 민주시민의식 교육의 정도 등을 생각하면 결코 1960년 2·28의 영웅들보다, 못하지 않다. 특히 2·28의 전통 계승을 자랑스럽게 생각하는 대구와 대구시민들로서는 반대할 어떤 명분과 이유도 없을 것 같은데 말이다. 다른 도시는 몰라도 2·28의 도시 대구는 달라야 하는데 실상은 그렇지 않은 모양이다.

반대론자들의 주요 근거는 '시기상조' 네 글자다. 18세라면 정치적 판단 능력이 미흡하고, 선생님이나 부모님 등의 의견을 무비판적으로 수용할 수 있고, 청소년들을 위한 포퓰리즘 정책이 기승을 부릴 것이며, 한창 대학입시에 주력해야 할 고3 교실을 정치투쟁의 소용돌이 속으로 빠뜨릴 수 있다는 등의 이유를 들고 있다.

물론 핏대를 세워가며 패싸움 양상을 보이는 기성세대들의 모습이 그대로 교실에도 나타난다면 심각한 문제다. 또 학부모들의 입장에서는 대학입시에 일분일초가 급한 아이들이 정치판까지 기웃거리거나 관심을 쏟을지도 몰라 걱정을 했을 수도 있다.

중앙선관위에서까지 "정치·사회의 민주화, 교육 수준의 향상, 다양한 매체를 통한 정보 교류로 18세도 독자적인 신념과 정치적 판단으로 선거권을 행사할 수 있는 소양을 갖췄다"며 투표연령 하향 조정 쪽의 손을 들어주고 있다.

그런데 대구가 왜 이러는가. 이럴 수는 없다. 2·28의 전통을 대구정신이라고 자랑하고 이를 계승, 재정립하겠다는 대구에서 이래서는 안 된다. 만 18세들에게 투표권을 부여하자는 움직임에 앞장서지는 못할망정 다른 지역보다 더 제동을 건다는 것은 앞뒤가 맞지 않는 일이며, 대구 사람의 자존심이 허락하지 않는 일이다. 2·28 주도 세대가 오히려 이 운동을 선도해나가면 어떨까.

좋다. 그렇다면 만 18세가 되려면 한참 멀었던 6·25 학도병들의 애국심은 어떻게 설명하려는가. 영웅심리였을까. 이들 역시 위기의 조국을 살려야 한다는 애국심으로 무장했을 것이다. 또 2·28 당시 거리로 뛰쳐나갔던 만 18세가 안 되었던 학생들은 단지 일요일에 학교 오라는 게 싫었던 것일까. 아닐 것이다. 그들의 숭고한 희생정신과 불타는 정의감을 기성세대들은 결코 과소평가할 수도 없고 그래서도 안 된다.

다른 한편에서는 이면에 다른 정치적 배경이 자리 잡고 있다는 지적도 하고 있어 눈여겨볼 만하다. 18세 이상 투표권 부여에 대해서는 연령대별로 찬반이 확연하게 갈린다. 전국시도교육감협의회가 최근 만 19세 이상 남녀 6천 명을 대상으로 실시한 설문조사에서는 선거연령 하향 조정에 대해 50.4%가 찬성했고 41.8%가 반대하는 것으로 나타났다.

필자의 예상과는 좀 달랐다. 반대 여론이 더 많지는 않았지만 상당한 수준이었다. 또 다른 조사에서 20대부터 40대까지는 선거연령 하향 조정에 70% 가까이 찬성했지만 50대를 넘어서면서 역전되어 60대 이상에서는 70% 가까이가 반대를 하는 양상을 보였다.

이를 두고 정치권에서는 세대 간에 큰 차이를 보이는 정치 성향이 이조사에서도 그대로 반영된 것이라고 분석했다. 더 구체적으로는 고령층 투표율이 높아지면 대체적으로 보수 성향의 후보나 정당이 유리하고, 젊은 층들이 많이 투표장으로 나가면 진보 우세의 결과를 낳게 된다는 설명과 일맥상통한다는 것이다.

그러나 다시 한 번 생각해보자. 18세 투표권은 진영논리로 볼 문제가 아니다. 어디가 유리한지 속단할 일도 아니다. 단지 상식이며 순리이다. 아무리 눈을 닦고 찾아봐도 반대할 이유가 없다. 찬찬히 따져보자. 18세라면 민법상 결혼도 할 수 있고, 병역의무를 이행할 수도 있고, 직업을 선택할 수 있고, 소득이 있을 경우 세금도 내야 한다. 또 공무원에 임용될 수 있는 나이가 만 18세이며, 운전면허 취득도 가능한 나이이다. 이런 국민 의무를 지우는 만큼 18세에 투표할 권리를 부여하자는 건 당연한 결론이다.

심지어 1년 이상의 징역이나 금고의 실형이 확정된 수형자나 의식불명 등으로 판단능력이 없는 것으로 판정된 자, 선거범죄자 등을 제외하면 다 주는 투표권을 만 19세가 되지 않았다고 주지 않는다는 건 납득할 수 없는 규제라고 할 수밖에 없다. 위헌은 아닌지 의심이 될 정도이다.

또 6·25 때나 2·28 때보다 지금의 10대 청소년들이 철이 없다는 걱정도 있다는 걸 안다. 결론부터 말하자면 이건 아무 근거도 없는 편견이고 왜곡이다. 무슨 근거인지 되묻고 싶다.

학교 교육이 거의 전부였던 1950년대와 1960년대와 달리 지금은 정보의 홍수 시대다. 눈만 뜨면 휴대전화를 통해 전 세계를 손 안에, 눈앞에 두고 사는 아이들이다. 유아원, 유치원을 거쳐 학교를 다니게 되는 요즘 아이들이 얻게 되는 정보량은 선배들의 시대와 비교가 안 된다. 학교에서도 민주주의, 시민의식 등에 대한 교육을 50년, 60년 전보다 훨씬 더 많이 받았다. 이런 18세들에게 투표권을 부여하지 않겠다니.

외국의 사례. 물어볼 것도 없고 알아볼 것도 없다. 35개 OECD 국가 가운데 만 18세에 투표권을 주지 않는 나라는 우리나라밖에 없다. 전 세계에서 18세에게 투표권을 주지 않는 나라는 2016년 기준으로 13개 나라밖에 없다. 대한민국의 청소년 정치의식 수준이 세계에서 아래로부터 13등이라는 게 용납이 되나. 지난해 영국의 운명을 좌우할 브렉시트 투표에도 만 18세들은 자기 권리를 행사했고, 3년 전 스코틀랜드 독립 여부를 묻는 국민투표에는 만 16세 이상이 투표를 했다는데, 우리의 18세들은 뭔가.

우리 학생들이 다른 나라 애들보다 정치적으로 미성숙하거나 편향되었다는 근거는 아무 데서도 찾을 수 없다. 각종 분야의 세계적인 경쟁에서 우리 아이들은 세계 최고를 자랑한다. 그런 아이들이 유독 정치 분야에서만 덜떨어졌다는 주장을 한다면 설득력이 있을까.

지난해부터 18세 이상에게 투표권을 부여한 일본의 경우 이들의 투표를 독려하기 위해 "18세 깔보지 마라"는 포스터를 내걸고 그 아래에는 '당신이 움직이면 사회는 바뀐다'는 문구도 넣었다. 포스터에 등장하는 여자 모델은 흔히들 세일러복이라고 하는 교복을 입고 손가락으로 동그

라미 표시를 하고 있다. 눈길을 *끄*는 정도를 넘어 신선하기까지 하다.

학제개편에 맞춰 고교졸업 연령을 18세 아래로 낮추고 나서 투표연령을 하향 조정해야 한다는 일부 진영의 논리를 머쓱하게 하는 부분이다. 선거법과 학제개편은 서로 연계돼 있는 게 아니라 차원이 다른 문제다. 국가 백년대계이며 선거의 유불리를 따진 게 아니라지만 도리어 정치적 유불리만을 고려했다는 것으로밖에 들리지 않는다. 만일 우리나라에서 교복 입고 선거 참여 독려 캠페인을 하는 이런 포스터가 내걸렸다면 선관위원장 목이 날아갈 정도로 시*끄*러웠을지도 모른다.

가장 좋은 민주주의 교육은 선거라고 했다. 생생하게 살아 있는 교육을 멀리하고 무엇을 가르치려 하는가. 기성세대의 일그러진 패거리, 지역주의 정치문화에 오염되기 전의 순수함이 우리 선거판에 신선한 바람을 몰고 왔으면 하는 바람이다.

대구는 자랑스러운 2·28민주운동의 도시다.

영남대학을 시민의 대학으로 돌려놓기 위해

정지창

(전 영남대학교 교수, 전 예술마당 솔 대표)

나는 1984년부터 2013년까지 영남대학교에서 근무하다가 정년퇴직하였다. 30대 후반부터 근 30년을 영남대에서 보낸 셈이다. 태어나 자란 고향인 충북 보은이나 초중고를 다닌 대전, 그리고 대학과 직장생활로 15년을 산 서울보다는 대구가 나에게는 더욱 친숙한 삶의 터전인지라 정년퇴직 후에도 여전히 대구에 눌러앉아 살고 있다. 자식과 손자, 친구들을 보러 서울에 갔다가도 대구에 내려오면 마음이 편해지는 것을 보면 나도 이제 대구 사람이 다 된 것 같다.

물론 나도 대구가 답답하다고 느낀 적은 많다. 솔직히 말하면 정년퇴직 후에는 대구를 떠날 생각도 해보았다. 나를 아는 많은 이들은 말이 통하지 않고 답답한 대구에서 어떻게 사느냐고 이사를 권유하기도 하였다. 또 예전의 직장 동료들이나 제자들은 내가 당연히 대전이나 서울로 이사한 것으로 알고 안부를 묻기도 한다.

그런데 내가 대구를 떠나지 않고 있는 이유 가운데 하나는 평생 직장이었던 영남대학교를 시민의 품으로 되돌려놓기 위해서다. 나는 지난

2012년 대통령선거를 앞두고 대구지역의 시민단체들이 모여 결성한 영남대재단정상화를위한범시민대책위(약칭 영남대정상화대책위)에 참여하여 박근혜 씨의 영남학원 복귀에 반대하고 새마을정책대학원과 박정희 리더십연구소의 설치를 비판하였다는 이유로, 정년퇴직과 함께 거의 자동적으로 수여되는 '명예교수' 자격을 거부당했다. 명예교수라는 지위가 대단한 것은 아니지만 학교정책을 거슬렀다는 이유로 그 자격을 박탈한 것은 자유로운 학문 연구와 토론, 비판의 자유를 바탕으로 하는 대학의 본질에 비추어 납득하기 어려운 처사였다. 당시의 한 대학 관계자가 "삼성에 근무하면서 회사의 정책에 반기를 들면 그냥 놔두겠나"라는 말로 나에 대한 명예교수 자격 거부를 정당화했다는 말을 듣고 대학이 회사처럼 변질된 데 대해 허탈감과 함께 분노를 느꼈다.

평생을 바쳐 제자들을 가르쳤고, 교무처장과 교무부총장 등 보직을 맡으면서 헌신해온 대학이 당시 유력한 대선 후보였던 박근혜 씨의 품으로 되돌아가는 것이 나에게는 너무도 가슴 아팠다. 대다수의 교수들과 직원, 동창, 학생들이 박근혜 씨의 정치권력에 기대어 학교를 발전시키겠다고 나서는 것을 보고 이 지역의 뿌리 깊은 박정희 신화가 영남대학을 일종의 신앙공동체로 만들어버린 듯한 느낌도 받았다. 그렇다. 박정희 신화는 겉으로는 자유로운 듯이 보이는 영남대학의 실질적인 토대이고 그 구성원들의 내면화된 의식이라는 것을 뼈저리게 깨달았다.

사실 내가 부산의 한 대학에서 영남대로 옮겨온 것은 존경하고 흠모하던 선배와 동료 교수들의 권유 때문이었다. 그리고 자유분방한 학내 분위기와 광활하고 아름다운 캠퍼스는 나의 기대보다 훨씬 만족스러웠다. 그렇지만 1980년대의 영남대는 박근혜 씨의 품안에서 그녀가 파견한 비선 실세들에 의해 좌지우지되고 있다는 것을 곧 알게 되었다. 이른바 4인방이라 불리는 박근혜 이사의 측근들은 총장을 비롯한 학교 보직자들보다 막강한 권한을 행사하면서 각종의 비리와 권력 남용으로 대학을 농단하였다. 급기야 1988년에는 입시비리가 발각되어 검찰이 수사에 착수하고 4인방 가운데 한 명이 구속되기에 이르렀다. 이후 국회의 국정조사단이 영남대를 방문하여 현장 조사를 벌인 결과 입시부정을 비롯한 각종 비리가 드러났다. 최근 국회의 청문회와 특검의 수사를 통해 밝혀진 청와대 비선실세들의 국정농단은 이미 1980년대 영남대에서 벌어진 비선실세들에 의한 학원농단의 확대판이라 할 수 있다.

당시의 국정조사에서 쟁점이 되었던 것은 정관 제1조에 명기된 "교주 박정희"라는 문구였다. 박관용 의원을 비롯한 대부분의 국회의원들이 영남대에 한 푼도 출연한 적이 없는 박정희 전 대통령을 "교주"로 못 박은 것은 시대착오적인 처사라며 정관을 개정할 것을 요구하였고, 조일문 이사장도 "교주" 개념에 동의할 수 없다면서 개정을 약속하였다. 이후 박근혜 씨는 입시부정에 대한 책임을 지고 영남학원 이사진에서 불명에 퇴진하였다.

박근혜 씨와 그녀의 비선실세인 4인방이 영남대학을 떠난 후 직선제로 선출된 김기동 총장은 외부로 빠져나가는 돈이 없으니 등록금만으로도 학교 운영이 충분하다고 밝힌 바 있다. 박근혜 씨 지배하의 영남학원 재단은 경주 최씨 문중에서 기증했던 최씨 문중의 선산을 비롯한 부동산을 대거 매각했는데, 문중에서 선산을 되사겠다고 제의했는데도 불구하고 헐값에 그 땅을 매각한 이유와 매각 대금의 행방에 대한 의혹은 아직도 풀리지 않고 있다.

이후 영남대학은 관선 이사와 직선 총장 체제로 비교적 안정적으로 운영되어왔다. 그런데도 정관 제1조의 "교주 박정희 선생"이라는 문구는 삭제되지 않고 그대로 남아 있었다. 앞서의 김기동 총장 시절에 사석에서 김 총장에게 이제 학원민주화도 이루어졌는데 왜 교주 조항을 정관에서 빼버리지 않느냐고 여쭈어본 적이 있다. 당시 김 총장의 대답은 이 문제가 생각만큼 간단치가 않으니 좀 더 시간을 가지고 신중하게 처리하겠다는 것이었다. 그 후 세월이 흐르면서 학교 안에서는 임시이사 체제로는 학교 발전에 지장이 있으니 책임감 있는 주인이 학교를 운영해야 한다는 여론이 조금씩 확산되었다. 교직원들의 도덕적 해이와 중장기 발전계획의 부재 같은 문제를 해결하기 위해서는 자금력을 가진 재벌이나 능력 있는 정치권력에게 학교 운영을 넘기는 것이 필요하다는 의견이 교수회에서도 공공연히 논의되었고 박근혜 씨가 한나라당 대표와 대통령 후보로 부각되자 여론조사에서 교수와 직원, 동창의 약 80%가 학교를 다시 박근혜 씨에게 맡기자는 의사를 표명했다.

이때서야 나는 박정희 신화가 영남대 구성원과 지역사회의 의식 밑바닥에 여전히 살아 있음을 실감하였고, 학원민주화 이후에도 "교주 박정희 선생"이라는 문구가 왜 정관에서 사라지지 않았는지를 깨달았다. 영남대 구성원들과 동창, 지역 시민들은 민립대학인 구 대구대와 청구대가 1967년 영남대로 통합되는 과정에서 두 대학 설립자들의 의사가 무시된 점을 인정하면서도 이후 영남대가 박정희 대통령의 절대권력을 등에 업고 경산 캠퍼스로 옮겨와 비약적인 발전을 한 사실에 은연중 자부심을 느끼면서 오히려 '왕립대학'이라는 별칭을 자랑스럽게 여겨왔던 것이다. 그러기에 박정희 대통령에 의한 영남대 설립의 정통성은 〈영남대 50년사〉

집필 과정에서도 절대적으로 지켜야 하는 원칙이라고 집필위원장인 사학과의 원로 교수가 공식 회의석상에서 강조했던 것이다. 영남대의 특권적 지위에 대한 애착과 '박정희 신화'에 대한 향수를 바탕으로, "성공한 쿠데타는 처벌할 수 없다"는 식의, 도덕성이나 정통성보다는 현실적인 이해관계가 가치판단의 준거로 작용한 결과라고 생각한다. 결국 "교주 박정희 선생"이라는 문구는 박근혜 씨가 영남대에 복귀한 2009년 슬며시 "설립자 박정희"로 바뀌게 된다.

나는 입시부정과 비선실세의 학원농단에 책임을 지고 불명예 퇴진한 박근혜 씨에게 영남학원의 운영권이 넘어가는 시점에 이르러서야 뒤늦게 영남대의 통합과정에 대해 관심을 가지고 자료를 찾아보고 다음과 같은 사실을 확인하였다.

대구대(경주 최부자 최준 선생을 비롯한 영남 유림의 공동 출연으로 1947년에 설립된 민립대학. 현재의 대구대와는 다름)와 청구대(1950년 최해청 선생이 시민대학으로 설립)가 영남대로 합병되는 과정은 겉으로 보기에는 합법적인 절차에 따라 진행된 것처럼 보인다. 1967년 12월 15일 대구대학과 청구대학은 각각 이사회를 열어 두 학교의 합병안을 통과시켰고, 그 직후 이후락 청와대 비서실장의 지휘로 영남대설립이사회가 열려 미리 준비된 합병약정서를 통과시키고 문교부는 바로 다음 날 설립인가를 내주었다. 박근혜/최순실 국정농단에 의해 K스포츠 재단이나 미르재단의 설립 인가가 하루 만에 나온 것과 흡사하다.

그러나 대구대와 청구대 설립자들과 그 후손들은 이 같은 합병이 설립자들의 의사를 무시한, 박정희 권력에 의한 학원 강탈이라고 주장한다. 대구대학은 설립자인 최준 선생이 학교 발전을 위해 삼성의 이병철 씨에게 아무 조건 없이 운영권을 넘겼는데, 1966년 삼성이 경영하던 한국비료의 사카린 밀수사건이 터지면서 한국비료와 대구대학을 국가에 헌납하는 것으로 사건을 무마시키는 과정에서 "한국비료와는 달리 대구대학은 국가가 아닌 대통령 개인에게 헌납한 결과가 되었다"고 최준 선생의 손자인 최염 선생은 증언한다. 헌납과 통합에 반대하던 최준 선생은 통합이사회에 참석했다가 각본에 따라 회의가 일사천리로 진행되는 것을 보고 중도에 퇴장했다. 청구대학의 설립자인 최해청 선생과 그 아들인 최찬식 선생은 1967년 청구대학이 신축 교사 붕괴 사고로 위기에 처했을 때, 최해태 학장과 이은상, 심재완 교수 등 일부 인사들이 설립자와 상의도 없이 박 대통령에게 대학을 상납했고 이 과정에서 설립자인 최해청 선생은 완전히 배제되었다고 밝힌 바 있다.

청구대 설립자인 최해청 선생은 영남대를 "장물臟物 학교"라고 규정한 바 있다(최찬식 편저, 『청구증언靑丘證言』 참조). 대구대 설립자인 최준 선생의 손자 최염 선생은 이러한 시각에서 영남학원은 정수장학회와 더불어 '쌍둥이 원조 장물'이라고 주장한다. 거시적인 역사적 관점에서 보면 "영남대학교의 설립은 청구대와 대구대를 설립한 독립운동가인 최해청, 최준 선생으로부터 일본군 장교 출신인 박정희(및 정권의 실세들)가 약탈하는 과정"이며 "영남학원의 학원민주화운동은 끊임없이 영남학원이라는 '공익재단'을 '사유화'하려는 세력과의 싸움"이라고 영남대정상화대책위의 함종호 공동대표는 정리하였다.

2006년 이명박 정권이 들어서면서 교육부는 임시이사 체제로 운영되던 사립대학들을 '정상화'라는 이름으로 종전의 비리재단에게 돌려주는 일에 앞장선다. 보수적인 법관들이 주도한 사학분쟁조정위원회(사분위)를 이용하여 분쟁 대학의 운영권은 무조건 종전 재단에게 넘겨준다는 비교육적인 원칙에 따라 2009년 영남대도 재단의 운영권이 지난 1989년 입시 부정으로 불명예 퇴진한 박근혜 씨에게 넘어가고 말았다.

박근혜 씨는 형식논리만을 내세워 자신은 영남학원의 이사가 아니므로 법적으로 영남학원과 아무 관계도 없다고 주장해왔다. 7명의 이사 가운데 4명의 추천권을 행사하고서도 본인과 상관없는 일이라고 잡아떼는 것은, 건전한 시민의 상식에 비추어 사리에 맞지 않는 유체이탈 화법에 불과하다. 오죽하면 조선일보가 2012년 1월 4일 자 사설에서 박근혜 씨가 정수장학회와 영남학원의 관계를 부인하는 것은 국민을 무시하는 일이라고 질타하였겠는가?

이후 영남대는 박근혜 정부의 지원 아래 박정희리더십연구소와 박정희새마을정책대학원 등을 통해 새마을운동을 국제적으로 보급하는 일에 앞장섰고, 숱한 국책지원사업에 선정되어 상당한 지원금을 받아 '왕립대학'으로서 제2의 전성기를 누리는 것처럼 보였다. 그러나 내부적으로는 교명을 '박정희 대학'으로 변경하는 데 반대한 영남학원 산하의 영남이공대 임정철 교수가 파면을 당하는 등 학내의 언로가 막히고, 대학이라는 자유로운 학문공동체는 일종의 박정희/박근혜 신앙공동체로 변질되었다. 게다가 2016년에는 영남대의 재정파탄이라는 믿기 어려운 사태까지 터지고 말았다. 이와 함께 박근혜 대통령과 최태민/최순실 일가의 비리가 대통령 탄핵으로 이어지면서 영남대의 정통성 문제가 다시 특검의 수사 대상으로 떠올랐다. 무상한 정치권력에 빌붙어 대학의 발전을 도모하는 것은 애당초 실패의 씨앗을 내장하고 있는 무모한 시도였다 치더라도, 이제 70년 역사를 자랑하는 영남대학의 정통성 회복과 진정한 재단 정상화는 학내 구성원뿐만 아니라 지역의 시민사회가 과제가 되었다.

이제 나는 영남대의 정통성 회복과 진정한 재단 정상화를 위한 몇 가지 원칙을 제시하고자 한다.

1. 영남학원은 독재자 박정희가 절대권력에 의해 강탈한 '장물'이므로 이를 환수하여 시민의 품으로 돌려주어야 한다. 이것은 역사의 정의를 바로잡고 영남학원의 정통성을 되살리는 진정한 재단 정상화의 첫걸음이 될 것이다.

2. 박근혜 일가는 영남학원의 운영에서 손을 떼어야 한다. 박근혜 씨를 비롯한 박근령, 박지만 씨는 부친인 박정희 대통령이 권력을 이용해 강탈한 영남학원이라는 '장물'을 상속할 자격이 없다. 박정희/박근혜 일가는 영남학원에 단 한 푼의 돈도 출연하지 않았으므로 사분위가 정한 재단 정상화 1순위 당사자인 재단의 설립자나 기본재산의 3분의 1 이상을 출연한 자에 해당되지 않는다. 이런 기준에 따르면 대구대학과 청구대학의 설립자나 그 후손들이 정상화의 1순위 당사자가 되어야 한다.

3. 영남대학교의 교육 이념은 그 모태가 되는 대구대학과 청구대학의 건학 이념을 계승하여야 한다. 대구대학이 표방했던 지역 인재 육성과 청구대학이 추구했던 민주시민대학의 이념을 살려 미래지향적인 교육 프로그램을 개발하는 것이 마땅하다. 지난 세기의 새마을운동과 독재자의 리더십을 21세기의 대학 교육 이념으로 내세우는 것은 박정희 향수에 기댄 시대착오적인 복고주의에 불과하다.

4. 박근혜/최태민/최순실 비리에 관련되지 않은 참신하고 덕망 있는 인사들에게 재단과 학교의 운영을 맡겨야 한다.

5. 재단 정상화 과정에서는 대구대학과 청구대학 설립자와 그 후손들에게 최대한 발언권을 주고 합당한 예우를 하는 것이 마땅하다.

친박 독점 13년에 잃어버린 지역 자생력, 어떻게 살릴 것인가?

조근래
(구미경실련 사무국장)

친박 독점 13년, 지역경제가 나아졌나?

민선 단체장 첫 선거가 있었던 1995년만 하더라도 구미시장과 국회의원 후보들은 김영삼 쪽에 공천 줄을 대려고 혈안이었다. '친박'이란 용어가 처음 등장한 2004년 박근혜 씨가 한나라당 대표가 되면서부터는 동네 시의원 후보들까지 박근혜바라기 천지로 변했다. 공약보다 박근혜 대표와 찍은 사진을 각종 홍보물의 전면에 배치했다. 박근혜바라기 황당 공약의 정점은 2012년 4·11 총선에서 새누리당 후보로 당선된 심학봉의 50층 박정희컨벤션센터 건립이었다. 힘 있는 후보, 국비를 많이 가져올 후보의 기준은 오로지 박근혜 대표와의 인연이었다. 시민의 압도적 다수 역시 박근혜바라기에 익숙해졌고, 이는 2012년 18대 대선에서 박근혜 득표율 80.34%로 절정에 달했다. 시장·국회의원·지방의원 선거뿐만 아니라 경북지사 선거까지 싹쓸이함으로써 완벽한 친박 공화국이 완성됐다.

관변 단체들의 당선 축하 현수막엔 '구미가 낳은 딸 박근혜'란 문구가 빠지지 않았고, 저성장기에 들어선 구미공단에 큰 선물을 줄 것이란 '박근혜 기대감'이 팽배했다. 그러나 기대했던 선물은 4년 내내 없었고, 박근혜 대통령은 파면되고 구속됐다. 친박 구미 정치인들의 사리사욕 선동으로 만들어진 박근혜 기대감이 무너진 자리엔 암담한 경제지표만 남았다. 구미국가산업단지 수출 실적은 2013년 367억 달러로 정점을 찍은 후 2016년엔 3분의 2 수준인 245억 달러로 추락해 13년 전 수준으로 되돌아갔고, 이로 인해 고용 인원도 2014년 기준 11만 9,000명에서 2017년 1월 기준 9만 1,000여 명으로 3년 사이에 무려 1만 8,000명(16.5%)이나 급감했다. 구미공단의 양대 주축 기업인 삼성과 LG는 구미 투자보다 경기도·충남과 베트남으로 투자를 늘리고 있고, 소리 소문도 없이 물량을 줄이고 그 여파가 하청업체들을 불안하게 하면서 상시 구조조정 상태나 마찬가지이다.

거대한 장치산업이어서 이전 자체가 불가능한 포항의 포스코처럼, 구미의 삼성전자가 구미공단의 항구적인 안정화의 주축으로 거듭날 절호의 기회가 있었다. 삼성전자 구미기술센터가 2007년 3월 삼성전자 휴대전화기 전량을 생산하는 구미 2사업장에서 기공식을 가졌는데, 건립비 2,889억 원에 지상 20층 지하 4층, 연면적 125,400㎡의 매머드급 건물이다. 2009년 2월까지 구미기술센터를 완공하면 기술개발 인력을 기존 2,000여 명에서 4,000~5,000명 수준으로 늘린다는 계획이었다. 삼성전자 윤종용 부회장은 "구미기술센터의 준공으로 삼성전자 구미사업장이 세계 정보통신사업의 메카로 자리 잡게 될 것"이라고 의미를 부여했다. 선진국 사례처럼, 세계적인 기술연구소가 제조업체와 함께 들어선 지역일수록 지역경제 안정화 정도가 높기 때문이다. 쉽게 이전할 수 있는 완성 제조 라인 중심 구미공단의 고질적인 취약점을 극복할 절호의 기회였다.

그러나 착공 5개월째인 8월에 공정률 10% 단계에서 경영 악화를 이유로 공사가 중단됐다. 경영 악화는 표면적인 이유였고, 우수 기술인력 수급난 등 정주여건 부족이 사업 중단의 가장 큰 이유라는 분석이 유력했다. 실제 삼성전자는 구미기술센터를 중단하는 대신 수원기술센터를 확장하면서, 기술인력을 수원으로 집적화하는 쪽으로 방향을 틀었다. 이 같은 방향 전환으로 구미사업장의 기술인력을 수원사업장으로 재배치하면서 구미사업장은 오히려 줄어들었다.

2007년은 12월 대선을 앞두고 친박이 본격화하는 시기였지만, 삼성전자 구미기술센터 중단에 대한 박근혜의 영향력은 전혀 없었다. 유력한 대통령 후보 정치인이라도 중소기업의 입지조차 움직일 수 없는 시대라는 것을 깨닫고, 친박 구미 정치인들이 만든 박근혜 기대감이라는 허상을 버리고 지역 자생력을 살리는 길을 선택할 확실한 기회였다. 하지만 착한 구미 시민들은 13년을 한결같이 박근혜 기대감에 사로잡혀 박근혜바라기에 올인을 했고, 탄핵을 보고서야 변화의 길을 선택했다. 애초부터 박근혜는 구미 경제의 주요 변수가 될 수 없었음에도 불구하고 심리적인 박근혜 기대감과 친박 독점은 13년간이나 지속됐고, 그 결과는 경제와 지역사회 전 영역에서 '자생력을 잃어버린 13년'이었다.

친박 독점 13년, 지역 정치가 있었나?

1997년 외환위기 이후 구미 경제를 강타한 대표적 사건은 2003년 2월 4일 구미공단에 공장을 둔 LG필립스LCD(LG디스플레이)가, 100억 달러(1차 7세대 공장 5조 3,000억 원 투자)에 달하는 대규모 신규 투자를 구미에 하지 않고 파주에 투자한다면서 경기도와 투자양해각서MOU를 체결

한 소식이었다. 구미가 발칵 뒤집혔다. 이 사건으로 인해 이후 언론에서 구미를 수도권 규제 완화 최대 피해 지역으로 보도할 정도로 충격파가 컸었다. MOU 직후 들어선 노무현 정부마저 수도권 규제 완화 조치로 LG디스플레이를 지원했다. 구미시는 수도권규제완화반대 구미시범시민대책위원회를 조직해 2만 명 동원 대정부 항의 집회로 강력히 대응했다. 그러나 이명박·박근혜 정부의 수도권 규제 완화 조치에 대해선 성명서 발표 수준에 그쳤다. 친박 구미 정치인들은 대통령과 소속 정당이 다를 때는 대놓고 항의 집회를 열면서도, 정당이 같을 때는 꼬리를 내렸다. 구미가 수도권 규제 완화 직격탄 피해 지역이라는 언론 보도에도 불구하고, 자신의 차기 선거 공천에 불리하기 때문에 꼬리를 내린 것이다. 정치와 권력의 사유화다.

LG디스플레이 역외투자가 구미에 남긴 뼈저린 교훈은 '정주여건 개선'이 직접적인 기업 유치 못지않게 중요하다는 각성이었다. LG디스플레이는 인천국제공항 및 항만과 가깝고 서해안 및 순환고속도로 등 교통시설이 잘 발달돼 있다는 점 등 물류환경과 함께, 서울 및 경기도 지역의 우수 인재를 확보하기 쉽다는 점을 파주 투자의 주된 이유로 꼽았다. 특히 "그 동안 구미에 사업장을 운영하면서 지방 중소도시 정주여건의 부족으로 인한 수도권 우수 연구기술인력 확보에 대한 한계를 절감해왔다"는 LG디스플레이 임원의 언론 인터뷰는, 정주여건 개선을 지속가능한 구미 발전의 최대 정책 과제로 각인시켰다.

그러나 LG디스플레이 역외투자가 던진 정주여건 개선이라는 뼈아픈 교훈 역시 친박 구미 정치인들의 사리사욕 앞에선 남의 일이었다. 구미국가산업단지 1단지 입주 업체인 (주)KEC는 2011~2014년 노후산단특별법에 따른 구조고도화 민간대행사업자 선정 응모를 통해, 롯데 측의 현지 실사를 거쳐 공장 유휴 부지에 롯데백화점 유치를 추진했으나 반대에 부딪혀 실패했다. 전국적인 민노총 소속 노조 탄압 업체로 이름난 (주)KEC의 롯데백화점 유치에 대한 민노총과 시민단체의 반대는 이해할 수 있는 일이다. 하지만 구미시와 구미시의회, 심학봉 국회의원의 반대는 정주여건 개선이라는 지역 발전 최대 과제에 대한 방기이다.

구미시 의뢰로 금오공대에서 연구한 우수 인력 정주여건 개선 연구용역 결과 유명 백화점 유치가 우선순위로 나타났음에도 불구하고, 선관위 주관 구미시장 후보 TV 토론회의 단골 질문 지역 현안임에도 불구하고, 시장·국회의원·시의원들이 롯데백화점 유치를 반대한 실제 이유는 상인들의 반발로 자신들의 차기 선거에 불리하다는 사리사욕 하나뿐이다. 구미경실련만 구미공단의 지속가능한 발전을 위해선 연구기술 인력과 대기업 직원들의 욕구도 충족시켜줘야 한다는 정주여건 개선 차원에서 ① 구미시는 원도심재생사업을 통해 소상인 피해 대책 마련, ② (주)KEC는 해고자 복직과 손배 철회 등 노사문제 완전 해결, ③ 롯데백화점은 현지 법인화할 것을 조건으로 찬성 여론을 만들었으나 역부족이었다. 42만 도시에, LG·삼성 기업도시에 대형 백화점 하나 없는 현실이 늘 불만이었던 시민들과 대기업·경제계의 친박 구미 정치권 비난 여론이 여기저기서 빗발쳤다.

신세계백화점이 세계 최대 규모로 동대구역에 입점하기까지 대구지역의 반대 목소리를 들어본 적이 없다. 언론은 오히려 대구에 새로운 랜드마크가 들어선다면서 큰 기대감을 나타냈다. 그에 비해 국회의원이 백화점 입점 반대 성명까지 내면서 스스로 입점하겠다는 것을 막은 친박 구미 정치인들의 시대를 역행하는 유치한 정치는, 어디 내놓고 비판하기조차 부끄러운 모습이다. 구미 정주여건 개선의 중요한 기회가 친박 구미 정치인들의 사리사욕으로 무산된 대표적 사례다.

국·도·시비 4천억 원을 투입해 국립 금오공대 후적지에 조성한 구미공단 연구·개발센터 집적지인 금오테크노밸리 운동장에 구미경찰서를 신축 이전하는 황당한 일에 대한 지역 대학·경제계·시민단체·시민여론 60%의 반대에도, 시장·국회의원·시의원 등 친박 구미 정치인들은 일제히 침묵하고 있다. 경찰 심기 건드려서 자기 선거에 좋을 것이 없다는 계산 때문이다. 그만큼 선거가 투명하지 않다는 사실의 방증이다. 2013~2014년엔 금오공대와 구미경실련이 공동으로, 정권이 바뀐 2017년 7월부턴 구미경실련 단독으로 제보 폭로와 감사원 감사제보 등 재이전 운동을 벌이는 상황이다. 다들 경찰과 싸우기가 부담스럽다는 것이다. 4급 경찰서장이 시장과 국회의원보다 권력이 센 게 친박 독점 도시 구미의 기막힌 현실이다. 친박 구미 정치인들의 나약하기 그지없는 모습이다.

친박 구미 정치인들은 사리사욕과 어긋나면 지역경제 견인차인 대기업의 요구까지 가차없이 묵살시킨다. 구미공단에서 김천의 KTX김천(구미)역까지 50분 안팎이나 걸리는 데 따르는 큰 불편은 선거 때마다 등장하는 지역 현안이다. 구미공단 고용 규모 최대(1만 4,000명 안팎) 기업인 LG디스플레이가 2015년 7월 1조 500억 원을 투자하면서 구미시에 건의한 1순위가 바로 'KTX 접근성 개선'이었다. 비공개 사항이었던 이 사실을 구미경실련이 '기업하기 좋은 도시 만들기, 정주여건 개선' 차원에서 공개해 여론화했고, 이듬해 2016년 4·13총선의 1순위 쟁점으로 굳어지면서 언론에선 '구미 경제 위기 해법 1순위'로 명명했다.

그러나 총선 후 제시한 남유진 구미시장과 백승주 국회의원의 해법은 각자 차기 선거에 유리한 방향으로 갈라졌다. 보다 못한 매일신문이 "'구미 KTX 접근성 개선' 목소리부터 통일해야"라는 제목의 사설을 통해 "구미 경제 위기 해법 1순위로 꼽혔던 '구미 KTX 접근성 개선'이 물 건너가게 생겼다. 구미시와 이 지역 백승주 국회의원(구미갑), 구미경실련 등 관련 단체들이 제각각의 목소리를 내면서 사업 추진이 더욱 어려워지고 있다. '구미 KTX 접근성 개선' 방안은 세 갈래로 나뉘어 있다. 남유진 시장을 중심으로 한 구미시는 2단계 대구권 광역전철망에 KTX 김천(구미)역을 연결하는 방안을, 백 의원은 경부선 국철에다 고속철을 연결해 KTX가 구미역에 정차하는 안을 고집하고 있다. 보다 못한 구미경실련은 칠곡군 북삼읍 일대에 'KTX 간이역' 설치안을 주장하고 나섰다. 남유진시장·백승주의원 안은 모두 지난해 6월 확정된 3차 국가철도망 구축 계획의 변경 연도인 2021년에나 반영될 수 있어 빠른 속도로 추진할 수 없는 맹점이 있다. 구미경실련이 북삼 간이역 설치를 들고 나온 이유도 이 때문이다. 빠른 추진을 위해 남 시장과 백 의원 간 타협이 필요하다. 타협의 잣대는 오직 구미 시민의 편익 증대가 되어야 한다"(2017년 4월 1일)면서 시장과 국회의원 간의 타협과 협력을 촉구했다.

단일안부터 합의해야 한다는 경제계와 시민단체의 요구에 이어 유력 언론까지 가세했음에도 불구하고, 시장과 국회의원은 자신의 차기 선거 이해관계 때문에 지금까지 요지부동이다. 구미경실련 방안은 심학봉 전 의원이 KTX세종역을 모델로 추진했으나 구속되면서 공개 직전에 중단된 방안으로, 접근성·경제성 모두 뛰어나 지역경제계가 선호함에도 불구하고, 경북지사 출마를 준비하는 남유진 시장은 김천 선거표 이탈 예상 때문에 외면하고, 백승주 의원은 차기 선거를 겨냥해 자기 지역구인 국철 구미역 정차를 고집하고 있다. 떡 줄 국토교통부는 생각도 않는데, 단일안으로 뭉쳐도 힘든 판에, 지역경제 위기 극복이라는 대의는 없고 사리사욕밖에 없는 친박 구미 정치인들의 전횡으로 기업하기 좋은 도시 만들기와 정주여건 개선은 점점 멀어져가고 있다. 정치는 끝없는 타협과 협력의 과정이라고 했는데, 친박 구미 정치인들에게 정치는 끝없는 사리사욕의 과정일 뿐이다. 구미의 친박 독점 13년은 '정치 실종 13년'이었다.

구미를 부정적 도시로 퇴행시킨 박정희 100주년 사업

친구들로부터 "너희 가족은 모두 새누리당 찍었겠네"라는 놀림을 받았다는 이야기를 서울에서 대학 다니는 자식들로부터 들었다는 구미 시민들이 많다. '18대 대선 구미시 박근혜 득표율 80.34%'에 대한 국민적 이질감이자 반감이다. 남유진 시장은 구미 시민들에 대한 국민적 이질감과 반감에 기름을 붓고, 구미시를 자신이 내세운 도시 브랜드 'Yes Gumi'가 지향하는 긍정의 도시가 아니라 '부정의 도시'로 각인시킨 장본인이다. "박정희는 반인반신半人半神"이라는 신격화 발언(2012, 2013)으로 전국적 논란을 야기해 국민적 반감을 샀고, "그런 시장을 뽑은 구미 시민"으로 시민들의 명예를 실추시키면서 구미 이미지를 부정적 도시로 각인시켰다. 2016년엔 '28억 원짜리 박정희 뮤지컬'을 핵심으로 하는 40억 원 규모의 '2017년 박정희 탄생 100주년 기념사업'을 추진했는데, 시민들 세금으로 박정희 마케팅을 크게 벌여 2018년 자신의 경북지사 선거에 이용할 절호의 기회로 삼은 기획이다. 하지만 남유진 시장의 박정희 100주년 사업은 박근혜 탄핵 정국과 맞물리면서, 구미에 대한 부정적 기사가 역대 최다·최장 기간 보도되는 퇴행적 기록을 세웠다. 이 같은 국민적 반감과 지역 이미지 실추에도 불구하고 남유진 시장은 '박정희 기념우표 발행 재심의 반대 세종시 우정사업본부 일인 시위'까지 벌였다. '박정희 열성 추종자'로서의 이미지를 강화시켜 자신의 경북지사 선거에 이용하겠다는 노이즈 마케팅이다.

하지만 민주주의를 실종시킨 친박 구미시장의 일인 권력 전횡도 연이은 박정희 100주년 사업 취소에다 취수원 꼬리 내리기가 겹쳐지면서 퇴색하고 있다. 28억 원짜리 박정희 뮤지컬은 저명 교향악단 초청 '베토벤 교향곡 3번 영웅 교향곡+김덕수 사물놀이패' 공연(8,000만 원)으로 대체하자는 구미경실련의 제안을 김관용 경북지사가 수용하면서 취소됐고, 박정희 탄생 기념우표 발행 역시 중앙과 지역의 시민단체 협업으로 취소됐다. 8년 동안 반대해왔던 대구취수원 구미 이전 현안 역시 정권이 바뀌면서 국무총리 중재 개입이 가시화하고 한국당까지 적극적으로 가세하자, 단 한마디의 대시민 해명도 없이 "전향적으로 검토하겠다"면서 하루 아침에 꼬리를 내렸다. 대구취수원 구미 이전을 주장한 홍준표 의원이 한국당 대표가 되면서, 계속 반대하면 자신의 공천에 불리하다는 사리사욕 때문이다. 국민의 지지를 받는 정치의 근본은 신뢰인데, 사리사욕 앞에서 언제든지 신뢰를 내팽개치는 친박 구미 정치인의 부끄러운 민낯이다.

박정희 마케팅 퇴장과 함께 구미에 부는 변화

19대 대선 후 박정희 고향 구미도 바뀌고 있다는 이야기가 자주 들린다. 투표유권자 25.5%(62,573명)가 문재인 대통령을 지지해 대구·경북 득표율 1위를 기록했기 때문이다. 무엇보다 민주당 문재인 후보가 18대 대선 자신의 득표율 19.36%보다 6.14%나 끌어올린 데 비해, 홍준표 후보는 18대 대선 박근혜 득표율 80.34%의 절반인 40.2%에 그쳐 한국당 득표율이 반 토막이 된 점이 가장 큰 변화로 받아들여지고 있다. 언론에서도 '구미 민심 이변'으로 분석했고, 지역 정보에 밝은 보수적인 공무원들조차 "2018년 시장 선거에서 보수 표가 한국당과 바른정당으로 분열되고, 한국당 후보가 취약한 반면 민주당 후보가 득표력이 있을 경우엔 결과를 예측할 수 없다"고 분석할 정도로 구미의 변화를 현실로 인정하는 분위기가 조성됐다. 구미와 개인적인 연고도 없는 경북의 군 지역 출신 민주당 비례대표 국회의원이, 차기 지역구 출마 지역으로 염두에 두고 왕래가 잦을 정도로 '경북 정치 변화 1번지'로 구미가 주목받고 있다.

동물적 감각의 생존본능을 지닌 친박 구미 정치인들의 변화는 노골적이다. 이념도 의리도 없이 오직 사리사욕만 추구하는 친박 구미 정치인들의 변화는, 국·도·시비 887억 원을 투입한 박정희 생가 옆 새마을운동테마공원 운영권을 서로 안 갖겠다는 구미시와 경북도의 다툼에서 적나라하게 노출됐다. 2017년 12월 예정 준공도 하기 전부터 '재정 악화 애물단지' 지적이 끊이지 않는 가운데, 중앙투자심사위원회에 경북도·구미시가 공동으로 운영하겠다면서 국비를 받고서도 용역 기관별 연간 운영비 산출 결과가 56억 원~59억 원으로 나타나자 서로 운영권을 갖지 않겠다고 떠넘기는 것이다. 그러나 실제 이유는 박근혜 탄핵으로 민심이 돌아선 데다 정권이 교체되면서, 박정희 마케팅의 대표적 상징 시설을 운영하는 게 구미시장과 경북지사의 정치적 입지에 불리하다는 계산 때문이다. 새마을운동테마공원 운영권 떠넘기기는 박근혜 탄핵이 없었다면 절대 있을 수 없는 일이다. 어제까지 유치한 눈치싸움을 벌여가면서까지 서로 앞다퉈 친박 공치사에 열을 올렸던 친박 구미 정치인들의 천박한 모습이다. 경북지사·구미시장·국회의원 등 친박 정치인들이, 자신들의 사리사욕을 채우기 위해 국민혈세 887억 원을 이용한 박정희 마케팅의 실패가 가시화하자 하나같이 발뺌하는 것처럼, 박정희 마케팅 퇴장이 구미에 부는 변화의 또 다른 축이다.

희망은 준비가 기회를 만났을 때 가능하다

구슬이 서 말이라도 꿰어야 보배이듯이, 행운은 준비가 기회를 만났을 때 생긴다는 세네카의 말처럼, 구미에 부는 변화도 자생적 지역정책 역량을 갖춘 준비된 개혁세력이 없으면 변화의 기회를 희망으로 발전시키기 어렵다. 지역정책 역량은 전국 통용 지방정책 베끼기 관행이 아니라, 구미에 적용 가능한 자생적 지역정책 생산능력을 말한다. 지방분권 개헌이라는 기회가 주어지더라도, 구미 개혁세력에게 준비된 자생적 지역정책 역량이 없다면 지역 발전과 지역 현안을 주도하는 무대에 오를 수 없다. 가장 합리적인 지역 발전 협의체 모델인 로컬거버넌스 역시, 구미 개혁세력에게 준비된 자생적 지역정책 역량이 없다면 지역 발전의 파트너십으로 인정받을 수 없다.

구미경실련은 2003년 LG디스플레이 역외투자 충격을 계기로 감시활동보다 구미공단 정주여건 개선을 활동 과제 1순위로 바꾸는 운동노선의 '자기혁신'을 꾀하면서 네거티브 활동보다 포지티브 활동 비중이 높아졌고, 구미 도시 비전에 적용 가능한 국내외 도시정책 사례 학습과 견학에 집중하면서 점차 안목과 성과가 쌓였다. 대만이 뛰어난 정주여건 조성을 통한 우수 연구기술 인력을 확보하기 위해 수도 타이베이에서 1시간 30분 근거리에 아시아 실리콘밸리로 평가받는 신주과학공업단지를 만든 사례에 대한 학습과 현지 견학을 통해, 대구 접근성을 높여 대구의 문화·여가 자원을 활용하는 게 구미 정주여건 개선의 가장 빠른 길이라는 입장을 정리한 후 2007년부터 '대구-구미 생활권통합' 정책 캠페인을 전개했고, 대구-구미 전철 개통과 대구시-구미시 문화교류 협약 체결 등을 주요 대안으로 제시했다. 구미경실련의 정책 제안을 영남일보가 경제통합 영역 등으로 확장한 10회 기획기사로 연재함으로써 대구-구미 생활권통합 정책의 영향력이 확대됐고, 대구로의 상권 유출을 우려하는 상인들의 선거표를 의식한 정치인들의 반대 분위기를 긍정적으로 바꾸는 주요 계기로 작용했다.

특히 구미경실련은 2007년 8월 대구-구미 전철 개통을 앞당기기 위해 대구시가 2년째 삭감당한 대구권광역전철 예비 타당성 조사 용역비 6억 원을, 김병준 청와대 정책실장에게 공개 정책 로비를 벌여 해결해주기도 했다.

2014년 12월엔 대구취수원 구미 이전이라는 대형 지역 갈등 현안에 대해 "구미취수장에서 강변여과수를 취수해 구미-대구 공동으로 사용하자"는 중재안을 제시했는데, 대구시는 즉각 수용했고, 국토부는 타당성 조사 용역에 1순위 대안으로 반영했다. 중소도시 작은 시민단체의 정책 대안이 정부의 타당성 조사 용역에서 기존 국토부 방안을 제치고 1순위 대안으로 채택되는 게 쉬운 일도, 사례가 있는 일도 아니다. 이는 5년 동안 강변여과수에 대한 꾸준한 학습과 전문가 조언을 경청한 결과이다.

2004년엔 구미경실련 단독으로 전개한 도립공원 '금오산(976m) 정상 미군통신기지 미사용 부지 반환운동'은 불과 한 달여 만에 국방부와 미군 측을 협상 테이블로 이끌어냈다. 미국인들의 실용주의 가치관에 착안해 전부 돌려달라는 기존의 미군기지반환운동과 달리, '미사용' 부지만 돌려달라는 혁신적인 접근이 주효했다. 반환받은 정상에 공원 조성이 완공되면서 2014년 10월 시민들에게 개방했는데, 구미 시민들의 영산이라는 금오산 정상이 무려 61년 만에 시민들 품으로 돌아온 것이다. 이념적 틀에 구애되지 않는 실사구시 성공 사례이다.

2011~2012년엔 정주여건 개선 차원에서 4대강 사업으로 생긴 낙동강 둔치를 활용해 전국 최대 20만 평 평지숲(남이섬 14만 평)을 만들기 위한 '구미숲 만들기 1만 명 시민청원운동'을 전개해 10,059명 청원으로 통과시켰고, 2012년 총선에서 김태환 국회의원은 6대 공약에 반영했고, 심학봉 의원은 30만 평으로 확대하겠다고 공약했고. 남유진 시장은 2014년 선거 주요 공약으로 채택했다. 국민들의 생태여가 유행과 맞아떨어진 아이디어였기 때문에 성공한 사례이다.

2007년엔 구미경실련이 기업하기 좋은 도시 만들기 차원에서 제안하고, 구미시와 각계 단체·시민이 동참해 20만 주 66억 원어치를 매입해 국내 유일무이한 성과를 낸 'LG디스플레이 주식1주갖기 범시민운동'은 '구미의 성공을 배우자'는 제목으로 중앙일보 사설에도 실렸다(2012년 3월 2일).

LG디스플레이 역외투자 충격에 대한 구미경실련의 정주여건 개선 첫 사업은 2003년 교육환경 개선을 위한 '봉곡도서관(+어린이도서관) 건립 1만 명 시민청원운동'이었다. 12,548명 청원으로 통과되자 선산읍 주민들의 도서관 건립 요구로 확산됐고, 선산도서관도 동시에 착공하면서 전국 최고 도서관도시로 발전하는 기폭제가 됐다. 한국문화산업진흥원이 발표한 2015년 『전국문화시설총람』에 따르면 인구 40만 이상 지자체 중 구미시가 열람석 수 1위, 장서 보유 2위를 기록했다. 전국 첫 시민단체 도서관 건립 청원운동 성공 사례로 기록됐다.

박정희 마케팅 퇴장과 함께 구미에 부는 변화에 능동적으로 대응함으로써 시민들에게 새로운 희망을 제시하기 위해선, 친박 독점 13년간 잃어버린 지역 자생력을 살리는 게 가장 시급하다. 전문가들은 분석과 그림만 그리고, 시민단체는 감시와 비판만 하는 단계를 넘어 꾸준한 학습과 사례 견학, 지역 현안에 대한 참여와 대안 능력을 키워나가면서 경험이 쌓이면, 구미경실련 사례에서 검증된 것처럼 능히 지역 자생력을 살릴 수 있을 것이다. 나부터 혁신하자!

'대구'라는 배타성

최재목
(영남대학교 철학과 교수)

이 글은 내가 겪은 대구 생활의 소감문이자 반성문이다. 나 자신의 회고와 반성을 담은 것이다. 솔직하게 내가 느끼고 생각한 것을 그대로 써 보고자 한다.

나도 대구에서 오래 살았기 때문에 대구 사람이라 할 수 있다. 그래서 내가 쓴 내용은, 결국 '나 자신의 문제'이자 '내 속의 대구'의 문제이다. 나의 반성문이자 대구의 반성문이라는 뜻이다. 내가 대구를 나무라는 것이 아니라, 내가 나를 나무라면서 대구를 돌아보는 것이다.

왕따의 추억-배타성

나는 상주에서 태어나 고등학교 다닐 때부터 대구에 살았다. 촌놈이 대구에 와서 겪었던 설움은 '무시'였다. 그 당시 대구 출신 학생들은 대구 이외의 지역에서 온 사람들-나처럼 상주 같은 깡촌에서 온 애들-을 깔보고 무시했다. 나보다 더 먼 곳 애들도 역시 그랬다. 고등학교에 들어가서부터 1, 2년간 참 많이 싸웠다.

몇 명이 편을 이루어서 나를 무시하니 더 화가 났던 것 같다. 그러다가 서로 정도 들었지만, 여하튼 그때 그것이 참 어려웠다.

다행히 나는 문예부에 들어가서 어릴 적부터 써왔던 시를 통해 남들보다 앞섰기에 조금씩 자존심을 회복하긴 했다. 그때 쓴 시들을 읽어보면 대체로 불안하고 우울한 톤이었다. 늘 '외톨이'로 버려져 있다는 느낌이 들었다. 고등학교 때 읽었던 책을 보니 자필 사인이 있다. 내가 지었던 호가 '고마孤馬'였다. 외로운 말. 1970년대 후반의 대구, 나아가서 당시 대한민국의 풍경이 쓸쓸했으니, 그랬을지도 모른다. 밤늦게까지 배호 노래나 듣고, 시를 쓰면서 그 시절을 나는 열심히 건너고 있었다.

돈이 없으니 담임선생이나 영어, 수학, 국어 선생에게 직접 과외도 못받았지만, 걸어서 반월당에 있는 '유신학원'을 열심히 드나들면서 연애도 하고, 영어나 수학 공부도 하면서, 나름 재미를 느끼기도 하였다. 고등학교 때 나는 많은 아이들과 사귀지를 못했고, 낯선 자들과 불화 속에서 3년을 지냈다. 그 도피처가 홀로 떠돎과 홀로 글쓰기였다. 그러면 그럴수록 끼리끼리 모이는 패거리에 당할 수가 없었지만 어쩔 수 없이 나는 '홀로 우뚝 서는' 연습을 하고 있었다. 독립된 개개인의 '우정 어린 연대' 말이다.

지난해 대학교수들이 올해의 사자성어를 뽑을 때 내가 추천한 사자성어 '파사현정破邪顯正'이 선정되어, 〈신율의 출발 새아침〉과 인터뷰를 하였다. 그때, "2018년을 앞두고 있는데, '우리 사회가 어떤 사회가 됐으면 한다'라는 바람이 있으시다면?"이란 질문에 나는 이렇게 대답했다.

"예. 저는 소박합니다만, 우리 사회가 부디 패거리, 특정 종파주의를 넘어서, 양심과 양식에 입각한 개개인이, 자신의 판단으로, 우뚝 서서 소신 있게 자신을 표현하고, 또 그런 다름/차이가 인정되는 사회, 개인 개인의 '우정 어린 연대로서, 성숙한 사회'가 되었으면 합니다."

이런 대답도 사실은 고등학교 시절 대구에 살면서 줄곧 느꼈던 불안 감 같은 심층심리가 작용했는지도 모른다. 내 성격이 별나고, 모나고 한 것도 있지만 그런 점들을 인정 못 하는 타자들과 불화를 겪을 수밖에 없다.

고등학교 이후 대구에 있으면서 쓴 여러 글들에서도 왕따의 솔직한 심 정을 발견할 수 있다.

"학위를 받고 대학에 자리를 얻었으나 그다지 행복하지 않았다. 젊 은 나이에 취업한 죄 때문에 십여 년은 동문 선배들이 괴롭혔고, 그 이후 십여 년은 이런저런 이유로 동료들이 갈구었다. 언제 사표를 내 고 직장을 떠나나, 이런 생각으로 살아온 나날이 오늘에 이르렀다. 아 직도 결론을 못 낸 채 헛소리만 반복할 뿐이다. 각종 음해에 시달리고, 잡무에 끄달리며, 절망에 찌들며 반 오십 년이 지났으니, 봄날은 기분 좋게 가버렸다. 나는 늘 외톨이였고, 왕따였지만, 귀 막은 채 내 길을 걷는다."

최재목, 「내 인생의 레임덕」, 『터벅터벅의 형식』(지식과 교양, 2017)

"솔직히 한동안 나는 거의 폐인처럼 지냈다. 지난여름 아니 거의 일 년 가까이를 사람과 조직과 규정 사이에서 지쳤기 때문이다. 이름난 서울 모 시인 측과 우리 대학 측이 컨소시엄을 구성하여 인문 코리아 (HK) 사업에 신청을 하기로 했기에 나는 그것을 위해서 동분서주해야 했었다. 모 시인에 반감을 가진 교내의 기득권층의 등쌀과 갖은 방해로 나는 벼랑 끝에 몰렸다. 심지어는 임용된 지 얼마 되지도 않은 학과 내의 동료 교수까지도 조직적으로 갖은 방해를 하는 것을 목도하고는 인간적인 회의와 학문하는 사회의 서글픔, 폭력성까지 느꼈다."

최재목, 「철학이 있는 시 '소금호텔' 해설」,
『오늘의 동양사상』 16호(예문동양사상연구원, 2007 봄·여름)

지금도 나는 왕따를 당하며, 주변과 불화하며, 때로 싸워가며 살아가고 있다. 예전이나 지금이나 별반 달라진 게 없다. 어지간히 싸움닭이 돼버렸지만 싸움질은 어색하고 패거리들로부터 늘 지는 싸움이었다. 그래서 택한 것이 조용히 글 쓰는 것이었다.

이런 심정을 최근에 쓴 에세이집 『길 위의 인문학: 희希의 상실, 고전과 낭만의 상처』의 머리말에 이렇게 적어두었다. "그동안 내가 해왔던 길 위의 방황과 유랑, 안착하지 못한 한 인간으로서의 실존적 고독과 번뇌, 사람 사이에 살아가는 힘든 순간순간, 나는 이것들을 외부적 투쟁이 아니라 솔직히 내적인 글쓰기로 뚫고 나가려고 했었다. 가능한 한 남들과 소통하는 투명한 언어로 나직이 나를 빨랫줄에 내걸 듯 보여주려 했다."

'글마, 글마'-위인을 키워내지 못하는 곳

대구에서는 사람을 키우지 못한다고 한다. 좀 잘나면 시샘 질투로 끌어내리기에 바쁘다.

왜 그럴까? 좁은 대구지역에서 누가 누군지를 훤히 알기 때문이다. 그

가문, 그의 가계, 그가 성장해온 배경이나 환경을 손바닥 처다보듯이 훤히 알기 때문에 흔히 '개(=그 애)와 내가 뭐 그리 차이가 나는가? 별거 없지…', '개가 뭐 그리도 잘 났을까?'라는 식의 어투가 생겨난다.

좀 색다르고, 잘난 것을 가만 못 봐준다. 특이한 것, 뒤는 것을 내버려두지 못한다. 다르고 특이한 것을 아주 낯설게 생각하고 바로 낮추어 보기도 한다.

그뿐인가? 사람을 있는 그대로 봐주지 않고, 흔히 '혈연, 지연, 학연의 틀' 속에 넣어서 생각한다. 고향, 학교, 집안 등등을 중시하니, 항렬, 학번, 나이를 따져가다가 결국 좀 통한다 싶으면 '형님!' 하고 부르거나 나이가 적으면 바로 반말에 들어간다.

가족주의나 형제간의 서열, 선후배 간의 위계 구조에서 사람을 파악하다 보면 독립된 개인을 평가하기 어렵고, 개체적 인격을 존중하지 못한다. 나이가 적고, 별반 배경도 없는 사람이 잘나가면, 못 봐주고 끌어내린다. 이럴 경우 쓰는 말이 '글마, 그넘아. 그 자슥'이다. 말끝마다 '글마'를 달고 사는 사람도 있다. 글마란 '그놈', '그놈의 아이'란 말이니, '그분'의 반대어이다. '그 사람'을 확 깎아내린 표현이다.

나이가 어려도, 돈이 없어도, 학벌이 낮아도, 키가 작아도, 못생겨도, 아니 나이가 많아도, 돈이 많아도, 키가 커도, 잘생겨도, 자기가 생각하기에 기분 나쁘고 마음에 안 들면 바로 '글마'이다. 눈앞에 안 보이면 '글마'이지만, 눈앞에 보이면 '절마'이다. '절마'란 '저놈의 아이'라는 뜻이다.

'글마-절마'가 아니면 '그/저넘아', '그/저 자슥'이니, 친한 사이에도 그럴 수 있지만 그렇지 않은 사이에 이런 말을 들으면 마구 씹어대는 말투로 들려서 불쾌하다. 대구 사람들은 무의식중에, 부지불식간에 사용하는 말투지만, 분명 타자를 '깔보는' 언어이다. 덧붙이자면, '이 아줌마, 저 아줌마'도 그렇고, '이 노인네, 저 노인네'도 그렇고, '이 양반, 저 양반'도 그렇다.

여하튼 이런 식의 사고는 사람을 사람으로서 귀하게 여기지 못하는 편견이자 자신마저 사랑하지 못하는 콤플렉스라고 할 수 있다.

이렇다 보니, 대구에서는 이 지역 사람들마저도 별로 귀하게 여기지 않는다. 강연회나 모임에 사람을 불러도 꼭 밖에서 부른다. 대구 내부 사람들은 잘 부르지 않는다. 내부의 권위를 인정하지 않고 바깥의 것을 더 존중한다. 다만 예외가 있다. '밖에서 성공해 오면' 그때에 인정해준다. 안에서는 아무리 잘나가도 '글마, 절마'에 불과하다.

이것은 타자를 미워하는 것이기도 하지만, 바꿔 말하면 자기 자신을 사랑하지 못하는 것도 된다. 자신의 그림자를 타자에게 투영시킨 결과이다. 자신을 사랑하지 못하여, 남들도 지독히도 미워하는 콤플렉스!

이런 방식의 생각은 물건에도 적용된다. 대구시내의 명소도 한 번 가본 곳은 절대 잘 안 간다. 어디에 좀 가자고 하면, '아, 거기 가봤는데…'라는 식이다. 이미 아는 것/곳은 가보거나 만날 필요가 없다는 말이 된다. '글마, 절마'에 불과하다.

'양명학' 그게 학문입니까?–주자학적 '꼰대'·'정통' 사랑

나는 양명학을 전공하였다. 1991년 봄 학기에 영남대학교에 부임하였다. 봄날 언젠가였다. 기억이 아직도 또렷하다. 당시 국문과의 중진 교수 한 분과 같이 산책을 하다가, 그는 내가 양명학을 전공한 줄을 뻔히 알면서, 무안을 주듯 대뜸 "양명학, 그게 학문입니까?"라고 내뱉었다. 나는 좀 불쾌했지만, 연세가 있는 분한테 대들기도 뭣해 가만있었다.

당시만 해도 이곳 영남지역에서는, 양명학은 여전히 퇴계학 등의 주자 계열 학문에 밀려서 '사문난적斯文亂賊'쯤으로 여겼다. 학계 내부에서도 의식이 대략 그 수준에 머물러 있었다.

생각해보면 영남대학이라는 '영남 유림의 전통'이 살아 있는 곳에 사문난적으로 몰릴 놈이 교수 자리까지 진입해왔으니 참 대단한 사건이었을지도 모른다.

1996년에 출간한 『동아시아의 양명학』(예문서원)의 '머리말'에 나는 그때의 솔직한 심정을 이렇게 피력해두었다.

"주위에서는 농담 반 진담 반으로 나에게 '참 좋은 시대'에 태어났다고들 한다. 그렇지 못했다면 이 '영남지역'에서 '양명학'을 연구할 생각은 엄두도 못 냈을 것이라고. 사실 나도 그렇게 생각한다. 그런데 이 영남지역에서 양명학을 연구한다는 것이 왜 이렇게 많은, 복잡한 의미들을 생각하게끔 하는 것일까? 과거나 지금이나 양명학은 연구해서는 안되는 학문일까? 아직도 나는 그런 물음을 떨칠 수가 없다.

몇 년 전 대학 강단에 처음 설 때만 해도 나는 주위로부터 보이지 않는 경계심을 느끼는 일이 많았다. 이 지역 정통 주자학자들의 모임에는 아예 참석하지도 않았고, 참석하더라도 되도록 침묵을 지키기 일쑤였다. 아직도 이 지역에는 양명학을 잘 모르면서도, 과거 강력한 양명학 비판자였던 퇴계 이황의 말투를 주위들어 "양명학, 뭐 그게 사상이냐?"라는 식으로 비아냥거리는 사람들이 있기 때문이다. 이 사람들은 이황이 바라본 양명학이 과연 옳은지 어떤지를 꼼꼼히 따지기도 전에 이황의 관점을 곧바로 자기의 관점으로 받아들여 신조로 삼고 또 그 이론으로 무장한 현대판 주자학도인지도 모른다. 그만큼 그들에게는 여전히 사문난적斯文亂賊을 구별해내는 '눈'이 발달해 있다. 그들은 필요에 따라서 그 '눈'을 자신들의 기득권을 유지하는 보호막으로 활용하기도 한다. 이들에게서는 아직도 조선시대 주자학이 끝나지 않았다. 그것은 어쩌면 앞으로도 그들의 삶을 지탱하는 꿈속의 고향으로서, 정신적 향수로서 계속 유효할 것이다. 그래서 '주자朱子'는 '중국의 주자'가 아니라 한복을 입고 막걸리를 마시는 '조선의 주자'가 되었는가?

그러나 이제 나는 이런 식의 논의가 더 이상 계속되기를 원치 않는다. 새로운 세기를 바라보며 살아가야 할 우리가 더 이상 이런 논의에 매여 있어서도 안 될 것이다. 실제로 이 문제에 빠져들 만큼 충분한 정신적·시간적 여유도 없다. 현대를 살아가는 사람으로서 문제의 관심을 조선시대처럼 경직되고 편협한 방향으로 이끌고 싶지 않다는 것이 나의 생각이다. 이런 점에서 누가 이단이니 사문난적이니 하는 소리를 아무리 외쳐 와도 솔직히 별로 하고 싶은 말이 없다."

참 솔직하게 적어두었다는 느낌이다. 다시 이런 식의 머리말을 쓸 시대는 오지 않을 것이며, 아니 그렇게 바란다. 아울러 우리 시대에 사문난적으로 몰아갈 학파나 지식이 없기를 바란다.

즐비한 '원조 ○○○' 간판-내실 없는 원조-원리주의

대구에는 곳곳에 '원조'라는 말이 붙어 있다. 원조 ○○○ 식으로.

원조 따지기는 순수성을 검증하는 것이다. '참 기름'도 모자라, '순 참기름'으로, 그것도 모자라, '진짜 순 참기름' 하는 식으로. 이런 생각들은 순과 잡의 분리를 통한 순수성, 순도를 따지는 쪽으로 흐르기 쉽다. 원리주의적 성격으로 사유가 단순해지거나 과격해진다. 또한 이분법적 사고로 중간지대, 경계성은 사라진다. 맵고 짜거나 할 뿐, 맵지도 짜지도 않은 '네 맛도 내 맛도 없는' 것은 설 자리가 없다.

이러한 분위기라면 사실 최근 대구가 사용하고 있는 '컬러풀 대구'라는 슬로건은 좀 어색하다. 삭막한 대구가 빽빽한 숲의 도시가 된 것처럼 대구의 장점도 많고 가능성도 많지만 원조니, 무슨 종파-파벌의 고향이니 하는 단색으로 치닫는다면 '컬러풀'이란 단어를 함부로 쓰지 말아야 한다. '컬러풀colorful'은 '다채로운', '각양각색의'의 뜻이니, 대구가 이러한 방향으로 가려면 몇 번이고 '무엇이, 무엇을' 그렇게 해석하고 실현해야 하는가를 고민해야 한다.

'다채多彩', '각양각색各樣各色'은 '제멋대로' 뽐을 내는 것이다. 퓨전적, 하이브리드적, 싱크리틱, 폴리포니 뭐 이런 것들이 다 들어올 수 있어야 한다. 융합, 혼종, 다문화를 허용해야 한다. 사유나 사상에서 탈레반적인 성격을 지워가면서 포용과 관용의 마인드를 지녀야 한다.

'다채', '각양각색'-얼마나 좋은 것인가? 이렇게 되려면 이단異端, 이학異學, 도발적인 것들을 꾸준히 받아들여야 한다. 그 바탕에서 새로운 기운을 얻어내야 한다.

정통, 원조라는 만들어진 개념을 지키는 힘은, '30~40%의 안티'를 꾸준히 껴안고, 끌고 가면서, 자신을 수행하는 내공에 있다.

'다채', '각양각색'을 원하는 마음에서, 최근 내가 쓴 대구 수성구의 지명 풀이(『수성문화』 연재, '한자로 콕 찔러보는 수성구의 지명들') 중 일부 내용을 인용해둔다. 대구의 다양한 면모를 들춰내서 보여주기 위함이다.

어진 자들이 천수를 누리는 행복 도시, 수성壽城

수성구가 2015년 새 출발의 키워드를 '인자수성仁者壽城'으로, 슬로건을 '꿈의 도시 행복 수성'으로 정했다. '인자'와 '수성'을 합친 '인자수성'은 『논어』의 '인자수仁者壽' 즉 '어진 사람은 천수를 누린다'는 말에서 따온 것이다. 어진 사람은 마음이 편하다. 매사 긍정적이니 근심걱정을 덜 한다. 하루를 살아도 푸근하게 영원을 사는 듯하다.

(중략)

수성구는 '수성못을 축조한 미즈사키 린타로水崎林太郎', '임진왜란 당시 명나라 원군으로 참전 후 조선에 귀화한 두사충杜思忠', '6·25전쟁에 참전해 전사한 인도인 나야Nayar 대령', 그리고 시야를 가창으로 넓히면 '임진왜란 때 귀화한 왜장 사야가沙也可 김충선金忠善' 등, 그들의 어짊과 목숨 사랑 정신을 되돌아보고 살릴 일이다. 그것이 '인자수성仁者壽城' 아닌가.

'황천' 될 뻔하다 '황금'으로 팔자 고친 동네, 황금동(黃金洞)
"푸를 '청' 자의 초심을 잃지 말아야"

패티김이 부른 〈능금꽃 피는 고향〉(1971년. 길옥윤 작사·작곡)의 "능금꽃 향기로운 내 고향 땅은… 능금꽃 피고지는 사랑의 거리…", 아니면 고봉산이 부른 〈님 없는 대구〉(1974년. 김영인 작사, 고봉산 작곡)의 "능금꽃 새하얗게 피었던 과수원에…"를 기억해보자. 대구는 애당초 능금꽃의 '새하얗거나, 빨간' 이미지로 굳어 있었다. 여기에 느닷

없이 '황청동 → 황금동'의 '누렇고, 푸른색'이 치고 들어온다면, '컬러 풀 대구'라는 구호가 퍼뜩 떠오르지 않는가!

선비와 군검軍劍, 문무文武를 다 갖춘 만촌동晚村洞

이렇게 '늦이-느지미' 마을이 훗날 '만촌晚村'이란 한자어로 정착한 것이다. 어느 한쪽의 뜻이 전승되었다기보다는 이 마을의 '풍수적(지리적) 특성'에다 이곳에 살았던 '사람들의 품격'이 잘 어우러진 이름처럼 보인다. 정선아리랑처럼 운치 있는 높낮이의 느즈러진 산세, 선비들의 심성을 드러내는 촌스러움-느긋함-여유는 만촌동의 미덕이지 흠이 아니다.

이런 미덕은 '모명재慕明齋'마저 품었다. 임진왜란 때 조선에 원병으로 왔다가 귀화한 명나라 장수 두사충杜師忠. 그는 자신의 고국을 그리워하여 호를 '모명(慕明: 명나라를 그리워함)'이라 지었다. 두사충을 기리는 집인 모명재는 여기서 유래한다. 중국인 두사충의 '만만디' 정신은 어쩌면 이곳 만촌동의 느긋한 선비 정신과 잘 어울릴 법하다. 이처럼 만촌동엔 곰삭은 '문'의 전통이 깔려 있다. 만촌동 AID아파트 뒤편으로 교수촌이 있었고, 거기엔 여러 이름 있는 문인들이 살았었다. 이런 문필(=붓, 文)의 전통을 잊을 수 없다. 한편 만촌동엔 칼(=武)의 전통도 있다. 오래전 이곳에서 한반도 고대 청동 유물 '동꺾창銅戈', '동검銅劍' 등이 발굴되었다. 이 '무武'의 전통이 '무열대(2군사령부)'로 이어지는 것은 아닐까. 게다가 화랑공원도 있으니.

하-아! 맞다. 만촌동은 '문무'를 다 가진 것이다. 한쪽으로는 느릿느릿 꽉 차는 대기만성大器晩成의 선비의 숨결이, 또 한쪽으로는 자신과 나라를 구하는 대쪽 같은 무인의 숨결이 조화롭게 흐른다. 문무, 이 두 힘은 대구의 지향점(아젠다)을 협시挾侍하는 일등공신이 될 에토스이다. 느릿한 빠름, 촌스런 세련됨이 있는 동네, 힘내라! 만촌동

'고孤'의 독립심-뚝심, '산山'의 인자함-관용으로 빛날 '고산동孤山洞'

'고' 뒤에 '산' 자가 붙으면 산이 어떻게 자리해 있는지를 알려준다. 다른 산으로부터 아예 뚝 떨어져 나와 '외따로-홀로-단독'으로 있음을 알린다. 그만큼 '고' 자에는 '외톨이-고독-외로움' 같은 소극적 이미지가 있다. 이것을 다르게 읽으면 '단독자-독립-뚜렷한 주관-고루함-고집' 같은 적극적 이미지가 된다. 무리-패거리로부터 뚝 떨어져서 자신 고유의 외길을 걸어가는 고절孤絶! 사방팔방 둘러봐도 친척 하나 없다는 사고무친四顧無親! 외딴 섬=고도孤島! 외딴 성=고성孤城! 이들처럼 고산은 한마디로 외톨이가 된 산이다. 그러나 그만큼 강한, 독립 의지를 가진 곳이다. "이 세상에는 다른 어느 누구도 아닌, 오직 너만이 걸어갈 수 있는 길이 있다. … 누군가에게 의지하지 마라. 또한 묻지 말고 그저 걸어가라"고 한 니체의 권유처럼.

산은 원래 묵묵히 자신의 자리를 지키는 고요-무게-깊이를 가지고 있다. 여기서 잊어서는 안 될 것이 있다. '어짊-따스함-포용력-관용'이다. "덕 있는 자는 외롭지 않다. 반드시 함께할 이웃이 있다"는 '덕불고 필유린德不孤 必有隣'의 정신이다. '외로움'을 견디는 힘은 덕을 쌓고 베푸는 데서 생겨난다. 현대사회에서 덕을 쌓는다는 것은 사람을 모으고, 감동시키고, 생명력을 증진시키는 것이다.

'집안, 양반' 따지는 곳

대구, 넓게는 경북은 유교문화의 거점지이다. 유교도 양명학이 아니라 주자학이 주류였다. 공부를 해오면서 대구의 이런 문화가 어디서 왔는가를 차츰 알게 되었다. '우리가 남이가?'의 문화 말이다. 다시 말하면 유교의 양반문화이다. 보수적 사유의 본질이다.

종가와 종파는 같은 계열이다. 이것은 광신적 패거리를 형성한다. 그들만의 폐쇄구역 내에서 소통의 룰과 매뉴얼이 살아 있다. 여기서 갑질이 시작된다. 그들의 '성城' 안에서 정치, 경제, 교육, 법, 역사, 제도, 문화, 도덕의 기획과 실천까지 장악한다. 그들은 폼 나게 케이크를 자르고, 또 자른 것을 멋대로 취하고, 또 그 여분을 끼리끼리 몰아주었고, 그런 배분의 방법과 룰과 도덕성, 심지어 그 이상적인 이미지와 해석까지도 독점해버렸다. 도덕성, 권위의 계보는 양반문화의 정신적 족보에 근원한다.

일찍이 다카하시 도오루高橋亨는 1929년 간행한 저서 『이조불교李朝佛教』의 서문에서 "(한국의 유교는) 과거에 시작되어 현재에도 살아 있으며 1,800만 조선인 대부분의 사상 혹은 신앙을 지배하고 있는 것임을 알아야 한다"라고 서술한 적이 있다. 이것은 신앙처럼 중시되고 있던 한국의 '유교'를 이해하지 못하면 한국 통치 정책이고 뭐고 다 실패할 수 있음을 암시하였다. 양반이란, 고려나 조선시대로부터 관료를 배출할 수 있었던 최상위층의 지배계급이다. 1894년 갑오개혁에 의해 신분제가 폐지되고 양반의 특권도 없어졌다. 양반 중에는 몰락하는 자도 많이 나왔지만, 신분제의 폐지가 철저하지 않았던 점도 있고 하여 그들의 사회적인 영향력은 쉽사리 소멸되지 않았고 사회적 의식도 그

다지 변화하지 않았다. 한국에서 특수한 세력이었던 양반·유림은 종래는 지배세력으로 군림하였고, 국권 상실의 위기 상황에 직면해서는 유교의 의리 관념에서 의병의 선두에 서서 반일 행동을 취하는 등 여전히 향촌이나 사회의 명망가나 유식층으로서 지속적으로 활동하고 있었다. 양반·유림은 유교지儒敎知의 중심인 성균관을 정점으로, 전국에 산재해 있는 향교를 지축支軸으로 하여, 한국에서 지적 기능을 유지하고 있었던 것이다. 통감부가 한국의 양반·유림에 주목하여 그들의 친일화에 관심을 가진 이유는 여기에 있다. 예를 들면 다케고시 요사부로竹越与三郎는 『남국기南国記』에서 한국 상층부를 점유하고 있는 양반·유림 세력은 "어떤 결점이 있든 한국을 움직이는 정신기력精神氣力"이고, "이 세력을 무시해서는 안 된다"고 한 뒤 "일본 스스로 직접정치를 행하고자 함은 거의 역사의 교훈을 업신여기는 것이다"라고 지적했다. 동양사학자인 이치무라 산지로市村瓚次郎는 "조선의 중류 양반에 위치하는 유생은 그들의 사상계를 지배하는 유력한 인물이므로 그들 사회에 있어서 행해지고 있는 유교사상을 섭취하여 합병하는 이유를 분명히 밝혀준다면 그 이상 편리한 것은 없다"라고 서술했다. 초대 총독 데라우치 마사타케寺内正毅는 유교의 가르침을 한국의 지배 이데올로기라고 정의했다. 그는 경학원經學院 직원과 강사에게 유교는 "공자의 도道로서, 수천 년 이래 여러 나라 국민들에게 도의道義의 튼튼한 뿌리가 되었다"거나 또는 "유생을 어떻게 처리하는가가 실로 곤란한 문제"이고, "유생을 계발啓發하여 선용善用하면 상당한 인물로 이용할 수 있을 것이다"라고 훈시했다. 한국의 유교를 가지고, 양반·유림을 반일감정의 방패로서 이용하려는 의도가 엿보인다. 요컨대, 일본은 한국 합병을 전

후하여 한일 정신의 통일이나 반일감정을 누그러뜨리는 방패로서 유교를 이용함에 주목한 것이다. 즉 한국의 유교적 전통을 어느 정도 인정하고서 일본의 신지식을 도입해야 한다는 것이다. 이것은 한국 사회에 뿌리 깊은 유교를 무시할 수는 없음을 의미한다.

최재목, 「이토 히로부미의 한국 유교관」, 『한국과 이토 히로부미』,
이성환·이토 유키오 편(도서출판 선인, 2009) 참조.

현재도 대구 나아가서 경북은 과거 일제강점기에 그러했던 것처럼, 역대 정권들 또한 유교 유림의 전통을 활용하여, 그들의 심기를 건드리지 않고 통치하고자 한다. 그런 탓에 유교적, 양반적 문중식의 종파주의는 여전히 지속되고 있다. 집안, 양반을 따지는 상황을 그냥 무시하고는 정치를 하기도 어렵다. 좋든 나쁘든 이것은 사실이다.

끼리끼리 문화-못 견디고 떠나는 사람들

종파주의 문화에서는 뚫고 들어갈 수 없는 '벽'이 있다. 그들 '양반'만의 멤버십이 있어서 아무나 들여보내지 않는다. 그들 이외에는 '글마, 절마'에 불과하다.

대학에 취직을 하고 나서 가끔 들었던 이야기가 있다. 서울이나 타지에서 온 교수들과 그 부인들이 도저히 이곳의 배타적 정서에 적응을 못 하고 서울 등지로 떠났다는 이야기다.

대구 사람들이 무뚝뚝하고, 퉁명스러우며, 불친절하여 도저히 사귀지를 못한다. 결국 혼자 외롭게 지내거나 떠날 수밖에. 이 말은 대구에 살아 보면 안다. '안다'는 사람들끼리는 편하다. 다 통하고 일 처리도 잘된다. 그런데 잘 모르는 사람들은 일 처리하기가 힘들다.

아는 사람들은 다 알기에 일 처리할 때에도 이의 제기나 따지기보다는 "그냥 가만히 있어라!"라는 충고가 많다. 유야무야, 되는 일도 없고 안 되는 일도 없고 식이 많다.

박정희 비판에 민감한 동네

대구는 박정희 비판에 민감하다. 더구나 박근혜에 대해서도 그렇다. 다른 장황한 이야기보다 내가 실제 겪은 일들을, 두 토막 대신 적어둔다.

박노자 강의 후 찾아온 국정원 직원:

2013년 봄의 일이다. 내가 독도연구소장을 맡게 되었을 때이다. 그때가 박근혜 정부가 막 시작한 때였다. 나는 외국의 진보적 인물들−예컨대 일본 동경대의 와다 하루키和田春樹 교수 등−을 불러 독도 관련 강연, 발표를 추진하고 있었다.

첫 인물로 노르웨이 오슬로대학의 박노자에게 독도 문제 해결에 대해 강연을 부탁하였다. 그는 독도 문제를 얘기하면서 일제강점기 일본의 좌파 인물들과 조선의 좌파 인물들이 협력·교류한 역사를 짚었고, 강연 중에 박정희의 일본 이름 '다카키 마사오高木正雄'를 비판하였다. 이러다가 무슨 일이 날 것이라 생각도 들었다.

예상대로 국정원 직원이 연구소로 찾아왔다. 아마도 그 강연을 들었거나 누군가 연락을 한 듯했다. 그가 대뜸 하는 말, "지금 이때에 왜 하필 박노자 같은 좌파 인물을 불렀습니까?"

나는 그를 바로 쳐다보며 말했다. "아니, 지금이 군사독재정권 때도 아니고 어느 때인데 국정원 직원이 찾아와서 교수에게 누구를 부르지 마라

느니, 왜 불렀느니 하고 따집니까? 그럼 조갑제 같은 우파들만 불러서 언설하도록 합니까? 독도를 지키는 데 좌가 어디 있고 우가 어디 있습니까? 우리에게는 좌파로 보일지 모르지만, 외국인들 중의 진보적 인물들은 그 나라에서는 별로 그렇지도 않습니다. 독도를 지키려면 이런저런 한국에 우호적인 사람들을 많이 불러야 합니다. 저는 중도 좌파입니다. 앞으로도 진보적 인물들을 부를 생각입니다." 그러자 문을 열고 나가면서 하는 말. "그래도 좀 조심해주십시오. 정권 초기이니깐요."

반박근혜 인물들을 부르자, 본부에서 전화:

영남대에서 공개 교양강좌(500명 수강, 릴레이 강연식 강의) '스무 살의 인문학-청춘에게 길을 묻다'를 개설했던 2015년 봄 학기의 일이다. 나는 이때 학생들의 설문조사를 통해 강사진을 선정했는데, 당시 인기가 있었던 강신주, 홍세화, 안도현 등의 저명 강사들을 초청하였다.

이분들이 박근혜에 대해서 비판적이었기에, 나도 분명히 어디선가 이의 제기가 있을 것으로 예상했던 터였다. 예상이 맞았다. 본부의 비서실에서도 총장도, "왜 박근혜 대통령을 비판한 사람들을 불렀느냐? 좀 고려하라"고 전화를 했다. 나는 그때 이렇게 대답했다. "대학에서 이런 분들을 부르는 것이 무슨 잘못입니까? 대학은 어느 특정 이념만을 가르치는 곳이 아니잖습니까? 학생들의 알 권리를 위해서라도 저는 누구든 부를 겁니다. 그게 마음에 안 들면 저를 자르십시오!"

참 난감했지만 그럴수록 나는 소신대로 필요한 분들을 불렀다. 올해 1월, 우연의 일치일지 모르지만 대학 재정이 어려워 이 과목에 대한 예산 지원이 뚝 끊겼다. 난감했다.

그러나 나는 독지가의 후원으로 다시 이 과목을 살렸다. 올 봄부터 그대로 강의가 진행된다.

지금도 나는 대학에 특정 이념과 종교 색이 지배하는 것을 반대한다. 학생들에게 생각할 권리와 자유를 제공하는 쪽에서 강의를 구상한다는 생각이다.

중세 도시 같은 '고요'를 벗어나야

대구는 이미 있는 것, 아는 존재를 망각하는 버릇이 있다. 낯익은 것을 정지, 고요, 정체 속으로 밀어 넣는다. 그렇다고 낯선 것을 좋아하지도 않는다. 낯선 것도 떠밀어낸다.

낯익은 것들은 더 이상 바꾸거나 재인식하려고 하지 않고, 무변화 속에 안주하며, 평온감을 느끼며 살아간다. 그러니 발전이 없다. 이 점을 나는 어떻게 이해하면 좋을지, 참 난감하다.

부산의 해운대 같은 곳에 갔다가 대구에 내리면 갑갑하고 답답함을 느낀다. 중세 도시의 고요 속으로 진입한 착각이 든다. 순전히 나의 느낌일 수도 있겠지만, '그게 그거' 식의 무변화, 고요 속으로 들어선다. 무변화는 안정과 평온, 느긋함을 가져다준다. 하지만 도시의 역동성과 변화를 상실하고 만다.

정중동靜中動으로, 한 분야나 물건의 격을 치열하게 높이고 정성껏 다듬어내는 능력, 노력이 있으면 또 별문제다. 혁신도시의 '혁신'이라는 말처럼 혁신을 꿈꿔야 할 때다. 대구가 대구답다는 말을 새롭게 음미하고 성찰할 때 대구가 보인다. '대구답다'고 지킬 것이 무엇일까? 잘 떠오르지 않는다. 음식 몇 가지? 풍경 몇 군데?

대구는 이제 어떤 인물을 지향할 것인가? 이제부터 고민할 때다.

물론 보수라고 꼭 나쁜 것은 아니다. 지킬 것을 지키고 간직해야 하기 때문이다. 그러나 보수는 '그러할', '그만한' 가치가 있을 때의 일이다. 그럴 만한 가치가 없다고 판단되면 과감하게 버리고, 바꾸어야 한다. 저항하고 혁신하는 야성을 찾고, 야생적 사고를 회복해야 한다.

| 제4부 |

박정희 패러다임을 뛰어넘는 문학

김용락
(시인, 경운대학교 교양학부 교수)

　원고 청탁자에게 이 글이 부분으로 실리는 책의 전체 구상은 '박정희 패러다임을 넘어서는 반성'류의 글을 모아서 출간하는 것이라고 들었다. 재미있는 기획이라는 생각이 들었다. 그렇다면 '박정희 패러다임'의 요체는 무엇일까? 아마 정치, 경제, 사회, 문화 등 각 분야마다 박정희 패러다임에 대한 연구가 적지 않게 있을 것이다. 거기에는 찬성이나 찬양도 있을 터이고, 반성과 비판도 있을 것이다.

　게을러서 그에 관한 구체적인 평문을 찾아 읽지는 못 했다. 그러면서 '박정희 패러다임'은 무엇일까? 생각해봤다. 우선 떠오르는 게 '개발독재'라는 생각이 들었다. 개발해서 잘 사는 게 지상 목표 중 하나일 것이고, 민주적 절차나 과정의 정당성에 대한 고려는 무시하고 결과만 중요시하는 게 박정희 패러다임의 요체가 아닐까, 하는 생각이 들었다. 그 밖에도 따져보면 여러 방식으로 더 정의할 수 있겠지만, 대충 이 정도 전제해도 글 쓰는 데 어느 정도 윤곽은 잡힐 것 같다.

　경북 의성에서 태어나 안동에서 초·중학교를 마치고, 대구에서 고교 시절부터 이순이 된 지금까지 문학활동을 해온 나는 문학에 대해, 문화활동에 대해 무엇을 반성할 것인가? 반성反省이 무슨 의미인지 새삼스러워 책상 위에 놓여 있는 『동아 새국어사전』을 펴보니 "자기의 언행, 생각 따위의 잘잘못이나 옳고 그름을 깨닫기 위해 스스로를 돌이켜 살핌"이라고 돼 있다.

나의 지난 40여 년의 문학생활을 돌이켜 보자. 그저께 대구의 한 문학단체(대구생활문학인협회)가 주관하는 여름 연수회에 강사로 초청돼 강연을 하면서 나는 중학교 2학년 때 학생생활기록부에 장래희망을 '소설가'라고 썼으니, 그해가 유신헌법이 나던 1972년이고, 지금까지 45년간 문학을 생각하면서 살았다고, 약간 과장되게 말하면서 그래도 문학이 무엇인지는 잘 모르겠다고 말했다.

그러면서 왜 문학을 하느냐는 자문에 대해서는 우선은 내가 행복하니까, 다음은 문학을 통해서 현실을 변혁(명)하고 싶은 욕구 때문이었다고 말했다. 문학을 통해서 내 자신이 행복하다는 것은 나의 문학적 성취, 가령 작품성을 인정받는 유명작가거나 책이 베스트셀러 수준으로 팔린다거나 하는 현실적인 차원을 떠나서 글을 쓰는 그 자체가 나를 행복하게 한다는 의미이다. 그리고 책을 읽는 독서행위 자체가 무엇과 비교할 수 없을 만큼 내 내면을 풍요롭고 기쁘게 한다. 다른 어떤 경우도 책 읽고 글쓰는(창작하는) 이런 문학행위보다 나를 행복하게 하지 못할 것이다.

다음으로 나는 시를 쓰면서 우리 사회가 본질적으로 내장하고 있는 어떤 부정의한 현실, 그리고 남북분단과 양극화가 극심한 한국사회에 일격을 가하고, 수구적이고 보수적인 대구사회에 타격을 가하는 역할을 하기를 기대한다. 이런 나의 주관적 바람이 반드시 객관적인 효과를 만족시킬 것이라고는 믿지 않는 것도 사실이다. 어쩌다 한 방 정확히 타격한다면, 그것만 해도 안 한 것보다는 낫다는 생각이다. 그러나 고등학생 때나 대학 때 처음부터 문학을 이렇게 목적 지향적으로 시작하지는 않았다. 그저 순수한 서정과 인간 실존의 고뇌를 좀 더 이해하고 싶다는 소박한 바람에서 문학을 하기 시작했다. 그런데 지금은 내 문학의 목표는 사회변혁이 주요한 지점이 되고 말았다.

나는 원래 소설가가 꿈이었다. 천성이 어려서부터 이야기 듣고 이야기하는 것을 좋아하고, 또 태어나고 성장한 안동(의성) 지방이 구술과 서사 문화가 풍부한 지역이라는 주변 환경 탓도 있을 것이다. 그러나 그것보다는 가난한 사람이 잘할 수 있는 게 문학(가난한 사람이 가장 경쟁력 있는 사회적 종목)이라는 사실을 나는 일찍이 독서와 체험을 통해 알았던 셈이다.

그런데 대학 와서 어찌어찌하다 보니 시인이 되었다. 정치적으로 요즘(2017년)은 대구·경북을 '보수의 심장'이라고 부르지만, 문학은 1970년대 이래로 대구·경북을 '순수문학의 본향'이라 불렀다. 1960년대 이래 유치환, 김춘수, 신동집과 같은 유명 시인들이 각 대학교에서 교편을 잡으면서 자신들이 추구하던 순수시를 따르는 제자들을 재생산했고 이들은 다시 중등학교에서 순수시를 쓰는 학생들을 키워냈다. 그들 가운데 '자유시' 동인에 속하는 일부 시인은 한국 시단에서도 성과를 인정받는 큰 시인으로 성장하기도 했다.

이런 기본적인 환경 속에서 나의 문학 수업도 시작되었다. 능인고등학교 재학 시절(1975~1978년)에는 교장 선생님이 영남지역에서는 시조 시인으로 유명한 이우출 선생이었다. 이분에게 시조를 쓰라는 권유도 수차례

받았고 '황괴벽담'이라는 시론도 배웠다. 계명대학교 영문과(1979~1983년)에 진학해서 신동집 교수에게 시를 배웠다. 이분은 미국 시인 휘트먼 시집을 번역하기도 한 시단의 유명한 시인인데, 이분 영향으로 주로 영미시인의 시를 많이 읽었다. 나는 후기 지방대학인 이 대학이 마음에 들지 않아서(고교 때 소설책 읽느라고 수험 공부를 소홀히 한 당연한 귀결인데도 심리적으로 납득하기 어려운 모순에 빠져 있던 시기였다) 학교생활을 매우 불성실하게 했다. 학교 다니는 동안 중앙도서관의 장서를 다 읽겠다는 허황한 생각을 하고 한동안은 미친 듯이 책을 읽은 적도 있다. 책 읽느라고 수업에 다 빠져 2학년 때는 19학점을 신청해 4학점을 받고(그것도 고교 때 선생님이 시간강사로 출강했던 수업에서 안면으로 받았다), 15학점 F를 받아 학사경고라는 것을 받기도 했다.

하지만 시와 소설은 진짜 열심히 읽고 썼는데 교수의 영향과 지역 시단의 분위기 탓인지 소위 순수시를 썼다. 특히 불란서 시인 랭보의 『지옥에서 보낸 한 철』, 당나라 시인 이하李賀의 『이하 시집』, 사르트르의 실존주의, 고은 시인의 허무주의 등에 빠져 있었다. 신경림의 『농무』라는 참여문학(민중문학)의 기념비적인 시집은 대학 1년 때인 1979년 여름에 사서 읽었다. 그래도 참여문학에 대해서는 별 의식이 없었다. 1970년대 후반은 우리 한국사회, 박정희 정권의 모순이 정치, 경제, 사회 각 분야에서 봇물처럼 터져 나와 유신정권 차원에서 영일이 없던 시절이었지만, 그리고 대구에서도 인혁당, 민청학련 등 희대의 정치적인 사건들이 연이어 벌어졌지만 순수문학청년에게 이런 사회현실은 그냥 비껴갔다. 내 주변에서 아무도 왜곡된 역사, 엄혹한 현실, 군사독재의 억압과 민주주의의 파탄 같은 것에 대해 이야기해주지 않았다.

당시(1970년대 후반) 내가 다니던 계명대학교는 과격한 데모를 비롯해 학생운동으로 유명한 대학이었는데, 나는 학교도서관에 책 빌리는 일 외에는 학교를 거의 나가지 않아서 교우 관계가 거의 형성되지 않았다. 애초 이 학교를 끝까지 다닐 생각은 아예 없었기에 동료들과 관계를 맺을 생각이 없었다. 스스로 치욕이라고 생각하며 고립된, 외롭고 가난한 대학 생활의 연속이었다. 근거 없는 조로증과 허무주의와 불안한 정신상태의 단독적 개체로 존재하고 있었다. 끝내 이 대학을 탈출(?)하지 못하고 주저앉았다. 대학 2학년 때 80년 5월 광주사태를 겪었지만, 아르바이트로 돈 버느라고 시위에 직접 뛰어들지도 못하고 멀리서 구경만 했다. 군인들의 폭력이 무서웠지만 당시에는 이 사태가 어떤 의미인지도 잘 몰랐다.

이때 내 문학생활에 매우 극적 변화를 일으키게 되는 사건(?)이 생겼다. 도서관 책을 읽다가 우연히 내 고향 집 근처인 안동군 일직면 조탑동에 권정생이라는 동화작가가 살고 있다는 정보를 알게 됐다. 나는 당장 그를 찾아갔다. 80년 5월 말경이었다. 당시 그는 질병에다가 매우 가난했으며, 이름이 나지 않은 거의 무명작가 수준이었다. 그와 첫 만남에서 그는 내가 주워 지껄이던 사르트르, 카뮈의 실존주의, 고은, 강은교, 신동집, 박제천 시인의 허무주의에 대해 "그게 문학과 무슨 상관이냐? 안동 가톨릭농민회 정 총무를 만나보라"는 권유의 말로 제법 긴 대화를 끝맺었다. 정 총무는 당시 오원춘 사건으로 불렸던 가톨릭 농민운동으로 징역을 살고 막 출소한 강원대 출신의 운동권 청년이었다. 실존주의와 허무주의에 빠져 있던 문학청년의 의식에 색깔이 다른 한 줄기 빛이 들어온 것이다. 그리고 그 권정생 주변에는 이오덕, 전우익, 정호경 신부, 유강하 신부처럼 박정희 군사정권에 대해 반정부적 인식을 가진 사람이 다수 있다는 사실을 권정생과 교유를 이어가면서 자연스럽게 알게 되었다.

대학 1년 때 문단의 중견 시인으로 『현대문학』에 신인 추천권이 있던 은사 신동집 선생께서 내가 재수 때 고향에서 선배들 틈에 끼어 필경 등 사판으로 만든 표지가 초라한 『문소문학』이라는 동인시집을 보여드렸더니 "음, 좋다. 현대문학에 초천 걸자"고 하셨다. 당시에는 등단하자면 잡지에는 2회 추천(초천, 중천, 종천까지 3회 추천이 있던 시절도 있었다. 그만큼 문단 등단이 까다롭고 기성 문인들의 기득권이 컸던 시절이었다)을 거쳐야 했다. 대학입시에서 실패했으니 학교 공부는 이것으로 끝내고 시인으로 스무 살 약관의 나이에 일찍 문단에 등단해서 천재시인이라는 소리를 들어봐야겠다는 욕망에 불타서 죽자 살자 책 읽고 문학공부를 했다. 지금 생각해보면 당시 내 꼴이 가관이었고 어리석었지만, 성장의례 과정이라고 생각한다. 그 이후 그때만큼 어떤 일에 그렇게 깊이 몰두한 적은 내 생애 한 번도 없었다. 순전히 일찍 등단하겠다는 일념에 종목도 소설에서 시로 바꿨다. 그래서 지금 내가 시인인 것이다.

1학년 때 추천해주겠다던 선생님께서 3학년이 돼서야 급이 낮은 시 전문 잡지에 시인으로 추천하겠다고 해서 거절했다. 그리고 4학년이 되던 1982년 5월에 대구 중구 진골목에 '사랑마당'이라는 새로 생긴 갤러리에서 개업기념 개인 시화전을 했다(내 앞서 그림전시회를 열었는데 판화가 이철수가 장판그림이라는 독특한 전시회를 했다). 그리고 출품한 시 20편을 모아 『송사리떼를 몰고 하늘로』(흐름사, 1982)라는 소시집을 냈다.

이 시집을 평소 내가 좋아하던 문단의 몇몇 선배들에게 보냈는데, 같은 해 6월 『대구매일신문』 월평란에 문학평론가 염무웅 선생이 당시 주요 신인이었던 황지우, 이성복, 최승자와 함께 내 시집에 대해 호평했다. 그러면서 이 시인이 누구인가 한번 보고 싶어 한다는 뜻을 담당기자이던 이태수 시인이 전해줘서 나는 황송해하면서 대학원 수업을 위해 경북대에 나와 계시던 염무웅 선생을 처음 찾아뵈었다. 권정생을 만난 게 가느다란 한 줄기 빛이었다면 염무웅 선생은 마치 폭포처럼 민중문학이라는 새로운 문학관을 내게 퍼부었다. 학벌과 가난과 같은 세속에 대한 열등감과 지적 허기에 한창 굶주려 있던 문학청년에게 학교 강의실 강의는 성에 차지 않았는데, 당대 최고의 필명을 날리던 논객을 직접 만나게 되면서 나는 물 만난 고기처럼 그를 좇아 다녔다. 염무웅 선생의 『민중시대의 문학』(창작과비평사, 1979)을 읽으면서 완전히 민중문학론자로 나의 문학관이 바뀌었다. 지금 생각해봐도 당시 나는 참 열렬했다. 예나 지금이나 보잘것없는 문청을 귀찮은 내색 없이 거둬주고 여기저기 데리고 다니면서 문학과 세상을 배우게 해준 염무웅 선생의 배려와 훌륭한 인품은 평생 갚기 어려운 은혜이다.

대학 4년이던 1982년에 이성복 시인이 계명대 불문과에 부임해 왔다. 당시 한국 문단 중심의 한 축이었던 『문학과 지성』으로 등단했으며 세칭 최고 명문인 KS(경기고, 서울대) 출신의 이 시인은 리버럴(자유주의) 문학 쪽에서는 화려하게 조명을 받고 있었다. 제2회 김수영 문학상을 타면서 더욱 문단의 중심에 진입했던 이성복 시인을 곁에서 뵐 수 있었던 것은 큰 행운이었다. 나는 그에게서 불시(보들레르)로 학점을 받기도 했지만 그 외에도 많은 문학적 영감을 얻었다. 그는 매우 예민하고 정직한 예술가였으며 인격적으로도 훌륭한 분이었다. 그를 만난 건 청년시절 나에게 큰 공부가 되었다. 그러나 문학관에서는 서로 다른 견해를 갖고 있었다. 그는 세련된 모더니즘 세례를 받은 불문학도였다면, 나는 거친 리얼리즘의 영향을 입은 농부의 아들이자 지방대 출신이었다.

같은 해 우연히 나와 비슷한 문학관을 갖고 있던 선배 시인을 만났다. 그는 배창환 시인이었다. 그는 1981년 계간 『세계의 문학』으로 등단한 경북대 김춘수 시인의 제자였지만 튼실한 리얼리즘 문학관과 날카로운 역사의식을 갖고 있었다. 게다가 자신이 몸담고 있던 대구의 '오늘의 시'라는 문학동인에 아직 미등단자이던 나를 참여시켜주는 열린 태도를 갖고 있었다(지금도 거의 그렇지만 당시는 미등단자는 시인 취급을 하지 않는, 등단/미등단 구분이 엄격했다). 이후 지금까지 그는 나에게 많은 가르침과 영향을 끼친 존경하는 선배이자 동지이다.

대학을 졸업하고 그간 함께했던 '예각'이라는 문학동인들과 동인시집 『다시금 그리움 하나로 선다면』(그루, 1983)을 내면서 입대했다[이 동인지는 이후 민현기 교수의 연구(2003년)에 의해 대구지역 최초의 리얼리즘 문학의 전조로 평가된 바 있다. 이 시집에 실린 시는 70년대 이농 현실과 80년 초의 정치적인 상황에 대한 강렬한 문제 제기를 하는 현실의식을 바탕에 깔고 있다. 동인은 오승건, 남일우, 윤상수, 오규찬, 김영욱, 주재호, 김용락].

이 동인시집에 실린 내 시를 보고 창작과비평사에서 창비 15인 신작시집(1983년 출간 예정)에 나의 신작시를 싣겠다고 원고를 청탁해 왔다. 나는 군대에서 유격훈련을 받다가 허리를 다쳐 사단병원에 입원해 있었는데, 원고청탁서가 '예각' 동인지를 펴낸 대구의 출판사로 간 것을 친구가 받아서 내가 소속된 군부대로, 거기서 다시 입원한 사단병원으로 내 손에 들어오는 데까지 시간이 꽤 걸려서 청탁서가 내 손에 들어왔을 때는 이미 마감 기한이 며칠 남지 않은 때였다. 아슬아슬한 순간이었다. 부랴부랴 병상에서 힘겹게 신작시 5편을 써서 보냈다. 내 시가 실린 창비

17인 신작 시집 『마침내 시인이여』가 1984년 1월에 나왔다.

이 시집은 출간과 동시에 센세이션을 일으켰고 나도 중앙문단에 얼굴을 내밀게 되었다. 당시 10년간 절필 중이던 저항시인 김지하가 장시 「다라니」를 발표했는데, 오랜 절필 후 신작시를 발표해 화제였는 데다가, 「다라니」라는 작품이 불교계를 모독한다고 해서 일부 승려가 명예훼손죄로 김지하를 고소하는 사태까지 벌어졌다.

나는 1984년 3월에 안동공업고등학교에 영어 교사로 발령받았다. 안동에서 초, 중학교를 졸업했으니 안동은 고향과 마찬가지였다. 여기서 지낸 3년은 내 인생의 가장 의미 있던 시기였다. 인생의 좋은 스승들을 많이 만났다. 우선은 내가 가르친 학생들이었다. 경상북도 북부지역인 영양, 청송, 봉화 등지에서 모여든 가난한 실업계 고등학생들이었는데, 한 학생이 장기 결석을 해서 가정방문을 해보니 등교하는 시외버스 차비가 없어 학교를 올 수가 없는 처지였다. 이런 학생이 부지기수였다. 나는 이 아이들을 가르치면서 그때까지 내가 알고 있던 것보다 훨씬 심각한 피폐한 농촌경제와 한국 사회현실의 불평등에 대해 깨달았다.

또 다른 스승은 말 그대로 한국 최고의 동화작가 권정생 선생, 경성제대 출신으로 조선공산당의 기관지인 해방일보 기자를 하다가 체포되어 7년의 옥고를 치른 후 주거제한에 걸려 거의 강제적으로 산골에 유폐되어 살던 봉화의 전우익 선생, 영덕농업전수학교 출신으로 국민학교 교사 자격증을 취득해 평생 농촌 아이들과 생활하면서 한국 아동문학의 대부로 불리던 이오덕 선생, 박정희 유신정권에 맞서다 옥살이를 했던 농민사목의 강골 정호경, 유강하 두 신부, 프랑스 출신의 두봉 주교, 왜관 분도수도원의 독일 출신 임 세바스찬 신부, 의성 가난한 산골교회의 김영원장로, 안동고 출신으로 전국농민회 대표를 지낸 영덕의 권종대 선생, 농민운동가 정재돈, 안동대 민속학과 임재해 교수, 현직 고교 교사 김상일 선생과 문화회관의 오일창 선생, 사회과학 책을 팔던 분도서점의 이종원 선생, 소장 민속학자 한양명 교수 등등 당시 '안동 인맥'은 화려했다.

학교 수업을 마치고 50리 산길을 불쑥 찾아들어가 안주 없는 소주를 마시면서 밤새 시국 이야기를 나누고 오던 봉화군 상운면 구천의 전우익 선생 우거의 흐린 전등 빛은 내 영혼의 성장에 오랜 흔적을 남긴 불빛이었다.

당시 주중에는 안동 학교에서 근무를 하고 주말이나 방학 때는 주로 대구에서 활동했는데, 문학평론가 염무웅 선생을 위시하여 김종철(녹색평론 발행인), 정지창(민예총 대표), 유홍준(나의 문화유산답사기 저자), 김윤수(미술학자), 박현수(문화인류학자), 이수인(정치학자), 정석종 교수(역사학자), 천규석(한살림) 같은 이들의 회합이나 술자리 말석에 눈치 없이 시도 때도 없이 끼어 주워듣던 고담준론은 참 대단했다. 서울대를 졸업하고 서울에서 지방 영남대까지 해직교수를 비롯한 여러 가지 사연으로 하방한 소위 진보학자들인 이들을 만나서 이야기를 들을 수 있었던 것은 나에게는 큰 행운이었다. 당시 안동에 내려가면 권정생, 전우익, 이오덕 등과 대구에 올라오면 염무웅, 김종철, 정지창 같은 분들 가까이서 이야기를 들을 수 있었던 것은 지금 생각해도 인생에 큰 행운이었다[이분들에 대한 감회나 직접 나눈 대화를 기록하여 『나의 스승 시대의 스승』(솔과학, 2008)으로 펴낸 바 있다. 이 책에는 권정생, 전우익, 이오덕, 염무웅, 백낙청, 김종철, 임헌영, 천규석, 김민남 9인이 수록돼 있다].

1984년 1월 창비 신작 시집에 시를 발표한 후 얼마 안 있어 '분단시대'

문학동인을 결성했다. 배창환 시인의 경북대 사대 동료 교사의 소개로 청주에서 교사를 하던 도종환과 신학도 김창규, 김희식이라는 미등단 문학도가 대구를 찾아온 것이다. 그때 도종환은 시골 중학교 국어 교사였지만, 광주사태 때 진압군으로 투입되어 탄창을 거꾸로 끼우면서 시민을 향해 총을 쏘지 못했던 상흔을 갖고 있었다. 한신대 신학생으로 5·18로 징역을 살고 나온 예비 목사 김창규, 김희식은 충북대 학생운동권이었다.

그날 밤 우리는 군사정권의 통치라는 어두운 현실과 분단이라는 역사적 책무에 의기투합하여 문학동인으로 묶이게 되었고, 그해 5월에 낸 첫 동인시집 『이 땅의 하나 됨을 위하여』(온누리, 1984)는 나오자마자 내용이 불온하다고 하여 판매 금지된다. 이후 분단시대 동인은 『분단시대 2-이 어둠을 사르는 끝없는 몸짓』(온누리, 1985), 『분단시대 3-민중의 희망을 노래하자』(학민사. 1987), 『분단시대 4-분단문학에서 통일문학으로』(학민사, 1988), 『분단시대 판화시집』(우리, 1985) 등 모두 5권의 동인지를 내고 긴 휴지기에 들어갔다가 '분단시대' 동인 결성 30주년을 기념해서 2014년에 신작 시집 『광화문 광장에서』(푸른사상, 2014)를 내고 서울 대학로에서 출판기념회 및 북토크 행사를 했다.

분단시대 문학동인(배창환, 도종환, 김종인, 김창규, 김윤현, 정대호, 김희식, 김형근, 김용락으로 처음 출발하여 2집 이후부터 정원도, 김성장, 김시천, 김응교 시인과 정만진 소설가 등이 참가했다)의 결성은 대구 문단과 문화계에 반향을 일으켰다. 문학판의 이런 움직임이 하나의 계기가 되어 대구지역 학생운동권 출신 중 문화운동 친화적인 인사들이 모여 문화운동단체 '우리문화연구회'(1985년 2월 9일)를 결성했다. 이 단체는 문학분과, 학술분과, 민요분과, 미술분과, 영화분과 등 여러 개의 분과로 이루어져 있었는데 분단시대 동인은 문학분과에 참여했다. 1기 배창환, 2기 김종인, 나는 3, 4기 분과장을 맡아 활동했다. 이 단체에는 김진태, 김재호, 김영동, 장병윤, 박원복 등이 활동했던 것으로 기억한다. 그리고 『일꾼의 땅』(분도출판사, 1985)이라는 종합지 성격의 무크지를 발간했다(당시 대구지역의 문예운동 관련 사항에 대해서는 김용락 「대구지역 문예조직 약사」[『지역, 현실, 인간 그리고 문학』(문예미학사, 1997)]에 비교적 자세히 기록해놓았다). 이 단체는 이후 1990년대 초에 예술마당 '솔'로 연결되고, '솔'은 다시 '대구민예총'으로 연결되어 오늘에 이르게 된다. 나는 2010년에 잠시 대구민예총 대표를 맡게 된다.

1987년 3월에 첫시집 『푸른별』(창작과비평사)을 내고 나는 4월 초에 근무하던 안동공고를 사직하고 대구에 올라온다. 당시 전국적으로 민중민족운동이 활발했는데, 부문운동 차원에서 문학운동도 활발하게 일어나고 있었다. 1986년 겨울방학 중에 대전에 있는 가톨릭농민회 중앙본부에서 평론가 채광석의 주도로 전국의 문학운동가 40여 명이 모여 문학운동의 성격과 향후 과제 등과 같은 주제로 밤샘 토론을 하게 되었는데, 나는 그 자리에서 김명인이라는 한 무명의 문학도가 전개한 문학이론에 깊은 충격을 받았다. 그는 나와 동년배이고 이미 서울대 운동권에서 이름난 논객이라는 사실을 뒤에 알았지만 당시에는 몰랐다. 그래서 제아무리 서울대 국문과에서 공부를 했다고 하더라도 나와 나이도 같은데(책이라면 나도 꽤 읽었는데…) 어떻게 저렇게 똑똑할 수 있나, 하는 충격을 속으로 감추면서 나도 시골서 갇혀 있지 말고 학교고 뭐고 때려치우고 보다 본격적으로 문학에 전념해야겠다는 각오를 다지면서 고속버스를 타고 대구로 내려오는 내내 침울했다. 그리고 신학기가 시작되면서 학교에 사표를 냈다. 나는 나이 예순이 다 된 지금도 모험적이고 충동적인 성격을 갖고 있지만, 당시 불쑥 사표를 내고 나니 권정생 선생이 "아이고 용락아, 니는 니 혼자 몸이 아닌데 왜 우리하고 상의도 안 하고 덜컥 사표 내노?" 하면서 걱정인지 질책인지 말씀하시던 게 생각난다.

당시 나는 안동에서 문학뿐 아니라 교사운동 초기 단계이던 'Y중등교사회'를 조직해 대표로 활동했다. 이 단체는 나중에 전교조로 발전하게 된다. 대구에 와서는 창작보다는 문학운동과과 문화운동에 전념하게 된다. 이 해는 6월 항쟁과 9, 10월 노동자 대투쟁이 일어나면서 한국 사회가 변혁의 열기로 들끓었다. 나도 거의 매일 대구시내에 데모하러 나갔다. 데모 나가기 전 신발 끈을 묶고, 최루가스로 고통받으면서 혁명이라는 거대담론에 대해 고민하는 시를 써서 두 번째 시집 『기차소리를 듣고 싶다』 (창작과비평사, 1997)를 펴냈다.

이태 전 안동에서 교사로 근무할 때 이웃 학교에 교사로 근무하던 민영창 선생을 만났는데, 그를 통해 복사판 『유물변증법』, 『독일이데올로기』 등과 같은 책을 받아서 읽기 시작한 게 소위 좌파 이론서를 읽기 시작한 계기가 됐고, 월북 작가들이 해금되기 전에 복사판을 통해 이기영, 한설야, 홍명희 등 월북 작가들의 작품을 통독했다. 『자본론』, 『맑스엥겔스 문학예술론』, 『레닌저작집』, 『모택동저작집』, 『노신전집』 등과 같은 책을 구입해 읽었다. 그리고 사회학계 교수들 중심으로 벌어진 '사회구성체 논쟁'이라는, 문학도인 나에게는 어려웠던 논쟁을 따라 읽느라고 고생했다. 이런 과정을 거치면서 나의 의식이 어느 한쪽으로 정립되었다. 유물론자가 된 셈이다.

1980년대 후반 뜨겁던 사구체 논쟁을 따라 읽으면서 분단 현실과 계급 현실에 대해 좀 더 자세히 이해하게 됐고, 그 과정에서 경북대 김형기 교수를 알게 돼 그의 팬이 됐다. 또 학생운동권 출신인 권오국 선배가 경영하던 시월서점과 하늘북 서점에 단골 고객이 되면서 많은 공부가 됐다. 안동에서 올라와 비산동과 만촌동 주변의 노동자들을 모아 '대구노동자문학회'를 결성해 함께 공부했는데, 그때 활동한 몇몇은 지금도 이름 있는 노동자 시인으로 활동하고 있다. 사노맹에 가입하지는 않았지만 기관지『노동해방문학』지역 담당자 역할을 하면서 관계하기도 했다.

이런 나의 정신적 배경과 현실 이해를 바탕으로 염무웅 선생에게 조언을 구하고 배창환 형과 논의를 통해서 1987년 11월 14일 대구YMCA 3층 강당에서 '대구·경북민족문학회'(공동대표 정지창, 이하석)를 창립하고 나는 사무국장을 맡았다. 대표를 세우는 일, 회원을 규합하는 일로 안동, 예천, 포항 등지를 다니면서 많은 문인들을 모아 76명의 발기인으로 출발한 이 단체는 올해(2017)로 창립 30주년을 맞았다. 그간 명칭이 바뀌어 현재는 '대구·경북작가회의'이다. 나는 이 단체의 무보수 사무국장을 14년간(당시 운동단체의 사무국장이나 간사는 다 무급이었다)했고, 몇 차례 대표도 역임했다. 그간 이 단체가 전체 한국 문학뿐 아니라 대구·경북 지역의 문학에 끼친 영향은 컸다. 『대구작가』(작가정신)라는 기관지를 매년 한두 권씩 꾸준히 내왔고, 10월 문학제와 같은 행사를 통해 지역 주민들의 의식변화에 영향을 미치려는 노력을 쉼 없이 해왔다. 소위 보수적인 문협문학, '순수문학의 본향'이라 불리는 대구·경북에서 대구·경북작가회의의 역할은 나름 평가할 만하다. 현재는 180여 명이 회원으로 있다.

1990년대 초반(1990년) 기자로 근무하던 대구일보에서 노동조합 파업 건으로 체포돼 유치장에 구금돼 있다가 고교동기 판사 친구의 도움으로 구속영장이 기각되어 풀려났다. 곧바로 주왕산에 도피해 몇 개월 수배자 신세로 있다가 결국 벌금형으로 사건이 종료된 일을 직접 겪으면서 언론의 중요성에 눈을 뜨게 됐다. 2002년에는 편향적이고 수구적인 대구의 언론지형을 조금이라도 바꿔볼 요량으로 몇몇 지인들과 뜻을 모아 격월간 『대구사회비평』(편집위원 배남효, 김태일, 홍덕률, 신도환, 이강은, 고희림, 김태용), 『주간 대구·경북 시민신문』을 내가 발행인으로 창간해 3년간 운영했지만 경제적 손실만 입고 별 성과를 거두지 못했다.

이보다 조금 앞서 1985년에 대구지역 대학의 몇몇 개혁적인 교수들 중심의 '지방사회연구회'가 계명대(대명동) 후문 부근에서 문을 열었다. 나의 박사논문 지도교수이던 민현기 교수가 문화파트 쪽에 뭔가를 맡아서 나도 문화 쪽 간사로 사무실에 드나들었다. 이 단체는 1992년 '대구사회연구소'로 확대 개편되고, 경북대 경제학과 김형기 교수가 주도적으로 이끌어 갔다. 나는 이 단체가 발행하던 월간 『지역동향』의 편집장으로 1995년부터 2~3년간 관여했는데, IMF가 터지고 재정 문제로 1998년인가 종간했다. 당시 김형기, 이정우 교수 등 젊은 학자들의 열정적인 모습이 인상적이었다. 여담이지만 노무현 정부가 들어서고 이 단체와 연관을 맺고 있던 많은 사람들이 정부의 수석 비서관, 장관, 부총리 등에 입각하면서 언론에는 노무현 정부의 싱크탱크가 '대구사회연구소'라는 기사까지 떴다. 그런데 세간에서 이 단체의 오너는 김형기라는 소문까지 떠돌던 그 김 교수는 정작 아무런 요직을 맡지 못해 주변으로부터 관운이 없다는 안타까움을 사기도 했다.

1991년에는 김종철 교수가 격월간 생태교양지 『녹색평론』을 창간하는 것을 곁에서 지켜보면서 허드렛일을 도왔다. 당시 나는 매일 수성경찰서

뒤에 있던 녹색평론사 사무실로 출근하디시피 했는데 그만큼 발행인 김 교수에게 많은 것을 배웠고 큰 공부가 됐다. 그는 적어도 나에게 창의적 영감과 열정을 들끓게 하는 신기한 재주를 가진 사상가였다. 잠시 잡지 『녹색평론』의 편집자문위원을 맡기도 했지만, 아무래도 나는 생태론자보다는 계급론자에 가까웠던 것 같았다.

2013년 '한국문화분권연구소'를 설립하여 『문화분권』이라는 사회비평지를 3권 출간하고 4권을 준비 중이다. 지방분권과 문화분권의 중요성을 새삼 인식한 결과이다. 주지하다시피 분권은 민주주의의 가장 기본 이념이다. 서울에 몰려 있는 권한을 지방으로 분산시키는 것이 중요하듯이 문화에서도 중앙에 집중돼 있는 권력의 분산이 무엇보다 중요하다는 인식의 결과이다.

이렇게 활동하는 동안 나는 『산수유나무』(문예미학사, 2016)를 비롯한 시집 7권과 평론집 『문학과 정치』(문예미학사, 2016)를 비롯한 산문집 8권을 비롯해 총 15권의 개인 저서를 출간했다. 고교 교사에서 신문사 기자, 방송국 프리랜서 진행자로, 대학 강사에서 교수로 직업이 전전하는 동안 총선에 두 번, 교육감 선거에 한 번 나가 낙선하는 정치적 행보도 걸었다.

내가 저서를 발간하고, 직장을 옮기고, 선거에 출마하는 일상의 매 순간마다 생각과 각오, 계기가 조금씩 달랐을 수 있지만, 그 모든 행위를 관통하는 힘은 무엇이었을까? 스스로 자문해본다. 몇 년 전 저서 『혁명의 시대』 등으로 우리나라에서도 잘 알려진 에릭 홉스봄이라는 영국의 유명한 사학자가 90세가 넘어 작고하게 되자 그의 딸이 아버지인 홉스봄에게 당신은 세계적인 대학자인데 손자들에게 좌우명이 될 만한 좋은 말 한마디 남겨달라고 주문하자 홉스봄은 "아이들에게 '호기심'을 갖도록 하라.

그것이 세계를 여는 열쇠다"라는 말을 했다는 신문기사를 읽고 깊이 공감했던 적이 있다. 나는 어려서부터 유난히 호기심이 많은 아이였다. 지금 내가 소장하고 있는 2만 권에 가까운 장서는 그런 호기심의 총결판이라 할 수 있다. 그리고 내부 식민지로 전락한 농촌의 가난한 농부의 아들, 졸업과 동시에 천민으로 전락하는 우리 사회의 뿌리 깊은 학벌주의 아래의 지방대학 출신, 각 분야에서 박정희 이데올로기를 가장 뿌리 깊게 영향 받은 대구·경북지역의 수구적이고 반동적인 주변 환경, 이런 것들에 대한 분노, 그래서 그 가치를 더 소중하게 인식한 '일상적이면서 정치적인 민주주의'에 대한 소소한 열망이 나를 지금 이 자리까지 이끌어오지 않았을까 하고 생각해본다.

세상의 모든 이치가 그렇듯이 절대 악이나 절대 선은 없다. 박정희 전 대통령도 잘한 게 있고, 못한 게 있을 것이다. 그의 나쁜 영향이 유난히 우리 지역에서 크고 깊게 드리운 게 문제라면 문제이다. 내 인생이 늘 박정희를 의식하면서 살아온 것은 아니지만, 30여 년의 대구에서 문학적 삶을 되돌아보니 나는 의식, 무의식적으로 박정희 반대편에 서 있었던 게 아닌가 하는 생각이 든다. 박정희의 약점과 그의 가치까지를 진정으로 뛰어넘어 새로운 가치에 도달할 수 있는 날이 올지 모르겠다. 아니 그런 가치가 있는지 모르겠다.

반교육의 온상, 학교 그 부끄러운 자화상

이석우
(교사, 전 대구교육연구소장)

　나는 20여 년은 학생으로, 그 후 30여 년은 교사로 대구·경북지역 14개의 초·중등학교를 거쳤다. 학교와 교육은 나의 삶과 인생 자체였다. 내가 '교육'이란 말 대신 '반교육'을 강조한 것은 학교가 반교육을 시행하는 온상이자 현장이 되었다는 참담한 반성 때문이다. 그동안 학교는 학생 개개인이 행복한 삶을 살도록 도와야 한다는 교육 본래의 목적과 역할을 외면하고, 입시경쟁교육, 노동력 양성, 체제유지, 서열화를 통한 차별과 불평등의 합리화에 봉사해왔다. 나는 내가 경험한 학교의 반교육적 모습들을 솔직하게 고백하며 학교가 진정한 교육의 장으로 거듭나기를 바라며 이 글을 쓴다.

　내가 초등학교를 다닐 때는 '국민학교'라고 불렸다. 일제가 만든 '황국신민학교'의 준말인 '국민학교'가 좋은 이름인 줄로 알았다. 나는 국민학교 3학년 말까지는 사칙연산은 물론 읽기·쓰기도 제대로 못하는 부진아였다. 이런 나에게 극적인 반전이 생겼다. 1969년 2월 말 봄방학을 하던 날이었다. 통지표를 나누어 주신 담임선생님이 "이제 여러분도 4학년에 올라가면 '국민교육헌장'을 외워야 한다"고 하시면서 "외울 수 있는 사람 있나?"라고 하셨다. 내가 손을 들었다. 손은 나 혼자 들고 있었다. 선생님도 친구들도 놀라는 눈치였다. 공부도 제대로 못하는 농땡이가 손을 들었으니 그럴 만도 하였다. 좀 의아해하시던 선생님이 외워 보라고 하셨다. 나는 "우리는 민족중흥의 역사적 사명을 띠고 이 땅에 태어났다. … 1968년 12월 5일 대통령 박정희"라고 유창하게 외웠다. 틀리지도 막히지도 않았다. 선생님과 반 친구들은 더욱 놀라워했다. 선생님은 "이석우 학생은 누나가 공부를 잘하니 앞으로 공부를 잘하게 될 것이다"라며 누나를 끌어다 칭찬을 하시고는 친구들에게 박수를 쳐주라고 하셨다. 이 일은 내가 처음 받아보는 칭찬이었다. 나에게는 아주 큰 사건이었다.

사칙연산도 읽기·쓰기도 제대로 못하던 내가 박정희에 대한 충성문인 '국민교육헌장'을 잘 외우게 된 사연이 있었다. 숙제로 '국민교육헌장'을 다 외운 중학생인 형이 초등 1학년인 내 동생과 3학년인 나에게 '외우기 시합을 해보라'고 하였다. 부진아였던 나와는 달리 내 동생은 학급 반장으로 뽑힐 정도로 똑똑하였다. 외우기 시합이 시작되자 동생이 3학년인 나보다 더 잘 외우는 듯하였다. 자존심이 상한 나는 죽자 살자 외웠다. 외워도 자꾸 까먹어 동생에게 질 것 같았다. 변소에 가서 외우면 잘 외워진다는 말을 들었다. 다급한 나는 고약한 냄새가 나는 변소에 죽치고 앉아서 외우기도 하였다. 이렇게 고생한 덕분에 시합은 무승부 비슷한 상태로 끝났다. 나는 체면을 간신히 유지하였다.

국민교육헌장 외우기로 담임선생님의 칭찬을 받은 이후 나는 4학년이 되면서부터 공부를 좀 하는 아이가 되었다. 나에게는 거듭 행운이 찾아왔다. 우연인지 필연인지 모르지만 나를 칭찬하셨던 그 선생님이 5학년 때까지 연속하여 3년간 담임선생님이 되셨던 것이다. 나는 선생님의 기대에 부응하듯 점차 공부를 좀 하는 모범생이 되었다. 이런 사연으로 국민교육헌장은 나에게 퍽 좋은 이미지로 기억되었다. 나는 길을 가면서도 그것을 중얼중얼 외웠고, 특히 맨 끝의 '대통령 박정희'는 특별히 큰 소리로 외쳤다. 나는 나도 모르는 사이에 박정희 신화의 포로가 되어 갔다. 내가 스스로 외운 것과는 달리 많은 학생들이 숙제로 그것을 외워야 했고, 외우지 못하면 매질까지 당해야 했다고 한다.

내가 국민교육헌장의 실체를 알게 된 것은 대학에 입학하고 나서였다. 독재자 박정희가 긴급조치를 남발하며 마지막 발악을 하던 때였다. 국민교육헌장은 독재자 박정희에 대한 전 국민의 노예문서였고 충성맹세문이었으며 '박정희판 황국신민서사'였다. 독재자 박정희는 국민교육헌장을 학교에 먼저 상륙시켜 학생과 교사들을 포로로 삼은 후 점차 모든 행사에 '국민교육헌장 낭독'을 강요하며 전 국가, 전 국민을 지배해갔다. 드디어 박정희 신화가 탄생한 것이다. 학교는 박정희 신화의 주요 전진기지였다. 국민교육헌장을 도구로 학생, 교사, 국민을 세뇌시켜 만들어진 박정희 신화는 탄핵 국면인 오늘날까지 그 위세를 떨치며 우리 역사를 통째로 왜곡하는 주범이 되고 있다.

중학생이 된 나는 '10월 유신'이라는 또 하나의 박정희 망령을 만났다. 박정희 영구집권을 위한 황제 헌법인 '유신헌법'이 발표되었다. 전국의 모든 학교는 유신헌법 찬반 국민투표를 앞두고 수 주간 오전 수업을 하였다. 우리는 영문도 모르면서 단축 수업을 한다고 신이 났다. 선생님들은 자신의 정치적 신념과는 상관없이 가가호호 가정방문하면서 유신헌법 찬성 홍보에 강제 동원되어 거리로 내몰렸다. 학교에서는 조종례 시간은 물론 수업 시간에도 "북한 괴뢰집단이 호시탐탐 남침을 노리고 있는 지금, 우리는 말을 타고 험한 강을 건너고 있는 중이다. 강을 건너면서 기수(박정희)를 바꾸는 것은 바보짓이다"라며 박정희 영구집권의 당위성을 귀가 따갑도록 들었다. 집에 가서 부모님과 친척들에게도 그렇게 말하도록 교육을 받았다. 독재자 박정희 한 사람의 더러운 욕망과 정치 놀음에 학교와 교사와 학생들이 총동원되었다.

이때를 전후하여 '국기하기식'이 생겼다. 오후 5시가 되어 스피크가 울리면 길을 가다가도 수업 중에도 부동자세로 서서 '애국가'를 부르고 '국기에 대한 맹세'를 하도록 강요받았다. 또 내가 중3이 되던 해에는 '북한 괴뢰를 이기기 위해서는 체력이 강해야 한다'며 '체력장' 제도가 생겼다. 거기에 '수류탄 던지기' 종목도 있었다. 던지기의 수류탄은 처음에는 실제 수류탄과 같이 쇠로 만들어졌다. 쇠 수류탄이 잘못 날아가 머리가 깨지는 사고가 자주 발생하자 속에는 쇠를 박고 밖에는 고무로 둘러싼 개량 수류탄까지 나왔다. 박정희는 독재와 장기집권을 위해 어린 학생들을 전쟁놀음에 강제 동원한 것이다.

내가 고등학생이 되었을 때에는 교련 시간이 있었다. 개구리 문양의 교련복을 입고 가슴 한쪽에는 시뻘건 색깔로 '멸공'을 새기고 다른 한쪽에는 자기 이름표를 달았다. 무거운 목총을 들고 총검술을 배우고 제식훈련을 비롯한 군사교육을 받았다. 학교에서 학생 자율의 상징인 학생회를 없애고 유사군사조직인 학도호국단을 만들어 학교를 병영화시켰다. 또 국모 육영수가 피살되었다며 달성공원에 마련된 빈소에 대구의 전 학교들이 강제 참배를 가야 했다. 땅굴이 발견되었다며 교내 규탄대회를 열었는데도 다시 시민운동장까지 가서 대구시민 규탄대회에 또 참여하였다. 지금도 어버이연합 등이 국정교과서 찬성, 위안부합의 찬성 등 큰 이슈가 있을 때마다 벌이는 관변 단체의 관제 데모에서 그때 광분하던 박정희의 망령이 보인다.

나는 대학을 다니며 유신철폐투쟁, 부마항쟁, 10·26, 광주민중항쟁을 겪었다. 역사학도였던 나는 '일제하에서는 독립운동! 민족분단과 독재치하에서는 통일운동과 민주화운동!'이라는 취지에 공감하였다. 대학 시절 현대사의 큰 사건들을 겪으며 나는 박정희 신화에서 깨어났다. 내가 역사를 공부하지 않았다면 지금도 박정희 신화를 맹신하는 포로로 살지 않을까 생각하니 끔찍하다.

광주민중학살 2년 후 나는 의성의 한 중고병설학교에 부임하였다. 광주학살 만행에 분노하던 나는 처음부터 '무체벌교육론'을 주장하며 실천하고자 하였다. 지금은 당연시되는 체벌금지가 그때는 '무체벌은 교육을 포기하는 무책임한 행위'로 간주되었다. 아침 등교와 함께 '결석, 무단조퇴, 청소 도망, 친구 구타, 패싸움…' 등 갖가지 이유로 학생들이 교무실로 불려오고 엎드려뻗쳐서 밀대자루로 매타작을 당했다. 이런 모습은 쉬는 시간에도 여전하였다. 대부분의 선생님들이 원산폭격을 시키고 몽둥이로 매질을 하고 귀때기를 올려붙였다. 유순한 선생님들도 손으로 머리를 지어박거나 출석부로 머리를 내리쳤다. 이렇게 폭력이 난무하는 학교 현장에 나는 '폭력은 또 다른 폭력을 낳는다'며 강한 반감을 가졌다. 국가에서는 전두환 살인정권의 폭력, 학교에서는 훈육을 내세운 체벌 폭력, 뒷골목에서는 선배들의 폭력, 가정에서는 가장들의 폭력이 난무하였다. 폭력은 훈육과 문제 해결의 편리한 수단이었다. 폭력 앞에서는 인권과 인간의 존엄성은 없었고 인간성도 철저히 파괴되었다. 힘과 주먹이 정의였고 권력과 권위 앞에는 복종과 충성만 있었다. 인격과 인간의 존엄성과 타인 존중은 교과서에나 나왔다. 학교는 학생들에게 훈육이란 이름의 체벌 폭력이 가해졌고, 아이들도 그 폭력을 따라 했다.

곽노현 전 서울시교육감이 체벌금지 원칙을 발표하자 보수 단체들이 교육을 포기하는 행위라고 비난하며 철회를 요구하였다. 매의 크기와 길이를 제한하는 방식이 나오기도 하였다. 체벌 찬반 논쟁 5년 만에 '전면적 체벌금지'가 원칙으로 정해졌다. 나의 무체벌교육론이 원칙이 되었다. 그러나 아직도 훈육체벌, 왕따, 구타사건, 집단폭행 등으로 체벌의 불씨는 여전하고 피해학생들의 자해 비극은 근절되지 않고 있다. 성추행, 성폭행 사건도 적지 않다. 아직 학교에서 주먹은 가깝고 인권은 멀다.

내가 학교에서 가장 부끄러웠던 날은 '스승의 날'이었다. 이날은 아이들이 꽃을 달아주고 '스승의 은혜' 노래를 불러주었다. 나는 아이들이 가슴에 꽃을 달아주려 하면 한사코 거절하였다. 그냥 손으로 꽃을 받았다. 수업에 들어가면 아이들이 왜 꽃을 달지 않느냐고 물었다. 나는 솔직히 고백하였다. "학생의 날이 없는 학교에서 스승의 날만 기념하는 것이 부끄럽다. 학교에서 학생의 날이 기념되는 날이 오면 그때 이 꽃을 달겠다"고 나의 심정을 밝혔다. 나는 1년에 두 번 '스승의 날'과 '학생의 날'이 되면 언제나 동일하게 준비해 간 사탕을 나누어주며 오늘은 교과수업이 없고 학생의 날 특별 수업을 한다고 말한다. 광주학생독립운동과 거기에서 유래된 '학생의 날'의 기원과 의의와 변천을 설명해준다. 박정희·전두환 군사정권이 독재정치를 유지하기 위해 학생들을 탄압할 목적으로 학생의 날을 폐지하고 기념식을 금지해왔다고 폭로하였다. 지금도 학생의 날은 달력에만 표시되어 있을 뿐 여전히 학교에서 기념되지 못하고 있다. 이번

시민촛불대혁명을 계기로 학교의 주인공인 학생의 날이 학교에서 기념되지 못하는 혼이 비정상인 상태는 해결되어야 한다.

내가 학교에 다닐 때는 개인별 통지표가 나왔다. 내가 교직에 나온 뒤에는 학급명렬에 전체 학생의 성적을 인쇄한 '학급명렬 성적표'를 우편으로 발송하도록 한 적이 있었다. 학생에게 자극을 주고 동기를 심어 준다는 이유였다. 학급명렬 성적표에는 학급 전체 학생의 과목별 점수, 총점, 평균, 학급석차, 학년석차가 자세히 기록되었다. 이것을 통해 학생과 학부모님들은 친구와 이웃집 아이들의 성적까지 상세히 알았다. 학급명렬 성적표로 학생들은 극소수의 우등생과 대다수 열등생으로 차별화되었다. 2, 3번 반복해 가면 낙인효과가 강화되었다. 서열로 줄 세워진 성적표는 학생들의 기를 꺾고 열등감과 패배의식을 조장하였다. 경쟁을 부추긴 동기부여는 반교육 행위였다. 나는 동료교사들과 거부 투쟁을 벌였고 학생들의 호응을 받으며 당당히 승리하였다. 승리도 잠시 나는 그해 말 주동 혐의로 강제 전출되어 아이들과 헤어져야 했다.

전국모의고사가 시행되면서 학생들은 이제 전국 단위의 서열석차가 표시된 성적표까지 받았다. 극소수 상위그룹 학생들은 자만심과 우월의식에 빠져 남을 무시하는 버릇이 생긴다. 서열경쟁에서 밀린 나머지 대다수 학생들은 열등감과 패배의식에 물들어 불평등과 차별에 복종하는 자세를 배운다. 학교에서 서열화 성적표로 형성된 열등감과 패배의식은 사회인이 된 후에 그 효과가 나타난다. 차별과 불평등, 장시간 노동과 저임금에 맞서기보다는 복종하고 수용한다. 학교의 성적 서열화 정책은 소수 재벌과 특권층 중심의 불평등한 사회구조와 특혜를 유지시키는 통제 장치의 역할을 한다. 학교는 지금도 '출세와 성공'을 미끼 삼아 학생들을 서열화의 정점인 입시경쟁의 인질로 잡고 있다.

지난해 11월부터 매주 주말마다 계속되는 '시민촛불대혁명'은 해방 후 4·19혁명, 5·18광주항쟁, 6월 민주대항쟁에 이은 4번째의 민주시민혁명이다. 이것은 시민대중의 혁명이고, 정치투쟁을 넘어선 생활혁명이고 문화혁명이다. 그 대중 속에 우리의 초중고 학생 연사들이 큰 호응과 박수를 받았다. 대구의 한 여고생의 연설은 전 국민을 감동시키기도 하였다. 학생 연사들을 보며 우리 사회와 학교의 새로운 희망을 발견한다. 시민촛불대혁명의 열기가 박정희 신화의 온상이 된 학교의 '반교육' 잔재들을 청산하여 이제 학교가 '교육'하는 곳으로 거듭나기를 기대해본다.

박정희와 교육의 정치적 중립

(구미도량초등학교 교사)

어느 날 교실에서

시골의 어느 작은 학교에 근무할 때의 일이다. 하루는 교장 선생님께서 나를 부르시고는 불편한 말씀을 전하셨다. 며칠 전에 교장실로 민원 전화가 걸려 왔는데, "수업시간에 학생들에게 정치 이야기하는 것을 자제해주셨으면 한다"는 것이었다. 학생 수가 10명도 채 안 되는 반이어서 학부모의 면면을 훤히 꿰고 있었기 때문에 나는 민원 제기 당사자가 누군지 짐작이 갔다. 그분은 이른바 박사모 활동을 하고 계시던 분이었다. 정치적 성향을 떠나 무난한 인품의 소유자였기에 일상적으로는 나와 잘 지내고 있던 터였다. 당시에 사회 수업의 주제가 한국 현대사였는데, 아이들이 박정희 전대통령에 대한 질문을 해오기에 아이들이 소화할 수 있는 수준에서 내 나름의 비판적 관점을 전달한 것이 '사달'이 난 것으로 분석된다.

그 학부모님을 탓할 생각은 없다. 보수 일색의 지역사회 특성을 생각하면 학부모의 그런 반응은 그리 새삼스러운 것도 아니다. 그러나 한국현대사를 주제로 한 수업 시간에 교사더러 정치 이야기를 하지 말라는 것은

240 대구, 박정희 패러다임을 넘다

수업을 하지 말라는 것과도 같다. 교과서 내용 자체가 이미 정치 문제를 다루고 있기 때문이다. 그리고 그 내용은 다분히 정치적이다.

모든 교육은 정치적이다Every education is political

브라질의 교육사상가 프레이리Paulo Freire의 이 말은 너무나 자명한 명제다. 그럼에도 우리 사회에서 일반인은 물론 교사집단 내에서도 이 명제의 정당성에 대해 의심을 품을 것이다. 왜 모든 교육이 정치적인가? 이에 대해, 교육이 정치적이어서는 안 된다는 관점, 즉 교육은 정치적으로 중립이며 교사는 정치적으로 중립적인 입장을 견지해야 한다는 믿음의 허구성에 대해 살펴보기로 하자.

교육의 정치적 중립성이란 뭘 말하는 것일까? 대관절 어떻게 하면 교사가 정치적으로 중립을 취할 수 있단 말인가? 이에 대한 대답은 십중팔구 교과서대로 가르치는 것이 중립적 입장이라 할 것이다. 이게 말도 안 되는 허구라는 것은 우리 어릴 때 "유신헌법만이 살 길"이라고 가르친 선생님들이 과연 정치적으로 중립이었던가를 생각해보면 알 수 있다.

역사적으로 이 나라 현대 교육은 첫 출발부터 정치적으로 중립은커녕 지독히 편향된 길을 걸어왔다. 이승만-박정희-전두환 정권기를 거쳐 오면서 이 나라의 교육자들은 철저히 정권의 충복 노릇을 해왔다. 자유당 시절엔 이승만을 당선시키기 위해 선거철이면 교사들이 오전수업만 하고 오후엔 삼삼오오 조를 맞춰 학부모 집을 방문해 선거운동을 했으니 이게 그 유명한 3인조-5인조다. 박정희 정권 때도 마찬가지다. 독재자 박정희가 세계 헌정사에 유례가 없을 '유신헌법'이란 걸 만들어 종신집권을 획책할 때 그 말도 안 되는 명분을 국민들에게 설득할 목적으로 교사들을 동원했다. 교사들은 유권자 성향 분석표를 들고 오후에 매일 출장을 나갔다. 자가용차는커녕 오토바이도 잘 없던 시절이라 몇십 리 시골길을 걸어서 시골 할머니 입에서 "아이고, 선생님 이제 그만 오시이소~"라는 말이 나올 때까지 독재정권을 홍보해야 했다. 그뿐인가? 학생들에게 국민교육헌장 외우기를 강요했는데 필자가 그때 초등 2학년이었다. '민족중흥'이니 '인류공영'이니 하는 그놈의 문구들이 얼마나 어려웠던지 울면서 억지로 외웠던 기억이 지금도 생생하다.

한국 현대사는 친일파와 독재정권에 의한 오욕으로 점철된 역사가 아니던가? 그 과정에서 이들 반민족, 반민주 세력과 권력자들이 자신의 치부를 은폐하고 기득권을 보전하기 위해 제 멋대로 역사적 사실을 왜곡해온 것은 모두가 아는 사실이다. 그런데 교단에서 교육자적 양심을 지키기 위해 "그게 잘못 됐다"고 말하는 소수의 교사들에겐 예나 지금이나 늘 '정치적'이라는 꼬리표가 붙여졌다. 이들이 정치적이라는 말에 나는 동의한다. 모든 교육 행위는 정치적 실천이기 때문이다. 그러나 그 반대편에서 있었던 교사들, 즉 그 언어도단의 불의에 침묵 또는 순종해온 절대다수의 교육자들도 정치적이긴 마찬가지라는 사실을 명심해야 한다. 그리고 그 절대다수의 교사들에 의해 극심히 우측으로 치우친 교육을 받고 성장한 현재의 기성세대 또한 편향된 시각을 갖게 되었다. 이 글 서두에서 언급한 학부모가 그런 한 사람인 것은 물론이다.

'정치적 중립'이란 말처럼 허구적인 것도 없다. 엄밀히 말해 이 지구상의 어디에도 정치적으로 중립적인 사회는 존재하지 않는다. 특히 이 대한민국 사회는 지독히도 우측으로 치우친 사회이다. 이곳이 어떤 사회냐하면, 인류문화사에서 성서 다음으로 많이 읽힌 책이라는 칼 마르크스의 『자본』이 아직도 금서로 묶여 있는 사회이다. 『자본』을 읽는 것은 국가보안법에 저촉되는 행위이기에 말하자면, 사회 교사라도 이 책을 읽으면 범법자가 되는 것이다. 이 사회에서 정치적으로 극우적인 관점은 허용됨은 물론 권장되는 반면, 약간이라도 좌파적인 정치적 견해는 불온시된다. 요컨대 사회문화적 분위기상으로 이 사회에서는 우경적 사고가 아닌 견해는 위험한 관점으로 치부되는 바, 만약 그가 교사라면 여지없이 '빨갱이 선생'이란 소릴 듣게 된다. 이런 사회에서 정치적으로 중립적인 교육이 가능하겠는가?

극심한 우편향적 사회문화 풍토는 다름 아닌 교육을 통해 재생산되어 왔다. 교육자 또한 편향된 사회와 편향된 교육체제의 산물이다. 즉, 교단에 첫발을 내딛을 때 교육자들은 정치적 진공상태가 아니라 이미 나름의 정치적 입장을 품고서 학생들에게 다가가게 된다. 현재 교단에 선 교사들은 이승만-박정희-전두환으로 이어지는 노골적인 반공이데올로기와 극심한 보수적 교육을 받아 왔다. 따라서 이들 가운데 개인적 노력으로 사회과학 분야의 독서를 통해 균형 잡힌 세계관을 정립하거나 하는 특단의 교정correction을 이룬 경우가 아니라면, 교단에서 학생들에게 정치적으로 우측으로 편향된 교육을 할 수밖에 없다. 우스꽝스럽게도 이런 사람이 무난한 교육자 즉, 정치적으로 중립적인 교육자로 평가받는다.

박정희-전두환 군사독재시대와 지금은 시대상황이 많이 다르기 때문에 정치적 중립 개념은 유효하다고 할지 모른다. 그렇지 않다. 만약 촛불민주주의의 힘으로 박근혜 탄핵이 이루어지지 않았으면 우리 교사들은 지금 국정화 역사교과서로 아이들을 가르치고 있을 것이다. 국정농단세력이 만든 국정화 역사교과서가 과연 중립적인 내용을 담고 있을까? 박근혜의 아버지 다카키 마사오를 공평무사하게 서술하고 있을까? 이 아찔한 상황은 수십 년 전이 아닌 바로 작년에도 벌어질 뻔했다.

문재인 정부 들어 광주민주화항쟁 때 은폐된 역사적 사실을 바로잡으려는 노력이 이루어지고 있는 지금 대구·경북의 보수적인 사람들은 정부의 이런 시도를 정치적으로 편향되어 있다고 비난한다. 오륙십 대의 교사들 가운데도 이런 사람들이 적지 않다. 씁쓸하게도, 이들은 자신이 정치적으로 중립을 지키고 있다고 착각하는 점이다. 즉, 자신은 양팔저울의 균형을 잡고 있는데 현 정권이 좌편향되어 있다고 불평하는 것이다.

이들의 행태에서 보듯, 정치적으로 중립적인 교육 혹은 교육자는 존재하지 않는다. 특정 시대의 교육은 특정 정부(진보든 보수든, 좌파든 우파든)의 정치적 입장이 반영되며(국가수준교육과정), 최종적으로는 교실교육과정으로 교사의 정치적 입장이라는 스크린을 거쳐 학생들에게 전달된다. 특정 정부나 교육자 자신이 이미 정치적으로 일정한 편향을 취하고 있으면서 정치적 중립을 떠드는 자체가 정치적인 것이다.

정치적 편향은 비단 역사적 관점이나 특정 정당을 지지하거나 하는 정치적 입장에 국한되지 않는다. 한마디로 인간 삶과 관련한 모든 문제가 정치적이다. 마르크스에 따르면, 어느 시대든 지배계급의 사고가 지배적인 의식(사상, 가치관, 문화)으로 대중의 사고를 지배하는 법이다. '영국의 수도는 런던'이라는 단순한 지식을 전달하는 교육이 아닌 이상, 교과목을 떠나 모든 교육은 내재적으로 일정한 정치적 편향을 띠기 마련이다. 철학 용어로 이를 '당파성(독:parteilichkeit, 영:partisanship)'이라 일컫는다. 한 예로, "법 앞에서 만인이 평등하다"는 명제를 아이들에게 가르치는 교사를 생각해보자. 일견 너무나 진부해서 자명한 진리인 듯싶지만, 현실 속에서 이 명제는 거짓말에 지나지 않는다. 오히려 "유전무죄, 무전유죄"라는 말이 더 설득력을 갖는다. 이 사회에서 10만 원을 훔친 가난한 도둑은 전과자가 되지만, 10조 원을 훔친 삼성가의 재벌은 국민적 지탄을 받아도 휠체어만 준비하면 감옥에서 풀려난다. 이렇듯 법 앞에서 만인이 평등하다는 말은 사기나 다름없는 것이다. 이를 아무런 비판 없이 학생들에게 전하는 교사는 위선 혹은 거짓을 가르치는 셈이다. 그러나 이 허구적인 명제를 놓고 아이들 앞에서 비판적으로 수업하면 그 교사는 편향된 수업이니 정치적이니 하는 말을 듣게 된다. 생활고를 이겨내지 못해 40분마다 한 명씩 자살하는 이 암울한 사회에서 사회적 불평등에 대한 아무런 고민이나 분노 없이 그저 교과서대로만 가르치는 것이 '정치적 중립'을 의미한다면, 그 중립이라는 것은 99퍼센트보다는 1퍼센트를 이롭게 하는 셈이 된다. 따라서 "교사는 정치적으로 중립을 지켜야 한다"는 말 자체가 고도의 정치적 발언인 것이다.

지구상 마지막 남은 분단국가에서 학생을 가르치는 교사는 진보적인 입장은 고사하고 지극히 온전한 입장을 표명해도 '정치적'이라는 평을 듣기 쉽다. 특히 박정희를 반인반신으로 숭배하는 경북에 근무하는 교사들은 그분에 대한 언급을 할 때 교육자적 양심의 자유에 대한 자기규율을 발동해야만 한다. 지금도 구미의 어느 학교에는 본관 입구에 박정희의 초상화가 걸려 있다. 사진 밑에 박정희의 업적과 걸어온 길이 기술되어 있는데, 거기에는 친일행각을 비롯해 그가 저지른 숱한 부조리에 대해서는 전혀 기술돼 있지 않다. 말하자면, "사실 왜곡과 함께 철저히 정치적으로 편향된 교육자료"인 것이다. 이것은 엄연한 교육과정(잠재적 교육과정)이다. 그럼에도 그 학교에서 근무하는 교사는 학생들에게 그 왜곡된 교육과정에 대한 정정 교육을 실천하기 어려운 실정이다. 내가 겪은 것과 유사한 민원에 휩싸일 위험을 감수해야 하기 때문이다.

교사의 책무

아이는 나를 무척 따랐다. 나에 대한 아이의 신뢰는 교사로서의 지적 역량에 대한 신뢰를 기반으로 하였다. 그러기에 '박정희'라는 학습 주제에 대해 부모님의 말과 교사의 말이 상충될 때 아이는 후자가 옳다고 믿었다. "우리 선생님은 그렇게 말씀하지 않으셔!"라는 아이의 반응에 부모는 꽤나 당혹스러웠을 것이다. 물론, 나는 나와 부모님의 관점 가운데 어느 한쪽이 절대적으로 옳고 다른 한쪽은 그르다고 생각하지 않는다. 부모님께서 한국현대사에 대한 지성적인 관점이 결핍되어 있더라도 박정희에 대해 그분들이 품는 우호적인 정서는 존중되어야 한다.

교육이라는 것이 비단 교실에서만 이루어지는 것은 아니기에 부모 또한 마땅히 교육자다. 특정 역사적 사실에 대해 진보적 관점과 보수적 관점, 좌파적 관점과 우파적 관점 양측의 균형 잡힌 시각이 바람직한 것은 당연하다. 문제는, 보수적인 지역 성향상 대구·경북 아이들은 가정에서 부모로부터 우측으로 편향된 학습을 받을 가능성이 많다는 것이다. 따라서 한쪽으로 치우친 양팔저울에 균형을 맞추기 위해서라도 이 지역의 교사들은 진보적 관점을 학생들에게 제공할 책무가 있다. 새는 좌우 날개 짓으로 균형을 잡으며 비행한다. 좌든 우든 어느 한쪽으로만 치우치면 균형을 잃게 되고 그런 사회는 건강한 사회라 할 수 없다. 우편향된 대구·경북 사회의 건강한 발전을 위해 진보적인 정치적 성향을 지닌 교사들의 존재가 절실히 요구된다.

새로운 시대를 여는 지방분권

이창용
(지방분권운동대구경북본부 상임대표)

지방분권운동의 발자취

IMF 금융위기로 서울과 수도권이 휘청거리는 동안 비수도권은 거대한 경제 쓰나미가 덮쳐 초토화되었다. 더군다나 국가 위기에 대한 중앙정부의 처방도 서울·수도권 중심이어서 대구·경북을 비롯한 비수도권 경제는 심각한 어려움에 처했다. 수도권과 비수도권의 격차가 점점 확대되고 있었고 그나마 비수도권의 인재, 기업, 부의 수도권 유출이 가속화됨으로써 비수도권은 점점 활력을 상실해 침체의 늪에서 벗어나지 못하는 상황에 직면했다.

지역이 처한 현실을 개탄하고 지역 위기를 극복하기 위해 전국 각 지역에서 지역 각계 지식인들이 모여 지역문제를 해결하기 위한 방안을 모색하기 시작했다. 지금은 한국지역사회학회로 통합된 영호남지역 4개 연구단체 대구사회연구소, 호남사회학회, 광주전남사회학회, 부산지역사회연구센터가 중심이 되어 영호남을 아우르는 지리산 자락에서 만나 밤을 새워 토론했다. 영호남을 오고가면서 해결방안이 모색되었고 토론을 통해 합의한 내용의 요지는 이렇다. 지방의 위기는 근본적으로 중앙집권체제에 기인하고 중앙집권이 서울·수도권 초집중을 가져온다는 점과 서울·수도권에 권한, 재원, 인재, 일자리가 집중되어 있는 상황에서 지역 발전은 불가능하며 중앙의 권한을 지방으로 이양하고 서울·수도권의 자원을 비수도권으로 분산해야만 지역 발전을 위한 최소한의 조건을 만들 수 있다는 점이다.

이러한 상황인식에 근거하여 영호남을 중심으로 전국 각 지역에서 지방분권을 주창하는 세력들이 목소리를 내기 시작했다. 지역의 학계, 시민사회를 중심으로 일어나 언론, 경제, 정치행정계로 확산되어갔다. 이러한 움직임은 2002년 대선을 기점으로 불붙기 시작했다. 지방분권운동은 지방의 위기에서 출발한 것이지만 기본적으로 대한민국 전체의 잠재력과 경쟁력을 키울 수 있다는 시각을 가진 운동이다. 한편, 이러한 운동을 통해 지역사회가 자기정체성 회복에 관심을 가지면서 지역민들이 지역주권 의식을 가지기 시작했다. 우리 지역의 문제는 우리가 해결해야 한다는 의식이 싹트는 과정이었다.

지방분권화가 진행되면서 지방사회가 조금씩 변화하고 있는 동안 중앙정부와 중앙정치권, 중앙언론은 겉으로는 지방분권의 필요성을 역설했지만 실제는 이러한 흐름을 경계하고 지방분권을 촉진하는 제도개혁에는 소극적이거나 부정적이었다. 참여정부 때 지방분권특별법 등 지방 살리기 3대 입법이 제정되어 지방분권의 한 측면인 자원분산책인 국가균형발전정책이 강력히 추진되었다. 하지만 중앙관료들이 중앙집권적 방식으로 추진함으로써 그 효과가 반감되었다. 권한 이양을 내용으로 하는 지방분권정책은 구호만 난무할 뿐 이렇다 할 만한 결과를 내지 못하였다. 정치분권은 국회를 중심으로 하는 중앙정치권에 의해, 행정분권과 재정분권은 중앙관료들에 의해 무력화되고 말았다.

왜, 지방분권인가?

21세기인 오늘날 대한민국 중앙집권체제의 폐해는 극심하다. 중앙집권체제로 인해 지역 갈등이 조장되고 소모적인 정치 갈등이 점점 심화, 반복되고 있어 모든 국민이 중앙정치에 넌더리를 내고 있어 국가운영의 신뢰성 위기를 초래하고 있다. 또한, 중앙집권체제는 그동안 자원을 집중하는 방식으로 지역 간, 산업 간, 기업 간 불균형을 확대재생산함으로써 지역과 국가의 발전 잠재력을 감소시키는 방향으로 정책기조를 유지하고 있다. 중앙집권은 양극화 문제를 해결하기보다 오히려 심화시키는 체제이며, 양극화 문제 해결을 위한 유력한 경제정책인 고용과 인적자원개발에도 한계를 보일 수밖에 없는 체제이다. 이처럼 중앙집권은 우리 사회의 제반 영역에서 심각한 부작용을 양산하고 있고 그 해결에는 무기력한 체제일 뿐이다.

지역, 계층, 계급 간의 불신과 갈등이 증폭되고 있는 것은 새로운 국가운영체제로 발전하지 못하고 여전히 중앙집권이라는 낡은 국가운영체제를 유지하고 있기 때문이다. 갈등을 관리하고 조정해야 할 정치권이 폭력국회의 구태를 반복하고 있는 것은 국회의원의 양식 문제로만 볼 수 없다. 정치인들도 어찌할 수 없는 구조적 문제가 있다고 봐야 할 것이다. 중앙집권은 대의민주제와 결합하여 권한의 초집중을 결과함으로써 사회 갈등으로, 정치 갈등으로 이어져 국가운영의 총체적 난맥상을 보여주고 있다.

중앙집권체제로 인해 수도권으로 비수도권의 부와 자원이 유출되어 수도권과 비수도권의 부와 자원의 격차가 심각하게 발생하고 있다. 수도권과 비수도권 간의 갈등이 심화되고 있고 중앙과 수도권에 집중된 자원배분을 놓고 지방 간의 갈등이 증폭되는 현상으로 나타나고 있다. 중앙정부가 지역으로 결정권 이양과 세원 배분을 거부하고 있는 상황에서 권한, 예산을 독점한 중앙정부가 기획한 국가프로젝트에 각 지역이 경쟁적으로 참여하지 않을 수 없는 양상으로 나타나고 있는 것이다.

중앙정부의 지방분권 추진 의지 부재와 중앙정치권, 중앙언론 등의 지방분권 마인드 부재로 우리 사회가 중앙집권에 기초한 산업화시대의 패러다임에 갇혀 상당한 지식정보화 기술수준을 갖추고 있음에도 불구하고 새로운 국가경쟁력을 찾지 못하고 있다. 국민은 지식정보화시대에 적응하며 소통능력을 키워가고 있는데 중앙정부는 산업화시대의 관점과 가치관에 안주하여 여전히 토건사업 등 각종 사회간접자본 확충에만 관심을 갖고 하드웨어를 중시하는 발전전략에 중심을 두고 있다. 정부가 국민과의 소통이 제대로 되지 않는 것은 탈산업화, 지식정보화시대의 가치와 관점을 갖고 정책을 추진하지 못하기 때문이다.

우리가 지식기반경제로 제대로 이행발전하지 못하는 원인은 지방분권에 기반을 둔 국가경영체제를 갖추지 못하고 있기 때문이다. 중앙집권적 국가운영체제는 중앙 주도로 모든 정책을 추진하기 때문에 지역의 발전 잠재력을 키우지 못하고 소진시킴으로써 국력 증진에 한계를 드러내고 있다. 중앙집권체제에서 벗어나지 않는 한 선진국으로 이행할 수 없을 것이다. 선진국에 비해 훨씬 높은 강도로 국민들이 일을 하고 있음에도 불구하고 2만 불대에서 지난 10년 동안 벗어나지 못하고 있는 것은 기본적으로 국가운영 시스템의 후진성에 기인한다. 중앙집권체제를 여전히 고수한다면 명실상부한 선진국으로의 진입과 도약이 불가능할지 모른다.

선진국으로 진입하기 위해서는 각 지역이 경쟁력을 가지고 있어야 한다. 각 지역이 경쟁력이 있어야 국가 전체가 경쟁력을 가지게 된다. 일부 지역만 경쟁력을 갖춘다고 해서 국가경쟁력을 지속적으로 키울 수는 없다. 대한민국이 선진문화국가로 도약하기 위해서는 중앙집권, 서울·수도권 중심에서 벗어나 지방분권, 지방을 중시하는 정책으로 기조와 방향을 바꾸어야 한다. 지방분권은 각 지역이 경쟁력을 갖도록 하는 제도적 기반이다. 지방분권이야말로 국가경쟁력을 강화하는 길이다.

중앙정부는 아직까지도 서울·수도권에 자원을 집중하는 방식의 불균형 발전 전략을 고집하고 있다. 지식정보화의 외피만 입었을 뿐 여전히 중앙집권적 마인드로 국가운영을 하고 있다. 지역에서 일어나고 있는 조용한 변화인 지방분권화 흐름과 정면으로 배치되고 있다. 중앙정부가 열심히 하면 할수록 갈등을 조장하는 부작용을 낳고 일을 하지 않을수록 갈등을 증폭시키는 기현상이 발생하고 있다. 이명박 정부의 4대강 개발사업과 이명박, 박근혜 정부의 남부권 신공항사업이 그 대표적인 사례다. 4대강 사업은 중앙정부가 일방적으로 밀어붙임으로써 지역 갈등, 사회 갈등을 조장했으며, 남부권 신공항사업은 지지부진하게 추진함으로써 지역 갈등을 증폭시킨 사례이다.

이는 중앙정부가 권력을 독점하고 하고 있기 때문에 발생하고 있다. 중앙이 모든 것을 결정하고 지방은 그 결정에 따라야 할 뿐 결정과정에 참여하지 못하는 현실에서는 이러한 일들이 계속 반복될 수밖에 없다. 무엇보다도 중앙정부의 시스템 혁신이 절실한 상황이다. 정부 시스템 혁신의 방향은 글로컬 시대에 대응하는 정부 시스템을 갖추는 것이다. 한편으로는 글로벌 지역에 관한 정책을 추진할 수 있어야 하고 다른 한편으로는 국내지역을 관리하고 통제하려는 데서 하루빨리 벗어날 수 있는 정책을 추진해야 한다.

이명박 정부와 박근혜 정부가 하는 지역정책들이 제대로 효과를 내지 못하는 이유는 대통령이 지역 발전에 대한 비전이 없고 정책 추진 의지가 없기 때문이지만 기본적으로 중앙관료들이 정책 기획과 실행에 중앙집권적, 수도권 중심적 패러다임에 갇혀 지역의 다양한 의견을 수렴할 수 있는 정책 프로세스를 갖고 있지 못하기 때문이다. 광역경제권 발전 정책, 행복생활권 발전 정책을 포함해서 중앙정부의 어떤 정책도 의미 있는 결과를 내기가 힘들다.

중앙집권적 입법, 행정, 사법, 언론으로는 대한민국을 새롭게 도약시킬 수 없다. 대통령, 정부 고위관료, 여당 수뇌부, 언론 데스크들이 기존 서울·수도권 중심적 시각을 가지고 있는 상황에서 대한민국 발전을 기대하는 것은 요원한 일이다. 이러한 상황을 명백히 인식하고 지역 스스로 지역 발전 대안을 찾아야 한다. 지역 발전에 기초한 국가 발전을 위해서는 우선 법률이 아닌 헌법을 통한 지방분권 개혁을 추진해야 한다. 지방분권 개헌을 통해 지방분권체제로의 이행을 시작해야 한다.

지방분권의 미래

지방분권체제는 한국 사회가 직면한 문제를 풀어갈 수 있는 실마리를 제공할 수 있다. 한국 사회가 당면한 문제는 지방의 침체에 따른 국가 발전의 지체와 지역 간, 계층 간 갈등 심화에 있다. 이를 해결하기 위해서는 결정권을 지역에 줌으로써 지역경제사회에 활력을 불어넣고, 결정권을 국민에게 되돌려줌으로써 민주주의와 지방자치를 강화하고, 주민참여를 촉진함으로써 지역 간, 계층 간 갈등을 해결하고 사회통합을 달성할 수 있다.

지방분권체제는 지역 주도의 특성화 발전을 유도함으로써 다양한 지역 모델 간의 경쟁을 통해 국부와 국력을 증진할 수 있다. 전 국토의 창조지역화가 가능하며 탈산업화 지식기반경제로의 이행을 통해 양극화를 해소할 수 있는 물적 기반을 마련할 수 있다. 지식기반경제는 소프트웨어를 중시하고 인적자원개발을 중시하며 산업 간, 기업 간, 지역 간 균형발전을 도모할 수 있다. 자원을 집중하는 방식에서 벗어나 자원을 혁신하는 방식으로 지역 발전정책을 구사함으로써 지식경제시대를 열어갈 수 있는 기반을 마련할 수 있다.

우리가 지방분권체제 도입에 성공한다면 평화적으로 남북통일을 이룰 수 있고 안정적인 경제력을 바탕으로 동북아 주도권을 확보할 수 있는 기반을 마련할 수 있다. 미래 질서를 위한 첨단 정치체제가 지방분권체제이기 때문에 이를 선도하는 쪽이 주도권을 가질 수 있다. 남북통일의 바탕이 되는 초광역정부 단위로 행정체제를 개편하고 중국과 일본에 앞서서 산업경제 기반에서 지식경제 기반으로 이행한다면 가능하다. 대한민국이 지방분권국가로 나아간다면 동북아 질서를 국가주의에서 지역주의로 재편할 수 있는 힘을 가지게 된다. 국가 간 갈등과 분쟁을 강화시키는 국가주의 모드에서 지역 간 협력과 상생을 촉진하는 지역주의 모드로의 변화가 가능하다. 한국이 지방분권국가로 전환된다면 지역주의를 주도할 수 있는 한국을 중심으로 동북아 평화체제를 구축할 수 있을 것이다.

지역이 낡은 중앙 주도 모델에 의존하는 행태에서 벗어나 새로운 미래를 개척하기 위해서는 이제부터라도 지방분권적 지역 발전 비전을 가져야 한다. 중앙정부에서 제시하는 틀 안에서 지역 발전정책을 기획하고 추진하기보다는 지역사회의 요구와 잠재력을 바탕으로 지역민의 사회적 합의 과정을 통해 지역 발전을 기획해야 한다.

　지역 발전은 경제와 사회의 동반 발전, 인적자원 개발 중심의 지역 발전을 그 핵심 내용으로 해야 한다고 본다. 지역 발전을 위해서는 시장경제와 공동체사회가 공존할 수 있어야 한다. 공동체사회에 기반을 두고 시장경제가 작동하고 운영되어야 한다. 시장경제 영역에서 발생하는 각종 폐해를 공동체사회 영역에서 치유할 수 있고, 공동체사회 영역이 당면한 사회문제를 지속적으로 해결하고 스스로를 유지하기 위해서는 시장경제 영역이 가지는 활기찬 역동성과 추진력을 그 에너지원으로 받아들여야 한다. 공동체사회가 가지는 '가치'와 시장경제가 가지는 '에너지'를 결합해야 지속적인 지역 발전이 가능하다. 공동체사회 발전을 외면하고 시장경제 발전을 앞세운 기존의 서울·수도권 모델에서 벗어나 경제사회 동반발전 모델로 나아가야 한다.

　지방분권적 지역 발전은 지역민의 참여와 소통을 극대화하는 방식으로 추진되어야 한다. 기본적으로 지방분권의 시작과 끝은 주민의 의사를 반영하는 참여의 제도화에 달려 있다. 주권재민의 원칙을 지역 차원에서 다양한 영역에서 구체화한 것이 지방분권이다. 성공적인 지방자치가 지역 발전을 가능하게 한다. 참여하는 주민들에 의해 지역 발전을 위한 에너지가 창출되기 때문이다. 지방자치와 지역 발전의 성패가 지역민의 참여와 소통의 극대화에 달려 있는 만큼 이를 위한 지역 차원의 노력이 절실하다.

지역 발전을 위해서는 지역 소통을 극대화하는 지역 거버넌스 주도 Regional Governance Initiatives 방식과 직접민주제를 기반으로 한 읍면동 주민자치제도를 도입해야 한다. 이제 중앙정부가 주도하거나 지방정부가 주도하는 방식에서 벗어나지 못하면 지역 발전은 어려울 것이다. 지역 각계가 함께 협력하고 참여해야 진정한 지방분권적 지역 발전이 가능하다. 소통은 신뢰와 협력이라는 사회자본을 축적하고, 지역 차원의 신뢰와 협력 문화는 산업, 연구개발, 인적자원 개발 분야의 혁신 클러스터를 구축할 수 있는 환경을 조성할 수 있기 때문이다. 지역 각계의 협력과 신뢰 없이 지역의 미래는 없다. 이러한 중요성을 가지는 지역 거버넌스 주도 시스템과 읍면동 주민자치제가 안착되면 지역 발전을 촉진하게 되고, 지역 발전은 지방분권의 필요성을 증대시키고 지방분권은 실질적인 지방자치가 가능하게 하는 방식으로 지역 발전-지방분권-지방자치의 선순환 구조가 작동하게 될 것이다.

정치제도 혁신을 기반으로 한 경제, 사회 동시발전 그리고 국민의 참여와 소통 극대화를 이끄는 지방분권체제 도입을 서둘러야 한다. 지방분권형 헌법 개정을 통해 지역에서 국가까지, 정치에서 경제, 사회에 이르기까지 지방분권체제를 구축해야 한다. 이를 통해 한반도에서 동북아 지역으로 대한민국이 주도하는 지역주의를 확산할 준비를 시작해야 한다. 새로운 시대를 맞이할 때가 이르렀다.

대통령의 권력 비만, 그 다이어트 요령

김윤상
(경북대학교 행정학부 명예교수)

박근혜-최순실 사태로 인해 새누리당의 아성인 대구·경북에서도 대통령 지지율이 한 자리 숫자로 떨어지고 촛불 시위가 계속되었다. '이러려고 박근혜 찍었나? 자괴감이 든다'와 같은 패러디도 유행하였다. 대구지역 시민 1,300명이 "한국도 부끄럽고 대구도 부끄럽고 나도 부끄럽다"면서 집단 사과문을 발표하기도 했다. 박-최 사태의 원인은 우리 헌법이 표방하는 견제와 균형의 원리가 현실에서 제대로 작동되지 않았다는 데 있다. 이 글에서는 제왕적 대통령의 권한을 적절히 줄여 민주주의의 이상에 다가가는 방안을 생각해보기로 한다.

인간의 동화 본성과 '묻지 마' 투표

새누리당 지지자 중에는 정강정책이 좋아서 표를 주는 사람도 있을 것이다. 그러나 대구·경북에는 그보다 더 큰 이유가 있음을 우리는 알고 있다. 그저 새누리당은 우리 편이라고 생각하기 때문에 '묻지 마' 투표를 하는 사람이 더 많다. 삼성 라이온즈를 응원하는 이유와 다르지 않다. 호남에서 새누리당을 멀리하는 이유, 기아 타이거즈를 응원하는 이유도 마찬가지다.

필자가 미국에 유학 갔을 때 한국 사람들이 거주 지역 팀을 열심히 응원하는 걸 보았다. 팀 연고지도, 선수 국적도 자신과 무관한데 왜들 이렇게까지 열성적일까 하고 의아해했다. 그러나 필자도 얼마 안 있어 그렇게 되고 말았다. 이처럼 인간에게는 주위에 동화되려는 본성이 있다. 개인은 다수에 동화되면 집단 내 생존경쟁에서 유리하고, 구성원의 충성심이 높은 집단은 집단 간 생존경쟁에서 유리하다. 그래서 진화 과정을 통해 이런 특성을 가진 사람이 많이 살아남아 현재의 인류를 형성하게 되었을 것이다.

인간의 동화 본성이 작용하는 한 지역별 '묻지 마' 투표 행태를 바꾸기가 쉽지 않다면 선출직의 권한을 적절히 견제하는 장치가 중요해진다. 이런 장치가 있었다면 최순실이 대통령의 비선 실세 노릇을 할 수 없었을 것이다. 헌법에서는 권력 분립을 전제하고 있지만 국회에서 여당이 과반수 의석을 차지하면 국회의 견제 기능은 실종된다. 또 정치적 중립을 지키도록 되어 있는 공공기관이 청와대의 눈치를 보는 일이 비일비재하다. 그러므로 국회의 견제 기능을 살리고, 중립적 공공기관의 독립성을 보장해야 한다.

소선거구제와 양대 정당 체제의 폐해

첫째로, 국회의 견제력 정상화에 대해서 보자. 국민주권 원칙은 모든 주민이 광장에 모여 토론하고 결정하는 직접민주주의에서 가장 충실하게 구현될 수 있고, 요즘은 온라인 기술이 발달하여 직접민주주의 확대가

기술적으로도 가능하다. 하지만 아직은 대표를 뽑아서 결정권을 위탁하는 간접민주주의가 대세다. 그런데 선거구별로 1등만 당선되는 소선구제는 '묻지 마' 투표 자체보다 더 심한 쏠림 현상을 야기한다. 새누리당 후보의 득표율이 70%를 넘는 일이 잘 없는 대구·경북에서도 국회의원 의석에서는 싹쓸이가 나타난다.

소선구제는 거의 예외 없이 양대 정당 체제를 낳는다. 헌법은 다당제를 보장하지만, 소수 정당 후보는 지역구에서 1등 하기가 어려워 거대 정당만 살아남기 때문이다. 일단 양대 정당 체제가 확립되면 투표자가 선택할 수 있는 정당도 둘 중의 하나다. 대구·경북 유권자도 새누리당이 특별히 좋아서라기보다 다른 정당은 나와 무관하거나 내가 싫어하는 정당이기 때문에 새누리당을 찍는 사람이 많다. 또 양대 정당 체제에서는 서로 상대 정당을 깎아내리면서 지지자의 적개심을 유도하기도 한다. 영호남 지역감정을 선거 전략으로 사용한 것이 대표적인 예다. 박정희가 김대중과 힘겨운 대선을 치르면서 시작한 전략이 아직도 위력을 발휘하고 있다. 그래서 쏠림 현상이 더욱 심해진다.

양대 정당이 정치 생태계를 장악하면 정당 간 차별성도 줄어든다. 원래는 서로 정치적 지향의 차이가 있었다고 하더라도, 어차피 집토끼의 표는 다른 정당으로 가지 않을 것이므로 양대 정당은 중도층의 표를 얻으려는 전략을 쓰게 된다. 정강정책의 외연을 조금씩 중도 쪽으로 넓히거나 이동하게 된다는 것이다. 그러다 보면 두 정당이 비슷해져서 유권자는 정강정책 아닌 다른 기준에 따라 지지 정당을 선택할 수밖에 없다.

비례대표제로 실질적 다당제를

시장에서 수요가 제대로 반영되어야 자원 배분이 효율적으로 이루어지듯이 정치에서도 선거라는 '시장'을 통해 국민의 수요가 제대로 반영되어야 한다. 그런데 소선구제에서는 당선자가 얻은 표 외에는 다 사표가 되고 만다. 시장에서 제일 잘 팔리는 하나의 상품 외에는 공급이 중단되는 것과 같다. 이래서는 국민주권 원칙은 형식에 불과하게 된다.

소선구제를 비례대표제로 바꾸어야 한다. 그래야 소수 정당도 의회에 진출할 가능성이 높아져서 실질적 다당제가 된다. 원내 제1당이라고 해도 웬만해서는 과반수 의석을 확보하기 어렵기 때문에 대통령이 독주할 수 없다. 국회 및 야당과의 대화와 설득을 통해 국정을 운영하게 된다. 실질적 다당제 하에서는 어느 정당과도 제휴할 가능성이 열려 있으므로 양당 간의 극단적인 대결과 증오의 정치도 사라진다. 비례대표제는 이미 2015년 초에 중앙선거관리위원회에서 제안한 바 있다.

실질적 다당제를 잘 정착시키려면 정당 설립의 문턱도 낮추어야 한다. 현행 정당법은 정당 결성을 매우 어렵게 해두고 있다. 중앙당은 수도에 있어야 하고, 전국의 5개 이상 시·도에 각 1천인 이상의 당원을 두는 전국 규모의 정당이어야 한다. 이렇게 진입 장벽이 높아서는 다양한 정치 수요를 반영하는 특색 있는 정당이 탄생할 수 없다. 헬조선에서 시달리는 청년들도, 빈곤가구가 많은 노인층도 자기들을 대변하는 정당이 없으니 어쩔 수 없이 두루뭉술한 공약을 내는 거대 정당 중에 선택할 수밖에 없다. 더구나 지방민의 가려운 곳을 긁어주는 친절한 지역정당은 불가능하다. 대구 사람이 새누리당에 표를 찍으면서도 대구에 도움이 될 것으로는 아예 기대하지 않는다. 정당은 으레 전국당, 아니 서울당이라고 생각하기 때문이다. 아울러, 정치 비용, 특히 출마자가 납부해야 하는 고액 기탁금 장벽도 낮추어야 소규모 정당이 살아남을 수 있다.

중립적 공공기관의 독립성

둘째로, 중립적 공공기관이 제 역할을 하도록 해야 한다. 그런데 최근 우리가 보아왔듯이 이런 공공기관이 박근혜-최순실 사태에 적절히 대응하지 못하거나 심지어 협력하였다. 이들이 망가진 제일 큰 원인은 기관장 인사에 대통령이 영향력을 행사한다는 점이다. 정치적 중립을 지켜야 할 중요한 공공기관으로는 검찰과 경찰을 포함한 사법, 선거관리, 교육, 감사, 언론 등을 관장하는 기관을 들 수 있다. 이런 공공기관장의 인사에 누가 관여하는지를 표로 정리해보았다. 이 표를 보면, 대부분 대통령의 의지가 크게 작용한다는 사실이 확인된다. 심지어 행정부로부터 절대 독립이 보장되어야 하는 대법원과 헌법재판소 인사에서조차 대통령이 영향력을 행사한다. 대통령이 중립기관장을 임명하는 것은 대통령이 국가원수이기 때문이라고도 하지만 그건 임명권이 형식에 불과한 경우에나 타당한 말이다.

중립기관장을 임명하는 과정에서 대통령 등 정치권의 영향력을 배제하려면 어떻게 해야 할까? 두 가지 방법이 있을 것이다. 하나는 해당 기관에 인사에 관한 자율성을 부여하는 것이다. 다만, 국민과 괴리된 폐쇄적 조직이기주의도 염려되므로 중요한 기관의 경우에는 당해 기관에서 추천한 후보에 대해 외부의 인사검증 과정을 거치도록 하는 것이 좋겠다. 인사검증 방식 중 우리에게 익숙한 것은 국회 청문회 방식인데, 이 방식 역시 정치적 이해관계에 의해 왜곡될 것이라는 우려를 떨치기 어렵다. 국민의 상식을 더 철저히 반영하기 위한 하나의 안으로, 일정한 자격을 가진 국민 중에서 무작위로 '국민판정단'을 구성하여 인사검증을 담당하도록 하면 어떨까?

국민 대표를 선거 아닌 추첨으로 뽑을 수도 있다

추첨에 의해 국민 대표를 선출하는 방식에 대해서는 의문 내지 반론도 적지 않을 것이다. 비판은 대체로 3무론三無論으로 요약할 수 있는데, 일반국민은 공공의 일에 관심도 없고, 공무를 돌볼 시간도 없고, 전문성도 없다는 것이다. 이는 배심원 또는 참심원을 두는 국민참여형 재판 제도에 대한 반론과 닮은꼴이다. 그러나 다른 나라에서 국민참여형 재판이 잘 운영되는 걸 보면 국민판정단 역시 잘 정착될 수 있을 것으로 본다. 평소 일반국민이 정책에 무관심한 것은 자신의 의견이 반영되기 어렵기 때문이라는 이유가 크다. 그런데 국민판정단에 뽑히면 그렇지 않다. 한 사람의 의견이 매우 중요하게 된다. 또 제도가 일단 도입되면 초등학교 때부터 교육을 할 테니까 무관심은 더욱 문제가 안 된다. 그리고 자기 일에 매여 공무를 돌볼 시간이 없다는 문제는 적절한 보상 제도를 마련한다면 역시 해결될 것이다.

3무론 중 전문성이 부족하다는 비판은 초점이 맞지 않는다. 국민판정단의 취지가 국민의 상식을 반영하기 위한 제도이기 때문이다. 해학의 달인 조지 버나드 쇼의 말이 생각난다. 그는 "모든 전문직은 일반인을 기만하기 위한 음모"라고 했다. 물론 그렇게까지 냉소적으로 표현할 필요는 없다고 하더라도 소위 '전문직의 오류professional fallacy', 즉 전문성에 빠져서 몰상식한 결과를 내는 경우를 많이 본다. 국민판정단원 업무에 필요

중요 중립적 공공기관 인사권자와 절차

기관(직위 수)	구성원	실질적 인사권자	절차
대법원 (13인)	대법원장	대통령	국회 동의
	대법관	대통령	원장 제청, 국회 동의
헌법재판소 (9인)	소장	대통령(재판관 중)	국회 동의
	재판관	대통령, 국회, 대법원장 각 3인	
중앙선관위 (9인)	위원	대통령, 국회, 대법원장 각 3인	위원장 호선
국가인권위원회 (11인)	위원장	대통령	국회 인사청문
	위원	대통령 3인, 국회 4인, 대법원장 3인	
검찰청	검찰총장	대통령	국무회의 심의, 국회 인사청문
특별검사		대통령	추천위에서 2명 추천 추천위(7명)=법무차관, 법원행정처차장, 대한변협회장 및 국회 추천 4명
국정원	원장	대통령	국회 인사청문
	차장, 기획실장	대통령	원장 제청
경찰청	경찰청장	대통령	경찰위원회 동의, 행자부장관 제청, 국무총리 경유, 국회 인사청문
감사원 (5-11인)	감사원장	대통령	국회 동의
	감사위원	대통령	원장 제청
한국은행	총재	대통령	국무회의 심의, 국회 인사청문
금융통화운영위	위원	대통령	유관기관 추천
방송통신위원회 (5인)	위원장	대통령	국회 인사청문
	위원	대통령 1인 국회 3인(여1, 야2)	
방송통신심의 위원회(9인)	위원	대통령, 국회의장, 국회상임위 각 3인	위원장 호선
한국방송공사 (이사 11인)	사장	대통령	이사회 제청 국회 인사청문
	이사	대통령	방송통신위원회 추천 이사장 호선
한국방송문화 진흥회(9인)	이사	방송통신위원회	이사장 호선

한 일반 지식은 국민판정단원으로 선정된 후 소정의 교육을 거치도록 하면 되고, 특정 안건에 대한 전문적인 지식이나 분석이 필요한 경우에는 의회처럼 산하에 조사연구기관을 두면 된다.

국민판정단이 잘 정착되면 인사검증을 넘어 의회 역할도 담당할 수 있다. 선거에 의해 직업 정치인으로 구성되는 의회를 '선거의회', 추첨에 의해 일반국민으로 구성되는 의회는 '추첨의회'라고 부른다면, 보통의 안건은 선거의회에서 처리하되 국민의 상식을 반영해야 하는 중요 안건, 정당 간 의견이 심히 엇갈리는 안건, 국회 또는 국회의원의 이해관계가 걸린 안건은 추첨의회에서 다루는 것이 바람직하다. 제도가 잘 정착된다면 선거의회와 추첨의회가 대등한 권한을 갖는 양원제로 발전시키는 것도 좋다.

분단지역에서 통일국가로

이우백
(한맥리더십아카데미 대표)

나의 지난 60년

필자는 1950년대 중반 경상북도 면단위 시골에서 태어났다. 그간 60여 년의 세월이 흘렀다. 초등학교 3학년 때까지 시골에서 학교 다니다가, 4학년 때부터 대구에서 학교 다녔다. 그 후 줄곧 지금까지 대구에서 살고 있다. 대구는 대한민국이라는 나라 안에 있는 여러 도시 가운데 하나의 도시이다. 필자가 기억하는 과거는 어릴 때 시골에서의 몇 가지 기억과 그후 대구에서 대부분 살아온 기억이다. 이 시간과 공간에서 주로 살아오면서 필자의 눈에 비친 세상의 풍경을 통해 우리 사회가 거시적인 틀에서 분단지역을 넘어 통일국가로 나아가야 되는 이유를 되새겨보고자 한다.

대개 사람은 10살 전후부터의 기억이 재생된다고 한다. 필자의 눈에는 1960년대의 우리의 삶과 지금의 우리의 삶은 경제적인 면에서 굉장한 차이가 있다. 흔히 말하는 1960~1970년대 우리 사회의 산업화 과정은 경제적인 면에서 굉장한 양적 발전을 이루었다. 현재 넘쳐나는 자동차와 개개인마다 지니고 있는 휴대폰은 아마 1960년대에는 상상할 수 없는 장면이었을 것이다. 1960년대 이후 지금까지 50여 년의 과정은 우리 경제에 비약적인 발전이 이루어진 시기라 할 수 있다. 대구도 이 발전 과정에서 예외는 아니었다. 6·25전쟁 이후 산업화 과정에서 대구는 특히 섬유산업으로 국가 경제발전에 커다란 기여를 하였다. 60년대 박정희 정권이 공업 우선 정책을 펼침에 따라 많은 사람들이 농촌을 떠나 도시로 이주하였다. 필자도 당시 살고 있었던 대구 집 주변 곳곳에 섬유공장이 들어서고, 또한 그 공장에 시골 고향 사람들로 채워지는 것을 보아왔다. 그 덕분에 우리의 경제생활이 차츰 개선되기 시작하였다. 예를 들어 처음에는 육류를 먹기가 어려웠지만 경제 여건이 개선되면서 외식을 할 때 돼지고기 국에서 돼지불고기로, 여기서 다시 소고기 국에서 소불고기로, 그리고 더 나아가 소갈비살 구이로 육류 소비의 변화가 일어났다.

경제적 빈곤이 개선되면서 이제 욕구는 사회적 욕구로 옮겨가게 된다. 1980년대 들어오면서 정치적 평등의 욕구가 분출되기 시작했다. 1970년대 후반 대학 시절 필자도 지역의 각 대학 동료들과 더불어 민주화 시위와 운동에 참여했다. 특히 당시 대구지역의 학생운동에서 기억해두어야 할 장소가 하나 있다. 그곳은 대구시내 반월당 염매시장 안 곡주사라는 막걸리 주점이다. 1970년대 말부터 이곳은 대구시내 각 대학생들이 저마다 모이는 장소였다. 이곳에 오면 민주주의를 열망하는 학생들이 서로 격의 없이 친구가 되었다. 이곳을 거쳐 간 수많은 사람들이 지역의 민주화에 커다란 기여를 하였다. 필자도 당시 이곳을 목격한 한 사람이었다. 이렇듯 지역에서도 다양한 모습으로 1980~1990년대 민주화의 성과가 활발히 이루어졌다.

2000년대 들어와서 우리의 상황은 어떠한가? 어떤 논객은 산업화와 민주화 이후 우리 사회가 나아갈 방향을 선진화 단계로 설정했다. 경제와 민주 발전 이후에 질적으로 한 단계 더 높은 사회적 삶에로의 진입, 즉 부민덕국富民德國에로의 진입을 선진화라고 하였다. 2000년대 들어와 17년이 지난 현재 과연 우리 사회와 대구·경북이 선진화 단계로 진입하고 있는가? 필자는 아니라고 생각한다. 우리 사회가 처한 거시적인 상황 분석에서부터 그 이유를 하나하나 새겨보자.

사대주의와 사대외교

다음과 같은 이야기가 있다. "유리병 안에 전갈 두 마리가 서로 싸우고 있다. 구경꾼들이 옆에서 싸움을 지켜보면서 즐기고 있다. 그런데 유리병이 깨졌다. 이제 구경꾼들이 두려움에 떤다." 이 이야기를 우리가 처한 상황이라고 생각하자. 이 이야기에서 유리병은 남북 분단의 상징인 38선이다. 우리에게 38선은 어떤 의미를 지니는가? 38선이 우리의 삶과 사회에서 차지하는 의미는 무엇인가? 그리고 21세기 우리 사회의 선진화 맥락에서 38선이 차지하는 의미는 무엇인가?

먼저 20세기 초 구한말 조선이 일본에게 합병당하는 과정을 보자. 당시 조선은 주변 열강 세력들의 각축장이었다. 열강들 가운데 더 힘센 자가 조선을 차지하려고 경쟁하던 때였다. 그 경쟁 결과 마침내 조선은 일본에게 할양되었다. 조선이 일본에 합병되는 과정을 우리의 역사 일반과 연관시켜 한번 생각해보자. 필자는 우리 역사를 크게 '외세의존 세력과 자주독립 세력 사이의 갈등의 역사'로 본다. 한반도가 차지하는 지정학적 위치가 우리 안에 이러한 갈등을 야기시킨 주요 동인의 하나라고 본다. 구한말 조선의 이완용 내각이 일본에게 우리를 넘겨준 것은 결국 내부에 있는 외세의존 세력이 자주독립 세력을 밀어내고 승리한 결과일 것이다. 조선과 같은 작은 나라는 자신의 생존을 위하여 주변 강대국과 우호적인 관계를 유지해야 한다. 그리하여 대개 작은 나라는 큰 나라와 사대事大 관계를 맺는다. 일본 진출에 앞장선 이완용은 조선의 생존을 위한 실용적인 선택이 일본과의 합병이라는 입장을 편다. 그러나 이 실용적인 선택의 결과를 한번 살펴보자.

작은 나라가 큰 나라와 맺는 사대事大 관계의 국내적 결과를 살펴보자. 이때 문제가 되는 것은 사대 관계를 통해서 이익을 얻는 쪽이 누구인가 하는 것이다. 사대를 통해서 그 국가의 대다수 국민이 이익을 얻게 된다고 하면, 이때 사대는 나름대로 의미가 있을 것이다. 그러나 그 국가의 특정 일부 세력이 사대를 통해서 이익을 독점한다면, 이는 재고의 여지가 없다. 특정 일부 세력의 이익을 위해 대다수 국민의 이익을 희생시키는 태도를 일컬어 우리는 사대주의事大主義라고 규정한다. 또한 그러한 태도로 약소국이 강대국과 맺는 관계를 우리는 사대외교事大外交라 부른다. 조선의 이완용 세력들이 일본과 합병을 추진한 결과 대다수 조선 백성들은 비참한 결과에 이르게 된다. 우리의 오랜 역사를 되돌아볼 때, 이같은 사대외교가 초래할 위험성은 국내에서 사대주의 세력들이 백성(민중, 국민)의 지지를 받지 못하여 지지 기반이 위기에 처하게 될 경우, 강대국 세력을 끌어들여 자신의 안위를 유지한다는 사실이다. 구한말 동학민중항쟁의 경우에서도 체제 위기를 느낀 정부가 일본군을 끌어들여 자신의 체제를 유지하기에 급급했다.

남북한과 사대주의

약소국 내의 일부 세력이 자신의 이익을 유지하기 위하여 강대국과 맺는 사대주의 외교는 한 국가가 외세의존 세력에 의해 다스려지는 방식이다. 1945년 해방 이후 우리의 남북 분단 체제도 어떤 면에서 일제 체제 방식의 연장선상에 있다. 우리의 남북 갈등 관계를 다양한 방식에서 해석할 수 있을 것이다. 필자는 남북관계를 총괄적인 안목에서 외세의존 세력들 상호 간의 갈등관계로 해석한다.

과거 우리 주변의 강대국들은, 그중에서도 특히 중국은 전통적으로 주변 약소국들을 이이제이以夷制夷 방식으로 다스려왔다. 이것은 약소국 내부의 세력들 상호 간에 갈등을 조장하여 약소국 전체의 힘이 통합되는 것을 막는 방식이다. 이는 그들이 말하는 '오랑캐로써 오랑캐를 다스리는 방식'이다. 크게 보면 현재의 남북의 경우도 마찬가지이다. 주변 강대국들은 우리가 하나가 되는 것을 원치 않는다. 남북이 상호 갈등 속에 있어서 힘이 하나로 통합되는 것을 원치 않는 것이다. 여기에 부응하여 남과 북의 일부 기득권 세력들은 외세와 결탁해 자신들의 기득권을 계속 유지하게 된다. 기득권을 유지하는 국내적 방식으로 남북이 상호 간의 긴장 관계를 항상 유지하는 것이다. 남은 북을, 북은 남을 빌미로 긴장 관계를 유지함으로써 각 체제 내의 기득권 세력에 대한 불만을 흡수하거나 차단시켜버린다. 이러한 남북의 관계를 우리는 보통 '적대적 공존 관계'라 부른다. 적대적 공존 관계에서는 옳고 그름의 가치판단이 제대로 내려질 수 없다. 예를 들어 남쪽에서 바른 소리를 하면 '종북좌빨'이 되고, 북쪽에서 바른 소리를 하면 '미제앞잡이'가 된다. 여기에서는 오로지 어느 진영의 편을 드는가가 옳음의 기준이 된다. 진리의 진실한 목소리가 사라지게 된다. 이러한 과정에서 우리끼리의 갈등과 분열은 지속되고, 결국 우리 전체의 역량을 소모하게 되는 우(愚)를 범하게 된다. 주변 강대국들은 우리의 갈등을 통해 자신들의 이익을 누리게 된다.

칭기즈칸과 누르하치

과거 중국과의 관계에서 약소국이 중국의 이이제이 정책을 극복한 사례를 몽골의 칭기즈칸과 청의 누르하치의 경우를 통해서 보자. 12세기 몽골도 금나라의 이이제이 정책에 의해 여러 종족들이 끊임없이 상호 갈등을 겪었다. 몽골 부족 중 어느 한 부족의 힘이 강해지면, 금나라가 다른 부족을 지원함으로써 부족 간 갈등을 부추기는 방식으로 몽골의 힘을 약화시켰다. 이러한 종족 간 갈등을 종식시키려고 칭기즈칸은 각 부족들이 통합할 것을 역설했다. 처음에는 당연히 각 부족장들이 통합을 반대했다. 만약 몽골이 중앙권력으로 통합된다면, 자기네들의 기존 이익이 줄어들 것을 염려하여 반대한 것이다. 이때 칭기즈칸은 두 가지를 보여주었다. 하나는 종족 간 통합에 반대하는 자들을 초기에 과감하게 내침으로써 반대에 따른 본보기를 보여준다. 다른 하나는 적과 전투하는 도중에 기존의 방식으로 약탈해 얻은 이익보다 칭기즈칸이 제시한 방식으로 하는 것이 더 큰 이익을 가져다준다는 것을 보여준다. 새로운 약탈 방식은 적에게 최종 승리한 후에 공과에 따라 전리품을 공정하게 분배하는 것이다. 처음에 통합에 반대하던 종족들도 통합된 중앙권력의 통제에 따르면 자신들에게 더 큰 이익을 가져다준다는 것을 차츰 알게 되었다. 이에 더하여 칭기즈칸은 각 부족들에게 유라시아라는 새로운 약탈 공간의 비전을 제시하였다. 이리하여 몽골의 여러 부족들은 대몽골제국이라는 통일

국가 건설에 적극 동참하게 된다.

이것은 16세기 청나라의 경우에도 마찬가지이다. 청 제국을 세우기 이전의 여진족들도 명나라의 이이제이 정책에 의해 부족 간 갈등이 끊임없이 이어져왔다. 이러한 갈등의 고리를 끊은 것이 누르하치다. 누르하치도 칭기즈칸과 마찬가지로 통일국가를 건설함으로써 각 부족들이 지금까지 얻을 수 있는 이익보다 더 큰 이익을 얻을 수 있다는 비전을 제시하였다. 또한 유라시아라는 공간 비전을 여진족들에게 보여주었다. 칭기즈칸과 누르하치의 최대 공적은 종족 내 분단 수혜 세력을 통일 수혜 세력으로 변환시킨 전략적 비전을 제시한 데 있다.

남북한 대결에서 협동으로

몽골과 청의 사례가 우리에게 주는 메시지는 무엇인가? 앞의 두 사례에 비추어 볼 때, 오늘날 남한과 북한은 각각 과거의 지방 호족에 해당한다. 특히 오늘날 남북의 약 10%에 해당하는 상위 기득권층이 과거의 지방호족에 속한다고 볼 수 있다. 통일국가가 되기 이전에 지방호족들은 외세에 의존하면서 지역 안에서 자신의 특권을 계속 누려왔다. 해방 이후 우리 남북의 경우도, 어쨌든 결과적으로 큰 틀에서 보면 과거의 지방호족 지배와 별반 다름이 없을 것이다. 남북 당국이 각각 시행하는 정책도 거시적으로 보면 주로 10% 기득권층의 이익을 대변하는 방향에서 수립되었다. 남북 기득권층에게는 분단이 오히려 기득권을 유지하는 데 도움이 된다. 이러한 분단 상황에서 구성원 대부분의 이익을 대변하는 주장들은 대개 적의 이데올로기를 추종하는 주장이라고 단정하여 단죄된다. 그런 의미에서 우리는 남북의 기득권층을 '분단 이대로 좋아족' 내지는 '분단 수혜족'이라 부를 수도 있겠다. 남북 이산가족 상봉 문제를 예로 들어보자. 남북 대부분의 민중들은 자신의 이산가족이나 친인척 만나기를 반대하지 않을 것이다. 그러나 해방 후 70여 년이 지난 지금도 이산가족 상봉이 제대로 실현되고 있지 않다. 그 이유는 무엇인가? 남북의 대다수 민중들이 상봉을 원하지 않는 것은 아니다. 결국 이는 남북의 기득권층이 궁극적으로는 상봉을 원치 않는 입장을 취했기 때문일 것이다. 남북 사이에 갈등과 긴장이 유지되어야 하는 선에서 볼 때, 이산가족 상봉도 최종적으로 이루어질 수 없는 하나의 사안이 된다.

앞서 말한 유리병 속의 전갈 이야기로 돌아가자. 궁극적으로 분단은 주변 강대국들에게는 이익이 되고 우리들 다수에게는 손해가 된다. 유리병 속의 전갈들이 서로 싸운다면, 이는 싸우는 당사자에게는 손해요 이를 지켜보는 주변국에게는 득이 된다. 그런데 왜 우리끼리 하는 싸움을 계속할까? 이는 분명히 어리석은 짓이다. 이제는 남북이 그만 싸워야 한다. 어떻게 하면 남북이 서로 싸우기를 그만두고 싸움의 방향을 유리병을 깨는 쪽으로 나아가게 할 것인가. 이것이 우리에게 주어진 가장 큰 문제이다.

남북의 적대적 관계를 협동적 관계로 바꿀 묘안은 없는가? 지금까지 대부분의 대안은 일방이 타방을 타도 내지 흡수하는 방향으로 해결 방안을 제시해왔다. 그리고 일방적인 방향으로 제시한 해결책은 지금까지 갈등의 골을 더 깊게 만들었다. 이제 쌍방향 협동을 이끌어내기 위해서는 먼저 남북한의 '분단 수혜 세력'을 '통일 수혜 세력'으로 전환하는 계기가 필요하다. 그렇게 하려면 우선 남북의 10% 기득권 세력들을 설득해야 한다. 칭기즈칸과 누르하치가 그랬듯이, 남북의 통일과정에서 기득권층을 제거하려고만 할 것이 아니라 대신 이들에게 더 큰 이익이 되는 지점을 제시해야 한다. 칭기즈칸과 누르하치가 지방 호족들에게 좁은 그들의 영역을 넘어 더 큰 유라시아라는 공간과 비전을 보여주어 협동을 이끌어냈듯이, 남북의 기득권층에게도 세계 무대라는 공간과 비전을 전략적으로 제시해야 한다. 상호 갈등하는 당사자에게 내부 갈등에서 얻는 이익보다 더 큰 이익을 바깥을 향하는 협동을 통해서 얻을 수 있다는 비전을 정확히 보여주어야 한다. 이러한 비전 제시가 국가통일을 추진하는 세력들이 가장 먼저 해야 할 일이다. 우리 남북 전체 인구를 합해봐야 주변 강대국들의 인구에는 훨씬 못 미친다. 때문에 우리에게는 남북의 구성원 하나하나가 세계로 뻗어나가기 위한 귀중한 자산이다. 이 귀중한 자산을 최소한의 희생에서 최대한의 활용으로 승화시킬 수 있는 방안을 찾아야 한다.

분단과 대구 · 경북의 위상

대구 · 경북이라는 지역도 분단이라는 전체 상황의 지배를 받지 않을 수 없다. 남한의 경우 해방 후 남북의 경쟁 관계에서 반공 이데올로기를 기치로 내걸고 남북의 대결 구도 속에서 북한을 이기기 위한 노력을 기울여왔다. 6 · 25전쟁 이후 미국의 세력권 안에 편성된 남한이 자본주의라는 미국의 이데올로기를 받아들이면서 북한과의 대결 구도에서 생존 전략을 찾기 시작했다. 종전 후 1950년대 이승만 정권의 초기 혼란 과정을 거치면서, 이승만 정권이 저지른 부정부패 척결을 기치로 내걸고 1960년대 쿠데타로 박정희 정권이 탄생했다. 박정희 정권은 반공과 경제개발이라는 두 가지 모토로 자본주의 패러다임 안에서 개발독재를 강력하게 추진했다. 예를 들어 이 과정에서 탄생한 생활 개선 운동이 '새마을운동'이다. 사실 1960년대 중반 농촌 상황에 대한 어릴 적 기억으로 볼 때, 당시 우리의 경제생활수준은 지금과 비교해보면 엄청난 차이가 있었다. 농촌은 새마을운동으로 생활 개선을 추구하였으나, 도시는 이에 반해 공업 우선 정책으로 저임금을 바탕으로 한 노동 집약적 산업을 유치하기 시작했다. 그래서 1960년대 대구는 초기 가내공업과 섬유업 등을 시작으로 경제적으로 사회가 점점 활기를 띠어갔다. 그 과정에서 눈에 띄게 생활수준이 향상되는 것을 목격할 수 있었다. 1960년대 초에는 라디오도 귀했는데, 이후 흑백 TV, 칼라 TV, 평면 TV 등으로 생활 가전이 바뀌어가는 것을 하나하나 목격했다.

1960~1970년대의 개발독재에 따른 경제적 발전에서 대구라는 지역은 나름대로의 위상을 가지고 있다. 6·25전쟁 과정에서 대구는 북한의 점령지가 되지 않았다. 그래서 초기 공업 시설이 어느 정도 보존되고 있었다. 이를 바탕으로 남한의 공업화 과정 초기에 대구라는 지역은 나름대로 역할을 담당했고, 앞서 말한 노동집약적 섬유산업이 경제적 부를 축적하게 하였다. 그리고 1960~1970년대 개발독재의 추진자인 박정희도 이 지역 출신이었다. 이러한 요인으로 우선 대구 경북은 초기 산업 발전에 따른 부를 다른 지역보다 많이 축적했으며, 또한 박정희 정권에 참여한 인사들이 이 지역 출신 인사들로 많이 채워졌다. 이 과정에서 대구·경북지역이 개발 선도 지역으로서 보수화되는 경향이 짙어지게 되었다. 반공과 개발독재로 경제적 발전에 성공한 모델이 대구가 되었다. 그러면서도 경제 개발에 따라 부를 축적한 신흥 부자들이 하나의 기득권층으로 서서히 형성되었으며, 또한 그들의 기득권을 정당화하는 데 반공 이데올로기를 적극적으로 지지 내지는 활용하였다. 이는 남북 분단의 특수한 상황이 사회의 기득권 계층의 이익을 대변하는 데 적극적으로 기여하게 된 경우이다.

그리고 남한 경제가 1970년대 이후 북한보다 서서히 개선되어가는 상황에서 반공 이데올로기의 정당성 역할은 더욱더 크게 작용하였다. 그 결과 체제 내 불만에 대한 의견 개진은 이유 여하를 고려해보지 않고 대개 무조건 친공 사상으로 몰고 가서 남한 체제에 대한 적대 세력으로 규정하였다. 경제적 부 축적의 정당성을 유지하기 위해 경제 외적인 요인, 즉 분단에 의해서 정당성을 구하는 이러한 자본주의는 천민자본주의적 성격을 띠게 된다. 1960~1970년대 남한의 경제 발전이 하층민에게 극심한 경제적 소외 현상을 야기시킨 것도 이러한 연유에서일 것이다.

더 나아가 남한 전체에 걸쳐 경제적 기득권층이 자신들의 기득권을 유지한 결과 지방과 중앙의 발전에 큰 격차가 생겨났다. 중앙으로의 경제 집중 현상이 심화되었고, 지방의 중앙 예속이 강화되었다. 또한 모든 정책적 결정이 중앙 중심으로 이루어지게 되었다. 이것은 소수의 독점된 부가 나라 전체의 균형 발전을 뒤로하고 일부 지역에 편중해서 자원을 집중 배치하는 결과로 이어졌다. 그 결과 이후 지방의 균형 발전은 중앙의 발전에 의해 항상 불리한 위치에 서게 되었다. 여기에 더하여 지방과 지방 사이의 상호 관계도 일차적으로 불균형적 발전에 의해 서로 대립과 갈등 구조 속에 빠져들게 되었다. 박정희 정권의 개발독재 과정에서 전라도가 다른 도에 비해 상대적으로 발전이 낙후되었다. 경제 개발 과정에서 주요 산업시설을 환경입지 조건에 따라 배치하기보다 정책적 고려에서 특정 지역에 유치하게 된 결과, 경상도에 비해 발전이 낙후되었다. 이에 더하여 1980년 광주민주항쟁이 경상도와 전라도 사이의 갈등의 골을 더욱 깊게 하는 계기가 되었다. 남한 사회를 지배하는 반공 이데올로기와 더불어 광주와 대구로 상징되는 동·서 간 지역 대립이 이제는 심각한 사회의식으로 진행되어 두 지역 사이에 자리 잡게 되었다.

이러한 갈등에는 양쪽 지역 정치인들이 행한 몫도 상당히 있다. 전라도 지역은 주로 야당 세력, 경상도 지역은 여당 세력으로 편성되면서 대구·경북에는 무조건 여당으로 국회의원 입후보하면 당선되는 결과가 생겨나게 된다. 그리하여 경상도 지역에서는 거의 30여 년 동안 지역을 기반으로 한 특정 정당만이 당선되었다. 이것이 건전한 정치 발전에 저해 요인으로 작용하였음에 틀림없다. 전라도의 경우에도 지역을 기반으로 한 특정 정당이 경상도와 마찬가지로 항상 국회의원 선거에서 당선되는 결과가 빚어졌다. 전라도 기반 야당 국회의원의 경우 여당 정책을 반대만 하면 되니까 오히려 국회의원 하기가 쉬운 직업이라는 말까지 생겨나게 되었다. 이것도 지역에 또 하나의 특권층을 형성하는 결과를 낳았다. 경쟁 구조가 없이 거의 해당 지역 정당에 출마하기만 하면 당선되는 정치 풍토에서는 당선된 자가 본연의 임무에 충실을 기하지 않게 된다. 왜냐하면 견제 장치가 없기 때문이다. 이러한 바탕에서 분단 구조에 더하여 영호남 지역 간 분단 구조가 좁은 남한 땅 안에 더해졌다.

분단지역에서 통일국가로

이 글을 쓰는 현재는 2018년 초이다. 1960~1970년대 산업화 과정, 1980~1990년대 민주화 과정을 거치면서 2000년대 들어와서 선진화 과정으로 국가의 미래 방향을 설정했다. 그러나 2000년대 출발 후 17년이 흐른 지금 현재의 우리는 어디에 와 있는가? 국민이 부유하고 나라가 덕이 있는 선진화된 국가, 즉 부민덕국富民德國이 된 것인가? 지금 국민들은 소득 격차와 디지털 정보 격차에 의해서 양극화가 점점 심해지는 상황에서 경제적으로 고통받고 있다. 그 결과 그나마 나에게 주어진 이익이 있으면 남보다 먼저 챙기려는 이기심의 발동이 그 어느 때보다 심해지고 있으며, 공동체 정신이 빠르게 와해되고 있다. 이러한 바탕에서 나라와 국민이 덕을 지니기는 어려운 상황에 직면하게 되었다. 현재 우리에게 주어진 당면 과제는 국내적으로는 사회의 양극화 문제를 비롯해 고령화, 저출산, 청년 실업, 디지털 정보 격차 문제 등 수없이 많다. 이러한 문제를 해결하려는 여러 가지 처방전을 정부가 내리고 있으나, 그 처방전이 근본적인 처방전이 되지 못하고 있다. 그 이유는 무엇인가? 필자는 우리 남한 사회가 부닥치고 있는 여러 문제의 근원은 일차적으로 남북 분단에서 온다고 생각한다. 분단이 한반도의 남북이 지닌 모든 문제의 일차적 근원이라는 것이다. 그러므로 분단 문제를 그대로 놔둔 채 우리가 직면한 문제를 해결하려는 방안은 태생적으로 한계를 지닐 수밖에 없다.

과거 남북 분단은 이데올로기 모순, 계급 모순, 민족 모순이라는 복합 모순의 산물이다. 이 분단에 의해 현재 남북한의 삶의 모든 분야에서 문제와 모순이 파생되고 있다. 남한 내에서는 이 분단 모순의 영향에 의해 현재 지역 간, 계층 간, 개인 간 모순이 한층 심화되고 있다. 이러한 상황은 북한도 마찬가지일 것이다. 때문에 우리의 문제를 해결하기 위해서 먼저 해야 할 일은 한반도의 지역분단을 넘어 통일국가를 건설하는 것이다. 한반도 분단은 20세기 국제적 모순의 산물이다. 이 분단 모순을 해결한다는 것은 21세기 지구촌 시대에서 20세기 문제를 마지막으로 정리한다는 세계사적 의미를 지닌다. 이러한 맥락에서 통일국가의 건설은 대구·경북이 과거에 지녔던 지역성과 보수성을 탈피하는 하나의 중요한 출구가 될 것이다. 남북한 지도자들이 진정으로 한반도의 미래를 걱정한다면, 자기 계층의 이익을 대변하는 자세를 버리고 전체 국민의 이익이 대변되는 통일국가 건설에 모든 역량을 집중해야 할 것이다. 분단지역에 안주하는 분단 수혜 세력을 세계 무대로 진출하는 통일 수혜 세력으로 바꿔놓아야 할 것이다.

이제 '박정희 패러다임'을 넘어서야 한다[*]

김형기
(경북대학교 경제통상학부 교수, 새대열 상임대표)

대한민국 역사에서 1960~1970년대는 동아시아 발전 모델의 하나의 변형으로서 한국 모델Korea Model이 정립된 시기다. 해방 70여 년을 통해 오늘의 대한민국이 형성되는 데 가장 중요한 시기다. 한국 모델은 박정희 대통령이 기획하고 실행한 경제 모델이란 점에서 박정희 모델이라 불리기도 한다.

박정희 모델은 발전국가, 개발독재, 수출주도성장체제, 재벌지배체제, 중앙집권-수도권 일극 발전체제로 구성된 경제발전 모델이었다. 발전국가는 전략산업 육성을 위해 투자 조정, 유치산업 보호, 수출 촉진, 금융통제 등의 산업정책을 통해 경제발전에 집중하는 국가다. 개발독재는 경제성장에 장애가 된다고 생각되는 정치적·사회적 장애 요소를 국익과 개발의 명분으로 억압한 독재체제였다.

'대량생산-고생산성-저임금-대량수출'이란 거시경제적 순환구조를 가

---

[*]여의도연구원과 박정희기념재단이 공동 주최한 박정희 탄생 100주년 기념 토크콘서트(2017년 11월 10일) "위기의 대한민국, 박정희에게 길을 묻다"에 제출한 토론문.

지는 수출주도성장체제, 재벌 대기업에로의 경제적 집중과 재벌 대기업과 중소기업 간의 종속적 하청관계를 초래한 재벌지배체제, 권한과 자원을 중앙정부가 독점하고 수도권 집중 아래 수도권만이 유일하게 성장축을 형성하고 있는 중앙집권-수도권 일극 발전체제가 박정희 모델을 구성한 또 다른 요소들이었다.

박정희 모델은 국가가 경제발전을 위해 적극적 역할을 하는 발전국가를 통해 단기간에 세계사에 유례없는 고도 경제성장을 달성하였다. 이를 두고 '동아시아의 기적'(World Bank, 1993) 혹은 보다 직접적으로 '한강의 기적'이라 극찬하는 평가도 있다. 하지만 박정희 모델은 빛과 동시에 그림자도 가지고 있었다. 박정희 모델은 개발독재 모델이라고도 불리는데 개발과 독재가 결합된 박정희 모델에 대한 평가는 양면적일 수밖에 없다. 개발의 성과를 중시하는 사람과 독재의 폐해를 강조하는 사람 간에 평가가 크게 상반된다.

오늘날 한국이 선진국의 문턱에 도달한 것은 박정희 모델이 거둔 경제적 성과에 힘입은 바 크다. 이것은 부정할 수 없는 사실이다. 하지만 다른 한편 오늘날 한국 경제가 안고 있는 주요 문제들의 상당 부분이 박정희 모델이 초래한 것이었다는 점 또한 결코 간과될 수 없다. 야누스처럼 두 얼굴을 가진 박정희 모델의 양면을 정당하게 평가하고 그 긍정적 유산은 계승하고 부정적 유산을 청산할 필요가 있다.

1960년대 이후 한국 경제의 성장과 위기는 박정희 모델인 발전국가 모델의 기적과 위기와 다름없었다. 박정희 모델은 1979년 박정희 정부가 끝난 후에도 전두환 정부 때까지는 어느 정도 작동하였다. 박정희 모델은 1987년 시민항쟁과 노동자 대투쟁을 계기로 위기에 빠지고 1997년 외환

위기를 계기로 붕괴된다. 발전국가는 기적을 창출하였지만 1987년 이후의 민주화와 1997년 이후의 자유화 과정에서 위기에 빠지고 크게 전환된다. 1987년 이후의 제1대 전환과 1997년 이후의 제2대 전환을 통해 박정희 모델은 역사의 무대에서 사라진다.

1997년 박정희 모델 해체 이후 지금까지 그것을 넘어서는 새로운 발전 모델이 출현하지 못했다. 이러한 상황에서 박정희 모델의 부정적 유산과 1997년 이후 도입된 신자유주의가 초래한 문제들로 인해 한국 경제에는 구조적 위기가 초래되었다. 낡은 발전 모델은 생명력을 다했는데 새로운 발전 모델은 아직 출현하지 않고 있기 때문에 구조적 위기가 지속되고 있다. 한국 경제의 구조적 위기가 극복되려면 새로운 발전 모델이 출현해야 한다.

이제 한국의 산업화를 성공적으로 달성한 박정희 모델을 정당하게 평가하고 박정희를 역사박물관에 안치해야 한다. 더 이상 박정희의 유령이 배회하게 해서는 안 된다. 21세기 글로벌화와 제4차 산업혁명 시대에 한국은 Old Korea Model인 박정희 모델, 박정희 패러다임을 넘어서 New Korea Model을 정립해야 한다.

박정희 모델의 긍정적 유산인 산업정책과 금융통제를 새로운 형태로 계승하고, 부정적 유산인 성장지상주의, 재벌지배체제, 중앙집권-수도권 일극 발전체제를 넘어서는 '새로운 한국 모델'을 정립하기 위한 보수-진보 간의 사회적 합의가 도출되어야 한다. 저성장과 양극화라는 양대 문제에 직면한 한국 경제의 지속가능한 발전을 위해서는 낡은 한국 모델인 '중앙집권형 개발국가'를 새로운 한국 모델인 '지방분권형 복지국가'로 개조해야 한다. 정권이 어떻게 교체되어도 이 합의에 기초한 새로운 한국 모델의 근간은 유지되어야 한다. 보수 정부에서는 그 발전 모델의 보수 버전이, 진보 정부에서는 그 진보 버전이 출현하더라도 말이다.

안보위기와 경제위기라는 이중 위기에 처한 대한민국이 만약 지금 박정희에게 길을 묻는다면 '내 일생 조국과 민족을 위하여'란 모토를 가지고 국가를 경영했던 그는 무엇이라고 답할까? 필자는 다음과 같은 박정희 전 대통령의 응답을 상상해본다.

'북핵 위협을 무력화시킬 수 있는 강력한 자주 국방력을 갖추고 안보에는 초당적 대응을 해야 한다.'

'중앙집권체제와 수도권 일극 발전체제와 재벌지배체제에 기초한 내 이름이 붙은 발전 모델을 더 이상 따르지 말라.'

'지방분권체제, 지역다극발전체제, 대-중소기업 간 파트너십으로 이루어진 새로운 발전 모델을 정립하라.'

'내가 설계한 Old Korea Model을 더 이상 따르지 말고 New Korea Model을 만들어라.'

박근혜-최순실 게이트 앞에서
대구가 쓰는 반성문

"한국도 부끄럽고 대구도 부끄럽고 나도 부끄럽다."

지금 '박근혜-최순실 게이트'의 소용돌이 속에 놓인 대구 사람들의 숨김없는 심정입니다. 이 난국에 솔직히 대구 사람들은 할 말이 없습니다. 국민들과 역사 앞에 오로지 부끄럽고 미안할 따름입니다. 산업화와 민주화를 선도한 자랑스러운 역사를 가진 우리 대구의 자존심이 무너졌습니다.

대한민국 국민에게 견딜 수 없는 배신감과 실망감을 던져주고, 참을 수 없는 분노와 부끄러움을 안겨준 박근혜 대통령을 원망하고 나무라기에 앞서, 우리는 대구시민으로서 먼저 스스로를 반성하고자 합니다.

우리 대구 사람들은 18대 대선 때 절대적 지지로 박근혜 후보를 대통령으로 만들었습니다. 일부에서는 '우리나라를 이만큼 잘 살게 해준 박정희 대통령의 딸이다'라는 감사로, '부모도 없는 불쌍한 사람이다'라는 정서로, '결혼도 안 하고 자식도 없으니 친인척 비리는 없을 것이다'라는 믿음으로 그에게 표를 던졌습니다. 그가 대한민국을 더욱 발전시키는 성공한 대통령이 될 것이라 기대하는 사람도 적지 않았습니다.

하지만 그는 오만하고 불통했으며, 경제를 살리지 못했고, '봉건시대에도 있을 수 없는' 비선실세 최순실의 국정농단을 초래했고, 헌정질서를 파괴했으며, 국가의 품격을 추락시켰고, 국민의 자존심을 짓밟았습니다. 뿐만 아니라 지역 숙원 사업이었던 남부권 신공항을 정략적 고려로 무산시켜 지역의 희망을 앗아갔습니다.

이에 우리는 반성합니다.

묻지 마 투표로 그를 대통령으로 뽑은 걸 반성하고, 이러한들 저러한들 그에게 박수를 보낸 걸 반성합니다. 박정희 대통령 딸이라고 그를 지지한 걸 반성하고, 감성의 눈으로 그를 동정한 걸 반성하고, 그의 실상은 모른 채 허상을 쫓아 맹신한 걸 반성합니다. 아울러 우리는 근 30년 동안 무조건 특정 정당만 밀어서 지역 정치판을 일당 독무대로 만든 걸 반성하고, '못난 대통령'이 태어나도록 산파 노릇을 한 걸 깊이 반성합니다.

이제 우리 대구시민은 지난 반세기의 '상처뿐인 영광'을 벗어던지고 새로운 대구를 만드는 데 기여하는 시민으로 거듭나고자 합니다. 대구를 정치적 다양성과 문화적 개방성이 있는 진취적 도시로 환골탈태시키기 위해 분투하고자 합니다. 아울러 박정희 패러다임을 넘어서는 새로운 대한민국 비전 실현을 위해 지혜와 힘을 모으겠습니다. 국민주권을 실현하고 대통령의 권력 독점을 막는 대안인 지방분권 개헌 추진에 나서겠습니다. 강자독식의 대한민국을 만인공생의 대한민국으로 개조하는 데 앞장서겠습니다.

2016년 12월 6일

'새로운 대구를 열자'는 사람들

삶의 행복을 꿈꾸는 교육은 어디에서 오는가?

미래 100년을 향한 새로운 교육

혁신교육을
실천하는
교사들의 필독서

▶ 교육혁명을 앞당기는 배움책 이야기
혁신교육의 철학과 잉걸진 미래를 만나다!

한국교육연구네트워크 총서

01 핀란드 교육혁명
한국교육연구네트워크 엮음 | 320쪽 | 값 15,000원

02 일제고사를 넘어서
한국교육연구네트워크 엮음 | 284쪽 | 값 13,000원

03 새로운 사회를 여는 교육혁명
한국교육연구네트워크 엮음 | 380쪽 | 값 17,000원

04 교장제도 혁명
한국교육연구네트워크 엮음 | 268쪽 | 값 14,000원

05 새로운 사회를 여는 교육자치 혁명
한국교육연구네트워크 엮음 | 312쪽 | 값 15,000원

06 혁신학교에 대한 교육학적 성찰
한국교육연구네트워크 엮음 | 308쪽 | 값 15,000원

07 진보주의 교육의 세계적 동향
한국교육연구네트워크 엮음 | 324쪽 | 값 17,000원

한국교육연구네트워크 번역 총서

01 프레이리와 교육
존 엘리아스 지음 | 한국교육연구네트워크 옮김
276쪽 | 값 14,000원

02 교육은 사회를 바꿀 수 있을까?
마이클 애플 지음 | 강희룡·김선우·박원순·이형빈 옮김
352쪽 | 값 16,000원

**03 비판적 페다고지는
세상을 변화시킬 수 있는가?**
Seewha Cho 지음 | 심성보·조시화 옮김 | 280쪽 | 값 14,000원

04 마이클 애플의 민주학교
마이클 애플·제임스 빈 엮음 | 강희룡 옮김 | 276쪽 | 값 14,000원

05 21세기 교육과 민주주의
넬 나딩스 지음 | 심성보 옮김 | 392쪽 | 값 18,000원

**06 세계교육개혁:
민영화 우선인가 공적 투자 강화인가?**
린다 달링-해먼드 외 지음 | 심성보 외 옮김 | 408쪽 | 값 21,000원

혁신학교
성열관·이순철 지음 | 224쪽 | 값 12,000원

행복한 혁신학교 만들기
초등교육과정연구모임 지음 | 264쪽 | 값 13,000원

서울형 혁신학교 이야기
이부영 지음 | 320쪽 | 값 15,000원

혁신교육, 철학을 만나다
브렌트 데이비스·데니스 수마라 지음
현인철·서용선 옮김 | 304쪽 | 값 15,000원

혁신교육 존 듀이에게 묻다
서용선 지음 | 292쪽 | 값 14,000원

다시 읽는 조선 교육사
이만규 지음 | 750쪽 | 값 33,000원

대한민국 교육혁명
교육혁명공동행동 연구위원회 지음 | 224쪽 | 값 12,000원

대한민국 교사, 어떻게 가르칠 것인가?
윤성관 지음 | 320쪽 | 값 15,000원

아이들을 어떻게 가르칠 것인가
사토 마나부 지음 | 박찬영 옮김 | 232쪽 | 값 13,000원

아이들의 배움은 어떻게 깊어지는가
이시이 준지 지음 | 방지현·이창희 옮김 | 200쪽 | 값 11,000원

모두를 위한 국제이해교육
한국국제이해교육학회 지음 | 364쪽 | 값 16,000원

경쟁을 넘어 발달 교육으로
현광일 지음 | 288쪽 | 값 14,000원

독일 교육, 왜 강한가?
박성희 지음 | 324쪽 | 값 15,000원

핀란드 교육의 기적
한넬레 니에미 외 엮음 | 장수명 외 옮김 | 452쪽 | 값 23,000원

▶ 비고츠키 선집 시리즈
발달과 협력의 교육학 어떻게 읽을 것인가?

생각과 말
레프 세묘노비치 비고츠키 지음
배희철·김용호·D. 켈로그 옮김 | 690쪽 | 값 33,000원

성장과 분화
L.S. 비고츠키 지음 | 비고츠키 연구회 옮김
308쪽 | 값 15,000원

도구와 기호
비고츠키·루리야 지음 | 비고츠키 연구회 옮김
336쪽 | 값 16,000원

의식과 숙달
L.S 비고츠키 | 비고츠키 연구회 옮김
348쪽 | 값 17,000원

어린이 자기행동숙달의 역사와 발달 I
L.S. 비고츠키 지음 | 비고츠키 연구회 옮김
564쪽 | 값 28,000원

관계의 교육학, 비고츠키
진보교육연구소 비고츠키교육학실천연구모임 지음
300쪽 | 값 15,000원

어린이 자기행동숙달의 역사와 발달 II
L.S. 비고츠키 지음 | 비고츠키 연구회 옮김
552쪽 | 값 28,000원

비고츠키 생각과 말 쉽게 읽기
진보교육연구소 비고츠키교육학실천연구모임 지음
316쪽 | 값 15,000원

어린이의 상상과 창조
L.S. 비고츠키 지음 | 비고츠키 연구회 옮김
280쪽 | 값 15,000원

비고츠키와 인지 발달의 비밀
A.R. 루리야 지음 | 배희철 옮김 | 280쪽 | 값 15,000원

연령과 위기
L.S. 비고츠키 지음 | 비고츠키 연구회 옮김
336쪽 | 값 17,000원

수업과 수업 사이
비고츠키 연구회 지음 | 196쪽 | 값 12,000원

▶ 창의적인 협력수업을 지향하는 삶이 있는 국어 교실
우리말 글을 배우며 세상을 배운다

중학교 국어 수업 어떻게 할 것인가?
김미경 지음 | 340쪽 | 값 15,000원

이야기 꽃 1
박용성 엮어 지음 | 276쪽 | 값 9,800원

토론의 숲에서 나를 만나다
명혜정 엮음 | 312쪽 | 값 15,000원

이야기 꽃 2
박용성 엮어 지음 | 294쪽 | 값 13,000원

토닥토닥 토론해요
명혜정·이명선·조선미 엮음 | 288쪽 | 값 15,000원

인문학의 숲을 거니는 토론 수업
순천국어교사모임 엮음 | 308쪽 | 값 15,000원

어린이와 시
오인태 지음 | 192쪽 | 값 12,000원

수업, 슬로리딩과 함께
박경숙·강슬기·김정욱·장소현·강민정·전혜림·이혜민 지음
268쪽 | 값 15,000원

▶ 평화샘 프로젝트 매뉴얼 시리즈
학교 폭력에 대한 근본적인 예방과 대책을 찾는다

학교 폭력 어떻게 만들어지는가
문재현 외 지음 | 300쪽 | 값 14,000원

아이들을 살리는 동네
문재현·신동명·김수동 지음 | 204쪽 | 값 10,000원

학교 폭력, 멈춰!
문재현 외 지음 | 348쪽 | 값 15,000원

평화! 행복한 학교의 시작
문재현 외 지음 | 252쪽 | 값 12,000원

왕따, 이렇게 해결할 수 있다
문재현 외 지음 | 236쪽 | 값 12,000원

마을에 배움의 길이 있다
문재현 지음 | 208쪽 | 값 10,000원

젊은 부모를 위한 백만 년의 육아 슬기
문재현 지음 | 248쪽 | 값 13,000원

별자리, 인류의 이야기 주머니
문재현·문한뫼 지음 | 444쪽 | 값 20,000원

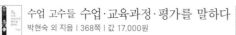

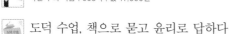

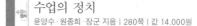
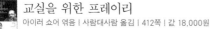
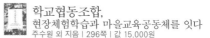
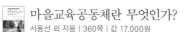
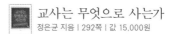

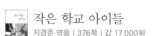

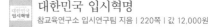
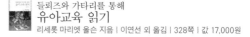

교육과정 통합, 어떻게 할 것인가?
성열관 외 지음 | 192쪽 | 값 13,000원

 학교 민주주의의 불한당들
정은균 지음 | 276쪽 | 값 14,000원

 동양사상에게 인공지능 시대를 묻다
홍승표 외 지음 | 260쪽 | 값 15,000원

 교육과정, 수업, 평가의 일체화
리사 카터 지음 | 박승열 외 옮김 | 196쪽 | 값 13,000원

 학교 혁신의 길, 아이들에게 묻다
남궁상운 외 지음 | 268쪽 | 값 15,000원

 학교를 개선하는 교장
지속가능한 학교 혁신을 위한 실천 전략
마이클 풀란 지음 | 서동연·정효준 옮김 | 216쪽 | 값 13,000원

 프레이리의 사상과 실천
사람대사람 지음 | 352쪽 | 값 18,000원

 공자뎐, 논어는 이것이다
유문상 지음 | 392쪽 | 값 18,000원

 혁신학교, 한국 교육의 미래를 열다
송순재 외 지음 | 608쪽 | 값 30,000원

 교사와 부모를 위한
발달교육이란 무엇인가?
현광일 지음 | 380쪽 | 값 18,000원

 페다고지를 위하여
프레네의 『페다고지 불변요소』 읽기
박찬영 지음 | 296쪽 | 값 15,000원

 교사, 이오덕에게 길을 묻다
이무완 지음 | 328쪽 | 값 15,000원

 노자와 탈현대 문명
홍승표 지음 | 284쪽 | 값 15,000원

 낙오자 없는 스웨덴 교육
레이프 스트란드베리 지음 | 변광수 옮김 | 208쪽 | 값 13,000원

 선생님, 민주시민교육이 뭐예요?
염경미 지음 | 244쪽 | 값 15,000원

 끝나지 않은 마지막 수업
장석웅 지음 | 328쪽 | 값 20,000원

 어쩌다 혁신학교
유우석 외 지음 | 380쪽 | 값 17,000원

 대구, 박정희 패러다임을 넘다
새대열 엮음 | 292쪽 | 값 20,000원

▶ 교과서 밖에서 만나는 역사 교실
상식이 통하는 살아 있는 역사를 만나다

 전봉준과 동학농민혁명
조광환 지음 | 336쪽 | 값 15,000원

 교과서 밖에서 배우는 역사 공부
정은교 지음 | 292쪽 | 값 14,000원

 남도의 기억을 걷다
노성태 지음 | 344쪽 | 값 14,000원

 팔만대장경도 모르면 빨래판이다
전병철 지음 | 360쪽 | 값 16,000원

 응답하라 한국사 1·2
김은석 지음 | 356쪽·368쪽 | 각권 값 15,000원

 빨래판도 잘 보면 팔만대장경이다
전병철 지음 | 360쪽 | 값 16,000원

 즐거운 국사수업 32강
김남선 지음 | 280쪽 | 값 11,000원

 영화는 역사다
강성률 지음 | 288쪽 | 값 13,000원

 즐거운 세계사 수업
김은석 지음 | 328쪽 | 값 13,000원

 친일 영화의 해부학
강성률 지음 | 264쪽 | 값 15,000원

 강화도의 기억을 걷다
최보길 지음 | 276쪽 | 값 14,000원

 한국 고대사의 비밀
김은석 지음 | 304쪽 | 값 13,000원

 광주의 기억을 걷다
노성태 지음 | 348쪽 | 값 15,000원

 조선족 근현대 교육사
정미량 지음 | 320쪽 | 값 15,000원

선생님도 궁금해하는
한국사의 비밀 20가지
김은석 지음 | 312쪽 | 값 15,000원

걸림돌
키르스텐 세롭-빌펠트 지음 | 문봉애 옮김
248쪽 | 값 13,000원

역사수업을 부탁해
열 사람의 한 걸음 지음 | 388쪽 | 값 18,000원

진실과 거짓, 인물 한국사
하성환 지음 | 400쪽 | 값 18,000원

다시 읽는 조선근대교육의 사상과 운동
윤건차 지음 | 이명실·심성보 옮김 | 516쪽 | 값 25,000원

음악과 함께 떠나는 세계의 혁명 이야기
조광환 지음 | 292쪽 | 값 15,000원

논쟁으로 보는 일본 근대교육의 역사
이명실 지음 | 324쪽 | 값 17,000원

▶ 더불어 사는 정의로운 세상을 여는 인문사회과학
사람의 존엄과 평등의 가치를 배운다

밥상혁명
강양구·강이현 지음 | 298쪽 | 값 13,800원

도덕 교과서 무엇이 문제인가?
김대용 지음 | 272쪽 | 값 14,000원

자율주의와 진보교육
조엘 스프링 지음 | 심성보 옮김 | 320쪽 | 값 15,000원

민주화 이후의 공동체 교육
심성보 지음 | 392쪽 | 값 15,000원
2009 문화체육관광부 우수학술도서

갈등을 넘어 협력 사회로
이창언·오수길·유문종·신윤관 지음 | 280쪽 | 값 15,000원

동양사상과 마음교육
정재걸 외 지음 | 356쪽 | 값 16,000원
2015 세종도서 학술부문

교과서 밖에서 배우는 철학 공부
정은교 지음 | 280쪽 | 값 14,000원

교과서 밖에서 배우는 사회 공부
정은교 지음 | 304쪽 | 값 15,000원

교과서 밖에서 배우는 윤리 공부
정은교 지음 | 292쪽 | 값 15,000원

한글 혁명
김슬옹 지음 | 388쪽 | 값 18,000원

좌우지간 인권이다
안경환 지음 | 288쪽 | 값 13,000원

민주시민교육
심성보 지음 | 544쪽 | 값 25,000원

민주시민을 위한 도덕교육
심성보 지음 | 500쪽 | 값 25,000원
2015 세종도서 학술부문

교과서 밖에서 배우는 인문학 공부
정은교 지음 | 280쪽 | 값 13,000원

오래된 미래교육
정재걸 지음 | 392쪽 | 값 18,000원

대한민국 의료혁명
전국보건의료산업노동조합 엮음 | 548쪽 | 값 25,000원

교과서 밖에서 배우는 고전 공부
정은교 지음 | 288쪽 | 값 14,000원

전체 안의 전체 사고 속의 사고
김우창의 인문학을 읽다
현광일 지음 | 320쪽 | 값 15,000원

카스트로, 종교를 말하다
피델 카스트로·프레이 베토 대담 | 조세종 옮김
420쪽 | 값 21,000원

교사와 부모를 위한 비고츠키 교육학
카르포프 지음 | 실천교사번역팀 옮김 | 308쪽 | 값 15,000원

▶ 살림터 참교육 문예 시리즈
영혼이 있는 삶을 가르치는 온 선생님을 만나다!

 꽃보다 귀한 우리 아이는
조재도 지음 | 244쪽 | 값 12,000원

 선생님이 먼저 때렸는데요
강병철 지음 | 248쪽 | 값 12,000원

 성깔 있는 나무들
최은숙 지음 | 244쪽 | 값 12,000원

 서울 여자, 시골 선생님 되다
조경선 지음 | 252쪽 | 값 12,000원

 아이들에게 세상을 배웠네
명혜정 지음 | 240쪽 | 값 12,000원

 행복한 창의 교육
최창의 지음 | 328쪽 | 값 15,000원

 밥상에서 세상으로
김흥숙 지음 | 280쪽 | 값 13,000원

 북유럽 교육 기행
정애경 외 14인 지음 | 288쪽 | 값 14,000원

▶ 남북이 하나 되는 두물머리 평화교육
분단 극복을 위한 치열한 배움과 실천을 만나다

 10년 후 통일
정동영·지승호 지음 | 328쪽 | 값 15,000원

 선생님, 통일이 뭐예요?
정경호 지음 | 252쪽 | 값 13,000원

 분단시대의 통일교육
성래운 지음 | 428쪽 | 값 18,000원

 김창환 교수의 DMZ 지리 이야기
김창환 지음 | 264쪽 | 값 15,000원

▶출간 예정

참된 삶과 교육에 관한
생각 줍기